四川师范大学学术著作出版基金资助
四川师范大学经济与管理学院学术著作出版基金资助

光明社科文库
GUANGMING DAILY PRESS:
A SOCIAL SCIENCE SERIES

·经济与管理书系·

工业绿色发展研究

董秋云｜著

光明日报出版社

图书在版编目（CIP）数据

工业绿色发展研究 / 董秋云著 . -- 北京：光明日

报出版社，2025.1. -- ISBN 978 - 7 - 5194 - 8404 - 0

Ⅰ. F424

中国国家版本馆 CIP 数据核字第 202556MY65 号

工业绿色发展研究

GONGYE LÜSE FAZHAN YANJIU

著　　者：董秋云	
责任编辑：李　倩	责任校对：李壬杰　李佳莹
封面设计：中联华文	责任印制：曹　净

出版发行：光明日报出版社

地　　址：北京市西城区永安路 106 号，100050

电　　话：010-63169890（咨询），010-63131930（邮购）

传　　真：010-63131930

网　　址：http：// book. gmw. cn

E - mail：gmrbcbs@ gmw. cn

法律顾问：北京市兰台律师事务所龚柳方律师

印　　刷：三河市华东印刷有限公司

装　　订：三河市华东印刷有限公司

本书如有破损、缺页、装订错误，请与本社联系调换，电话：010-63131930

开　　本：170mm×240mm

字　　数：264 千字　　　　　　印　　张：15

版　　次：2025 年 1 月第 1 版　　印　　次：2025 年 1 月第 1 次印刷

书　　号：ISBN 978 - 7 - 5194 - 8404 - 0

定　　价：95. 00 元

前　言

　　绿色发展已成为世界各国谋求长期发展、赢得竞争优势的必然选择。在过去几十年中，由经济快速增长导致的资源匮乏、环境恶化等全球性问题不断加剧，自然资源及环境容量成为制约世界经济与社会发展的瓶颈，以资源消耗和需求拉动为支撑的经济增长模式受到了巨大冲击，国际社会越来越认识到绿色发展的重要性。面对国内外日益严峻的环境压力，中国正不断加快工业绿色转型，以先进技术促进产业结构调整和绿色发展，积极探索经济增长与环境保护双赢的路径。推进绿色转型是走新型工业化道路的根本要求，也是促进"中国制造"由大转强的必由之路。工业作为中国经济的产业主体以及国际竞争力最强、对外开放程度最高的领域，率先实现绿色转型不仅更具有可操作性，对促进中国绿色经济发展也将产生积极的示范效应。在中国经济由高速增长向高质量发展转轨的新时期，提升全要素生产率、推动经济增长方式由要素驱动向创新驱动转型成为适应经济新常态的必然选择。加快推进工业绿色转型对于推进区域生态文明建设、践行绿色发展理念、实现高质量发展具有重要战略意义。

　　工业绿色发展的内涵起源于绿色经济，是应对资源环境约束而提出的发展主张，它强调在生态文明建设的指引下，以现代经济增长理论、可持续发展理论、工业生态学理论、绿色经济理论、清洁生产理论、产业结构及转型相关理论等为理论基础，通过绿色的经济行为和创新活动，实现增长方式由粗放到集约、资源能源消耗和污染物排放减少、环境效益和经济效益共同提升，进而实现可持续发展目标。工业绿色发展的动力可以分为外在推动力和内在驱动力两方面。外在推动力来源于政府政策、技术进步、市场需求和社会规范；内在驱动力指来自企业自身的能够促使企业主动改善其环境行为的因素。关于工业绿色发展水平，可以利用单一指标、综合指标以及工业绿色全要素生产率等各方面的指标来衡量资源环境在经济增长中的贡献与约束。

　　绿色制造体系是工业绿色转型升级的领军力量。绿色制造技术水平直接反映制造业的可持续发展能力，绿色制造技术代表未来制造技术的发展方向。构建高效、清洁、低碳、循环的绿色制造体系，开发绿色产品、建设绿色工厂、发展绿色园区、打造绿色供应链、壮大绿色企业和强化绿色监管，是实现工业绿色发展的必然选择。绿色供应链管理的实施对构建高效、清洁、低碳、循环的绿色制造体系，促进传统产业转型升级、经济提质增效和绿色协调发展以及实现环境质量总体改善起至关重要的作用。

　　强化政府干预成为降低环境污染、促进工业绿色发展的关键。环境规制可以保证经济主体平等地实现权利和义务，有效激励节能减排，影响企业生产成本与绿色创新，成为降低工业环境污染的重要方式。绿色创新是提高工业生产效率、能源利用效率和工业污染防御治理效率的重要驱动力，推动着工业绿色转型。构建完善的绿色金融体系，对初创的绿色企业提供资金支持，促进初创型绿色企业成长，为现有企业的绿色转型提供资金支持，不仅可以促进节能环保企业发展，还有利于遏制非绿色传统企业的发展，使难以转型的企业退出市场，倒逼工业企业实现绿色转型。

　　工业绿色发展可以成为新经济增长点和工业经济发展的新动能。在这场全球经济增长方式大调整的实践中，涌现了以家电、乳制品、家居建材等为代表的消费资料制造行业的企业，以及以钢铁、化工、工程机械等为代表的生产资料制造行业的企业。这些工业绿色转型先行者在环保科技领域闯出了新路，积极探寻出经济增长与环境质量兼顾的可持续发展路径，为全球用户提供了优质的绿色产品和服务，也为其他工业企业的绿色转型提供了可供借鉴的经验，成为激励其他行业的企业进行绿色转型的标杆。

　　推动工业绿色发展，需要完善相关法律法规和标准，加强政策制度建设工作，形成法律标准政策相配套、权责利相统一的制度体系。在用好行政手段的同时，需要充分发挥市场手段的作用，通过采购、金融、信贷等手段，形成普适性的正向激励，引导企业广泛参与绿色发展工作，促进工业结构优化升级。在推动技术进步的同时，降低企业的运营成本，实现环境效益和经济效益双赢。此外，需要完善社会监督体系，提高公众意愿在社会监督体系中的比重和受重视程度，构建全社会共同参与、互相监督的社会监督体系。

　　本书采用理论研究和案例分析相结合的方法，对工业绿色发展的内涵和动因、相关理论基础进行深入的探讨；重点对资源环境与经济增长的关系、工业绿色发展水平评价、绿色制造体系、绿色供应链管理的内容和实施策略等方面的内容进行分析；分析了环境规制、绿色创新、绿色金融对工业绿色发展的影响；总结了工业绿色转型的必要性、路径以及面临的问题；在分析企业绿色发展实践案例的基础上，从法律、标准、政策、创新体系、社会监督等方面提出了促进工业绿色发展的引导策略及建议。由于时间和条件的限制，本书不可避免存在一些缺憾，某些问题还需要进一步深入研究和探讨。本书在研究与撰写的过程中得到了四川师范大学经济与管理学院王冲教授、蒋丹教授等同事的建议、激励和支持；在写作过程中借鉴、参考和引用了大量国内外学者、专家的研究成果，在此一并表示衷心感谢。书中所引文献与资料的标注恐有遗漏，还请多多包涵。鉴于本人科研能力和理论知识有限，文中存在的错误及疏漏在所难免，请读者谅解并批评指正。

董秋云

2023 年 9 月 18 日

目 录
CONTENTS

第一章

工业绿色发展的必要性

近年来，中国经济快速发展，在很大程度上得益于工业经济的稳步增长，但同时工业发展模式也存在很多问题，如能源消耗过高、资源利用率较低、环境污染严重等。资源环境问题成为制约中国经济持续发展的最大瓶颈。绿色经济是全球主流趋势和新经济增长点，工业是绿色经济发展的主要推动力。工业绿色发展使生态环境与经济增长之间的协同发展成为可能，为粗放型生产模式提供了转型方向。

第一节　绿色发展的必然选择

一、资源问题制约经济可持续发展

随着中国工业化和城市化进程的不断推进，中国经济的高速增长离不开资源的大量投入。经济发展中的资源问题主要是资源利用效率低、资源消耗过大。从能源来看，我国的能源耗费问题主要表现在能源消费总量、能源消费结构和能源消费效率等方面，与发达国家相比，还存在较大差距。随着我国经济体量的不断增大，能源消费量也逐年攀升，目前我国能源消耗总量位居世界第一。因为人口众多，中国人均资源平均占有量处于世界较低水平，其中煤炭、石油和天然气的人均占有量仅占世界平均水平的 67%、5.4% 和 7.5%。有限资源储量和粗放型发展方式之间的矛盾严重限制经济的进一步发展。

能源消费弹性系数通常用来表示能源消费增长速度与国民经济增长速度之间的比例关系，它反映经济每增长一个百分点，相应的能源消耗需要增长多少个百分点。弹性系数越小，说明在产出增长一定的前提下消耗的能源越少。一般来说，发展中国家在发展初级阶段的能源利用效率比较低，所以能源消费弹性系数往往大于或接近1，而发达国家的能源消费弹性系数一般不超过0.5。在工业化初期，由于耗能多的重工业特别是钢铁工业、化学工业迅速发展，加之能源利用技术落后，因此能源消耗的增长速度比国民经济增长速度快，能源消费弹性系数一般都大于1。工业化中后期，由于生产力的发展和科学技术的进步，产业结构和技术结构随之变化，原来耗能多的比重相对下降，同时能源利用率普遍提高，因此能源弹性系数逐步下降。

从图1-1来看，2002年至2011年我国的能源消费增长速度一直较快，2003年至2004年能源消费达到顶峰。随着环境保护和治理的加强，2012年至2021年能源消费增长速度出现了下降趋势。从图1-2来看，1999年至2007年这近十年是我国国民经济快速增长的阶段，能源消费弹性系数一直超过0.5，说明国民经济增长很大程度上是依赖于高能耗作支撑，甚至出现了能源消费的增长速度明显超过了经济增长的态势。这主要是由于经济快速增长是通过投资高速增长，导致钢铁、水泥、电解铝等高耗能产业迅速扩张，从而造成能源消费快速增长。2008年至2020年我国的能源消费弹性系数大都在0.5附近波动，说明能源利用率普遍提高。

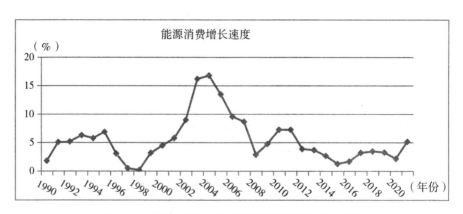

图1-1　1990~2021年中国能源消费增长速度（%）

数据来源：国家统计局. 中国统计年鉴：2022 [M]. 北京：中国统计出版社，2022.

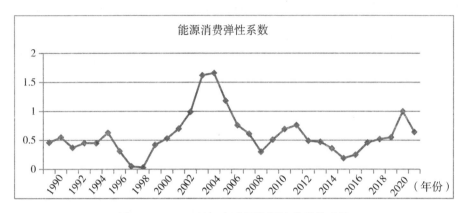

图 1-2　1990~2021 年中国能源消费弹性系数

数据来源：国家统计局．中国统计年鉴：2022［M］．北京：中国统计出版社，2022．

除了工业能源的大幅度增长，生活能源消费量也呈逐年攀升的趋势。随着经济的发展，人们生活水平的提高，汽车、家用电器和通信产品等大量进入居民家庭，居民生活消费的能源也快速增长，从而带动了能源消费的整体快速增长。随着消费速度的快速增长，我国能源供给与需求不平衡的特征越来越显著，且缺口逐渐扩大，导致我国的主要能源品种净进口量均出现逐年上升的趋势。资源问题已成为经济持续发展的最大瓶颈。

二、生态环境治理成本大

资源的消耗巨大和效率低下，导致高排放和高污染问题。空气、水、土壤等被严重污染，并存在垃圾围城、农业污染等问题。我国水资源短缺的同时，水资源污染状况依然在加剧。工业领域的能源消耗量和碳排放量都超过全国的60%；用水量约占全国总用水量的17.7%；非常规污染物如持久性有机污染物、重金属等产生量几乎占全国的100%。影响空气质量的主要原因为大气中工业废气的排放。高碳排放的能源结构为环境治理带来巨大压力。

固体废弃物是造成环境污染的主要因素之一，一方面，固体废弃物为生产过程中产生的固体颗粒、炉渣、污泥、废制品等，其本身带有污染性，废弃物带有的燃烧性、放射性和腐蚀性造成环境污染。另一方面，固体废弃物占用一定的空间，其堆放会造成土壤、水资源等的污染，产生二次污染。从图 1-3 中可以看出，2000 年至 2020 年我国的工业固体废弃物产生量呈上升趋势，从2000

年的 81 608 万吨上升到 2020 年的 36 7546 万吨。其变化过程可分为两个阶段，第一阶段从 2000 年至 2011 年，工业固体废弃物产生量持续增加，且增长迅速；第二阶段从 2011 年至 2020 年，我国的工业固体废弃物产生量维持在比较稳定的状态，各年之间的变化幅度不大，趋于稳定。从图 1-3 中可以发现，我国工业固体废弃物的综合利用率在不断地提高。

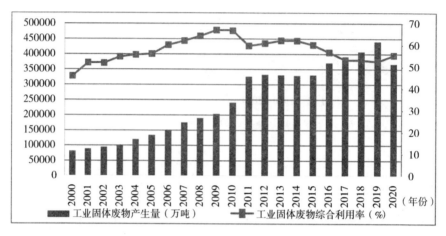

图 1-3　2000～2020 年我国工业固体废物产生量和工业固体废物综合利用率

数据来源：国家统计局，生态环境部. 中国环境统计年鉴：2021［M］. 北京：中国统计出版社，2021.

随着生态环境污染情况的不断恶化，环境污染造成的生态福利损失也在不断增加，环境污染治理成本也在逐年上涨。2021 年中国环境污染治理完成投资 3 352 365 万元，其中，治理废水投资 361 241 万元，治理废气投资 2 220 982 万元，治理固体废物投资 36 611 万元，治理噪声投资 5 437 万元，治理其他污染投资 728 094 万元。从图 1-4 可以看出，2000 年至 2021 年，我国工业污染治理完成投资呈波动上升趋势，从 2000 年对环境污染治理的投入成本 2 347 895 万元增长到 2014 年的 9 976 511 万元，之后逐渐呈下降趋势。

图 1-4 2000~2021 年中国工业污染治理完成投资

数据来源：国家统计局. 中国统计年鉴：2022 ［M］. 北京：中国统计出版社，2022.

作为世界上能源消耗量最大、二氧化碳排放量最高的发展中国家，中国以牺牲资源与环境为代价换取经济高速增长的发展模式已严重挑战生态环境的承载极限，并进一步限制经济增长的速度与质量。走绿色低碳循环发展之路，调整经济结构，转变发展方式，是突破资源环境瓶颈制约，实现可持续发展的必然选择。

三、绿色经济成为全球主流趋势

各国经济学家普遍认为，当能源危机和环境污染演变为全球性难题，并严重遏制全球经济的可持续发展时，只有发展绿色经济才能有效解决问题。1962年，美国人卡逊（Rachel Carson）发表了《寂静的春天》，对传统工业文明造成环境破坏做了反思，引起各界对环境保护的重视。1972 年，罗马俱乐部发表了《增长的极限》，对西方工业化国家高消耗、高污染增长模式的可持续性提出了严重质疑。1987 年，世界环境和发展委员会发表《我们共同的未来》，强调通过新资源的开发和有效利用来提高现有资源的利用效率，同时降低污染排放。1989 年，英国环境经济学家皮尔斯（David Pearce）等人在《绿色经济蓝图》中首次提出了绿色经济的概念，强调通过对资源环境产品和服务进行适当的估价来实现经济发展和环境保护的统一，从而实现可持续发展。他认为，经济发展必须是自然环境和人类自身可以承受的，不能因盲目追求生产增长而造成社会分裂和生态危机，不能因自然资源耗竭而使经济无法持续发展。

可持续发展问题已成为全球关注的中心议题，其中，绿色经济也逐渐成为可持续发展议题中各国政府部门、产业界以及专家学者探讨的热门话题。绿色经济是指从社会及其生态条件出发，以求建立一种可承受的经济。欧美发达国家纷纷转变经济发展方式，加大财政支持力度，扶持和鼓励本国企业绿色转型和低碳发展。发展战略性新兴产业，大力发展绿色经济已经成为全球主流趋势和新的经济增长点。2008 年，联合国环境规划署发布"全球绿色新政及绿色经济计划"，希望借此构建全球绿色制度，缓解全球环境危机，进而推动全球的绿色产业革命。美国、欧盟等发达国家积极响应，提出"低碳经济"和"生态优先"的绿色发展理念。2009 年，美国政府推出"绿色经济复兴计划"；2009 年夏季，全球瞩目的达沃斯论坛在中国大连举办，世界 500 强和中国 100 强中的部分大企业以及在国内外经济学界有影响的人士齐聚一堂，围绕"发展绿色经济：推动未来全球复苏的契机"的主题开展交流研讨，共同寻求扩大互利合作的机制和途径，积极探索应对金融危机、发展绿色经济、推动可持续发展的思路和举措。2009 年 12 月，丹麦哥本哈根召开了世界气候大会，192 个国家的代表共同签署了具有里程碑意义的全球气候协议书，这是一次被称为"拯救人类的最后一次机会"的会议。为了明天，为了共同的家园——地球，各国都提出了节能减排 2020 年计划，倡导低碳生活。2011 年，环境署进一步提出了"绿色投资"倡议，建议投入全球生产总值的 2% 用于 10 个核心经济部门的绿化。2012年，在巴西召开的联合国"里约 +20"峰会进一步提出了绿色经济新理念，强调用可持续性的绿色经济新模式取代褐色经济旧模式，并指出发达国家和发展中国家应采取不同的绿色发展战略。

中国是最早提出可持续发展战略的国家之一，早在 2002 年，联合国开发计划署在《2002 年中国人类发展报告：让绿色发展成为一种选择》报告中，就提出中国"绿色发展"的概念。2003 年，在十六届三中全会上，中国明确提出坚持以人为本，全面协调可持续的发展观，随后又提出生态文明、绿色发展等概念并加以实践。2010 年 6 月，胡锦涛在中国科学院第十五次院士大会、中国工程院第十次院士大会上指出："绿色发展，就是要发展环境友好型产业，降低能耗和物耗，保护和修复生态环境，发展循环经济和低碳技术，使经济社会发展与自然相协调。"这是中共高层首次正式提出绿色发展概念。2010 年 10 月，中共中央在"十二五"规划建议中提出"面对日趋强化的资源环境约束，必须增强危机意识，树立绿色、低碳发展理念"，绿色发展理念正式提出，并提供了包括单位 GDP 能耗、单位 GDP 二氧化碳排放量等在内的绿色发展指标。2015 年 10 月底，在《中共中央关于制定国民经济和社会发展第十三个五年规划的建议》中，习近平总书记提出了"创新、协调、绿色、开放、共享"新发展理念。绿色发展成为新发展理念之一，也是新发展理念的发展属性。从根本上说，新发展理念是一种绿色发展观。从中共十三五开始，中国正式开启了绿色发展时代。

2016 年，工业和信息化部颁布了《工业绿色发展规划（2016—2020 年）》以促进工业绿色发展。2017 年，习近平总书记在中共中央政治局集体学习时提出了推进绿色发展的 6 项重点任务，特别强调要转变经济发展方式，坚决摒弃牺牲环境的发展模式，推进绿色发展和绿色产业。中共十九大后，中央设立了国有自然资源资产管理和自然生态监管机构，通过"三个统一行使"理顺了生态职责和资源监管制度。2018 年，生态文明被写入新修订的宪法，开启了中国生态治理新的里程碑。我国建立了科学的绿色政绩考核评价体系，加大绿色指标的考核权重，把绿色政绩作为评价领导干部的指挥棒，还严格落实生态责任严查追究制度，通过建设绿色环保的现代产业体系、清洁高效的现代能源体系、以市场为导向的绿色创新体系，实现资源节约利用和循环使用，使绿色经济成为中国经济的新引擎。

绿色发展理念顺应了人们对美好生态的时代呼唤，推动了中国生态治理提质增效和发展模式的转型升级。2020 年 9 月 22 日，国家主席习近平在第七十五届联合国大会上宣布，中国力争 2030 年前二氧化碳排放达到峰值，努力争取 2060 年前实现碳中和目标。2021 年 10 月，《中共中央　国务院关于完整准确全面贯彻新发展理念做好碳达峰碳中和工作的意见》以及《2030 年前碳达峰行动方案》这两个重要文件的相继出台，共同构建了中国碳达峰、碳中和政策体系的顶层设计，重点领域和行业的配套政策也围绕以上意见及方案陆续出台。2022 年 8 月，科技部、国家发展改革委、工业和信息化部等九部门印发《科技支撑碳达峰碳中和实施方案（2022—2030 年）》（以下简称《实施方案》），统筹提出支撑 2030 年前实现碳达峰目标的科技创新行动和保障举措，并为 2060 年前实现碳中和目标做好技术研发储备。

第二节　工业绿色发展的作用

一、工业在国民经济中的主体地位

工业是国家经济的根基，也是推动经济提质增效的主战场。经过几十年的发展，中国已经建成门类齐全、独立完整的工业体系，创造了巨量的社会财富，支撑了经济社会的快速发展，也成为带动世界经济发展的重要力量。2021年中国国内生产总值1143669.7亿元，其中工业总产值372575.3亿元，占国内生产总值的32.6%。从产业结构整体上来看，2021年第一产业增加值为83085.5亿元，占国内生产总值的比重为7.26%；第二产业增加值为450904.5亿元，比重为39.43%；第三产业增加值为609679.7亿元，比重为53.31%。2000年至2021年，我国工业增加值从2000年的40258.5亿元增长到2021年的372575.3亿元，增长了825.46%，年均增长39.3%；规模以上工业企业单位数从2000年的162885个增长到2021年的441517个，增长了171.06%，年均增长8.15%；规模以上工业企业资产从2000年的126211.24亿元增长到2021年的1466716.3亿元，增长了1062.11%，年均增长50.58%；规模以上工业企业利润总额从2000年的4393.48亿元增长到2021年的92933亿元，增长了2015.25%，年均增长95.96%。从图1-5可以看出，2000年至2021年，我国的经济产业结构发生了变化，实现了从"二三一"的产业结构向"三二一"的产业结构过渡，工业发展规模持续扩大，工业在国内生产总值中的比重一直在30%以上，工业在国民经济发展中的主体地位明显。

二、工业绿色发展破解资源环境约束

长期以来，中国经济增长与工业化发展主要依靠资源型增长路线，以高投资、高能耗、高排放、低质量、低效益及低产出为特征的工业增长模式占据主导地位。虽然当前中国的工业废水、废气排放量增长率和工业固体废弃物综合利用率有了一定程度的改善，表明国家对环境污染的重视和环境污染状况的改善，但中国的工业废水、废气排放量和工业固体废弃物产生量的基数较大，虽

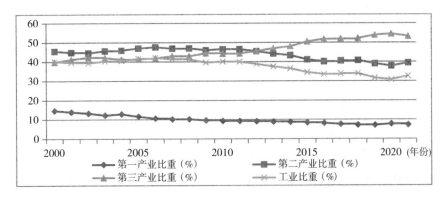

图 1-5　2000~2021 年中国国内生产总值构成

数据来源：国家统计局 . 中国统计年鉴：2022〔M〕. 北京：中国统计出版社，2022.

然增速减缓但总量较大，对中国的环境状况威胁大，污染状况严重。能源结构的刚性、能源利用效率的低下、生态环境污染严重等问题同时存在，中国工业经济发展仍然面临严峻的形势和巨大的挑战。

通过工业绿色发展推动经济发展方式转变，在生产经营的全过程自觉实行低能耗、低污染、低排放的绿色行为模式，从而实现工业的绿色转型发展，无疑是破解资源环境约束并实现经济平稳较快发展的有效路径。工业作为经济增长的核心引擎和资源消耗、污染排放的重要领域，要适应经济新常态和引领新常态发展，必定要实现以绿色技术创新、产业结构优化和能源效率提升为特征的工业绿色转型。工业绿色转型本身蕴含工业发展方式转变与工业污染减排的协调和统一，而工业绿色发展方式意味着工业经济绩效与环境绩效的双赢，提升工业绿色发展水平无疑是其中关键一环。

工业绿色发展使生态环境与经济增长的协同发展成为可能，也为粗放型生产模式提供了转型方向。绿色发展不以牺牲环境和资源的粗放投入为代价，而是通过经济增长数量和质量同时进步来获得高质量发展。技术创新、生产组织方式创新和管理水平创新，使经济发展与环境保护、资源可持续利用相得益彰，彼此间形成良性互动的过程。在生产过程中要避免对不可再生资源的过度消耗，合理高效地利用有限的自然资源，既能够可持续利用，又要保证在生产过程中产生的污染在自然环境的自净能力范围之内，使环境与资源对经济发展的约束逐步降低，实现工业增长与工业资源能源消耗、工业污染排放逐步脱钩。在经济发展中，生态环境逐步得到改善，资源利用效率逐步提升，在资源环境优化的同时提高经济发展质量。

作为国民经济主体的工业在推动经济社会可持续发展方面起着不可替代的作用。在转变发展方式、优化经济结构、转换增长动力的攻关期，形成绿色发展方式与生活方式是人民的诉求，扎实推进工业转型升级和制造强国建设是实现中国梦的核心。中共二十大和国家"十四五"规划均强调，"推进传统制造业绿色改造，推动建立绿色低碳循环发展产业体系"，"破解发展难题……必须牢固树立创新、协调、绿色、开放、共享的新发展理念"，强调了绿色发展在中国经济社会发展中的重要性。坚持节约资源和保护环境的基本国策，形成人与自然和谐发展的现代化建设新格局，在保持经济增长的同时，如何减少资源消耗、降低环境污染等是中国在工业绿色发展中面临的重大战略问题。

三、工业绿色发展促进生态文明建设

工业文明在为人类创造了丰富的物质财富，推动人类社会迈向新的时代的同时，也对人类赖以生存的生态环境造成了严重的破坏和污染，带来了资源枯竭、环境污染和生态危机，加剧了人与自然的矛盾。生态文明是对工业文明的反思和超越，是后工业化时代社会历史发展的必然产物。生态文明强调要实现人与自然的和谐共生，注重经济、社会、环境与人的系统性、协调性和共生性，实现人类社会的可持续发展。2007年，中共十七大正式提出了生态文明建设的任务。生态文明建设和绿色发展理念的提出，是在推进工业化、城市化过程中迈向绿色化、生态化的必然要求，也是顺应人类文明转型发展的时代要求。工业绿色发展坚持人与自然和谐共生，践行"绿水青山就是金山银山"的重要理念，既是工业文明和生态文明融合发展的有效路径，也是建立健全绿色循环低碳发展的经济体系，构建市场导向的绿色技术创新体系和清洁低碳、安全高效的能源体系的内在要求。在工业转型升级的进程中，要建设新型工业的生态文明制度体系，用制度保护生态环境，还要通过推进科技含量高、资源消耗低、环境污染少的"绿色化"生产方式，带动工业的绿色发展。

工业绿色发展是生态文明建设的重要内容之一。通过生产和生活方式的绿色化来实现生态文明建设。生活方式的绿色化需要通过加强生态文明建设来实现，要树立与生态保护相适应的文化观价值观，改变不合理的消费习惯，在全

社会形成资源节约、低碳环保、绿色健康的生活方式。生产方式的绿色化可通过发展循环经济和绿色产业来实现。① 利用循环经济建设生态文明就是运用生态学规律，把传统经济中"资源—产品—污染排放"单向流程转变为"资源—产品—再生资源"的反馈式流程，以"减量化、再利用、再循环"的原则调整产业结构和改变人们的消费模式，从末端治理逐步转向清洁生产，实行以污染物"全程控制"和"源头削减"为主要内容的预防性环境政策，最大限度地减小经济活动对自然环境的负面影响。

四、绿色转型是工业高质量发展的引擎

中国经济已经由高速增长阶段转向高质量发展阶段。经济高质量发展能够更好地满足人民对美好生活向往的要求，充分体现了创新发展理念、绿色发展理念和开放发展理念。工业高质量发展的核心内涵是在科技创新驱动下，基于全要素生产率提升而实现的工业经济增长，具有工业产业结构和产品结构不断高端化、绿色化、智能化的优化特征。工业高质量发展表现在四方面，一是规模不断壮大，形成健全的现代产业体系。二是产业结构不断优化，与第二、三产业不断深化融合发展。三是创新驱动转型升级，成为现代化经济体系的战略支撑。四是质量效益不断提升，并不断提升可持续发展的能力。② 工业高质量发展是经济高质量发展的重要组成部分，是中国经济高质量发展的基础和建设社会主义现代化强国的关键。

高质量发展是工业绿色转型的契机，而绿色转型是工业高质量发展的重要动力。加快工业绿色转型发展，是推动经济高质量发展的重要举措，是转变工业发展方式的必由之路，是优化产业结构布局的基本途径，也是培育经济增长新引擎的迫切需要。发展经济的同时构建适宜的生态环境既是高质量发展的应有之义，也是实现高质量发展的重要支撑和推动力。工业化与生态环境的矛盾并不是要不要发展工业的问题，而是如何发展工业的问题。按照绿色发展要求，走出一条区别于传统工业化模式的新型工业化道路，降低单位工业增加值能耗，减少污染物排放，提高高技术制造业和服务业比重，从而实现工业绿色发展。

---

① 黄顺基. 生态文明与中国的发展 [J]. 湘潭师范学院学报（社会科学版），2003（3）：5-10.
② 黄彦平. 宁夏工业高质量发展路径探析 [J]. 现代经济信息，2019（24）：492，494.

第三节　我国工业绿色发展现状

一、工业能源资源利用效率持续提升

近年来，我国持续推进工业绿色化改造，生态环境保护和工业污染治理力度不断增强，工业绿色转型发展迈出坚实步伐。各级政府将应对气候变化融入社会经济发展全局，采取了控制能源消费总量与强度、优化能源结构、提升能源效率、调整产业结构、发展循环经济、开发非化石能源、加快减排技术创新、健全碳排放交易机制和加强环境执法督查等重要举措，工业碳减排取得显著成效，扭转了以往工业碳排放量高速增长的局面。2022 年能源消费总量 54.1 亿吨标准煤，比上年增长 2.9%。煤炭消费量增长 4.3%，原油消费量下降 3.1%，天然气消费量下降 1.2%，电力消费量增长 3.6%。煤炭消费量占能源消费总量的56.2%，比上年上升 0.3 个百分点；天然气、水电、核电、风电、太阳能发电等清洁能源消费量占能源消费总量的 25.9%，上升 0.4 个百分点。重点耗能工业企业单位电石综合能耗下降 1.6%，单位合成氨综合能耗下降 0.8%，吨钢综合能耗上升 1.7%，单位电解铝综合能耗下降 0.4%，每千瓦时火力发电标准煤耗下降 0.2%。全国万元国内生产总值二氧化碳排放下降 0.8%。① 工业企业综合能源消费不断降低的同时，工业增加值持续提升，表明工业能源资源利用效率越来越高。

二、工业污染物排放水平不断降低

通过采用高新技术、清洁生产技术对传统生产工艺进行改造，资源消耗和工业污染物排放水平持续降低。在保持工业增加值稳步提升的前提下，废水排放、废气排放总量都有不同程度的降低。2020 年全国废水排放中，废水化学需

---

① 国家统计局 . 中华人民共和国 2022 年国民经济和社会发展统计公报 ［A/OL］. 国家统计局，2023-02-08.

氧量（COD）排放总量 25 647 561 吨，氨氮排放总量 984 018 吨。① 总体来看，近年来我国工业废水和废气污染物排放整体呈下降趋势。这与我国不断调整产业结构、提高工业能源效率、优化能源结构、促进清洁生产与循环利用等方面的努力分不开。

图 1-6　2015～2022 年清洁能源消费量占能源消费总量的比重

数据来源：中华人民共和国 2022 年国民经济和社会发展统计公报［A/OL］.
中国政府网，2023-02-28.

三、工业绿色转型任务依然艰巨

当前，我国工业能源消费强度与世界先进水平存在较大差距。从主要工业品能源实物消耗量来看，在剔除工业品价格差异、产业结构差异、产品差异和其他不可比因素后，生产同质性工业品的能源效率落后于国际水平。低碳技术的研发和应用是各国尤其是发展中国家降低碳排放量和碳排放强度的关键途径，而我国的低碳技术水平总体上较为薄弱。我国仍处于工业化、城镇化深入发展的历史阶段，传统行业所占比重依然较高，战略性新兴产业、高技术产业尚未成为推动经济增长的主导力量，资源环境约束加剧，碳达峰、碳中和时间窗口偏紧，工业绿色低碳转型任务艰巨。

（一）绿色转型投入相对不足

工业经济绿色转型是一项可持续发展策略，但由于在生产技术以及生产理

---

① 国家统计局，生态环境部. 中国环境统计年鉴：2021［M］. 北京：中国统计出版社，2021.

念方面与传统工业经济发展有本质不同，绿色转型初期可能会出现 GDP 下降的情况，这与地方政府对政绩的追求存在冲突。在工业绿色制造体系申报过程中还存在数量少、积极性不高的情况。在资金投入方面，工业企业尤其是民营企业普遍面临融资难、融资贵难题，贷款账户第三方监管、不能直接续贷等一系列难题，给企业绿色改造带来较大风险。企业绿色化转型发展存在资金投入大、回收周期长、运作不确定性因素多等问题，大部分企业融资资金到位后，经常会将资金用于能够快速增加企业利润的项目，绿色转型发展的动力不强。在人才投入方面，企业绿色转型人才队伍建设存在一些突出问题，比如，制造业人才结构性过剩与短缺并存，领军人才和具有工匠精神的优秀工人紧缺，基础制造、绿色制造领域人才供给不足，支撑工业绿色转型升级能力较弱。

（二）绿色转型产业技术支撑不力

工业企业向绿色转型方向发展需要创新技术支撑。在传统技术手段下，虽然工业经济能够稳步增长，但对环境的破坏却十分严重，生态环境一旦遭到破坏，原有平衡被打破，为工业经济增长提供的资源也会逐渐枯竭。一方面，节能环保产业发展水平相对较低，不能满足工业绿色转型的需要。与绿色制造相关的产业大多处于起步阶段，且节能环保产业相当大一部分企业规模偏小、产业集中度偏低，而大规模的骨干企业尚未充分发挥示范引领作用。此外，市场秩序有待进一步规范，阻碍产业发展的行业垄断、地方保护主义以及恶性竞争等难题亟待破解。另一方面，绿色制造共性和关键技术创新能力较弱。工业绿色转型的核心技术缺乏，本土企业创新能力不强，一些自主生产的节能环保设备性能不稳定，运营效率需要进一步提升。技术创新问题如果不能得到解决，那么在此基础上制定的工业经济绿色发展路径也只能停留在理论层面。

（三）工业绿色转型路径相对模糊

部分工业企业对开展绿色化转型的重要性和迫切性认识不足，对绿色转型的成效和风险评估存在模糊认识，不了解绿色转型所依赖的关键技术，对如何开展绿色转型感到束手无策，不知从何处下手。一些企业在开展节能节水技术改造时，由于工艺技术的不稳定性，一些先进技术在前期投入及后续的设备保养方面投入巨大，很难平衡投入与收益，没有实现预期的经济效益。与企业合作的高校以及科研院所在绿色关键技术突破方面进展缓慢，导致企业在绿色化转型中对路径的选择感到十分困惑。一些企业对绿色发展技术改造的认知水平不高，长期停留在直接购买技术装备的层面上，投入过高、维护成本巨大、经济效益不佳，与绿色改造服务商之间开展合作的模式尚未得到推广应用。

（四）社会监督力量不足

工业经济发展过程中，社会监督体系不完善，也是导致绿色转型难以实现的原因之一。仅仅依靠企业内部管理，很容易在环境保护以及绿色生产技术落实方面出现责任推诿的现象，并且政府宏观调控很难达到预期的社会保障体系完善效果。基层群众绿色消费意识并没有形成。在一些重大生态环境污染事件中，对于工业生产与环境污染之间的问题，社会舆论能够发挥干预力量。但形成社会舆论的前提条件比较独特，首先是事件发生的前提条件能够激发群众讨论话题，造成影响力以及影响范围巨大。一些中小型的环境污染事件，很难引起社会广泛的关注，也不能发挥社会舆论带来的监督作用。同时，在部分地域，社会舆论受政府以及企业干预严重，导致社会监督力量并不能得到强化，社会监督体系长期难以完善，社会监督力量难以在环境保护过程中发挥舆论监督作用，导致经济发展过程中的绿色转型也过于松散。

毋庸置疑，工业发展所依赖的资源能源消耗和污染物排放呈现出逐年下降的良好势头，但中国大部分工业行业仍处于粗放、外延型发展模式，缺乏绿色转型的自发性。加快传统工业发展模式向绿色化、集约化转型是新时代中国经济发展的重要任务。工业绿色转型发展，任重而道远。

第二章

工业绿色发展的内涵

随着经济发展和社会的不断进步，绿色发展的理念受到越来越多的关注。绿色发展、工业绿色化、工业绿色转型以及绿色经济、生态经济、低碳经济和循环经济等概念陆续出现，这些概念的关注点都是经济社会发展与资源环境的关系，都提倡经济发展与资源环境和谐共处。厘清这些工业绿色发展相关概念，分析工业绿色发展的理论基础，对于全面分析工业绿色发展规律、推进工业绿色发展进程具有重要的意义。

第一节　工业绿色发展的主要概念

一、绿色发展

绿色发展是以经济的可持续发展、经济与环境和谐相处为目的的经济增长和社会发展方式。2005 年，中国工程院 33 位院士联合向中央呼吁我国"建设节约型和环境友好型社会"，其中，"资源节约"和"环境友好"是目前国内外衡量是否绿色的基本标准。绿色发展与可持续发展在思想上是一脉相承的，从内涵上看，绿色发展是建立在生态环境容量和资源承载力的约束条件下，将环境保护作为实现可持续发展重要支柱，在传统发展基础上的一种模式创新。具体包括，一是将环境资源作为社会经济发展的内在要素；二是把实现经济、社会和环境的可持续发展作为绿色发展目标；三是把经济活动过程和结果的"绿色化""生态化"作为绿色发展的主要内容和途径。

绿色发展理念强调实现经济社会发展和资源环境的共生共荣，是人类在面对当今全球资源、能源、环境挑战和发展方式时做的一项重大探索。可从两个层面理解工业绿色发展，一是"工业绿色化"，指所有的工业企业在生产过程中要做到绿色生产，淘汰有毒有害物质、使用高效清洁能源，不断提升产品的资源及环境效率；二是"绿色产业化"，提倡大力发展废物管理和回收服务部门、可再生能源技术部门等能够有助于减少负面环境影响、提供环境友好产品和服务的部门。随着经济发展和社会的不断进步，绿色发展的理念受到越来越多的关注。绿色发展与绿色增长、低碳经济及绿色经济等概念没有本质区别，它们的关注点都是经济社会发展与资源环境的关系，都提倡经济发展与资源环境和谐共处。

二、工业绿色化

工业绿色化是将绿色科学技术与工业化相结合，以资源环境的承载能力为依托，着眼于传统工业的绿色转型以及新兴绿色行业的发展创新，对工业经济系统、生态系统、社会系统进行全方位的绿色化改造，实现资源能源的节约利用和环境的有效保护，最终达到工业经济可持续发展目标的新型工业发展模式。工业绿色化有四层含义：（1）工业绿色化是企业针对外界压力的一个主动或被动适应过程，是企业在生态环境压力影响下，通过外在宏观战略变革与内部生产方式调整，以实现尽可能减少污染排放的发展过程。（2）工业绿色化是一个工业生态效率改进过程。能够提高生态效率的结构改进、技术改进与管理水平改进都视为产业绿色化改进。（3）工业绿色化是工业经济转型发展过程中的新经济增长点，2015 年，《关于中共中央　国务院加快推进生态文明建设的意见》提出"加快推动生产方式绿色化"，"构建科技含量高、资源消耗低、环境污染少的产业结构，加快推动生产方式，大幅提高经济绿色化程度"，加快发展绿色产业，形成经济社会发展新的增长点。（4）工业绿色化是一个工业发展思维的认知转型过程，由传统外在环境压力下被动地接受工业绿色化转型转变为积极应对并主动减少污染排放，并将绿色发展作为提升企业竞争力和市场竞争力的一种手段，使投入过程、生产过程、产出目标和环境质量目标相协调的演变过程。①

---

① 骆玲，史敦友. 工业绿色化：理论本质、判定依据与实践路径［J］. 学术论坛，2020（1）：109-116.

工业绿色化包括绿色生产、工业结构的绿色化重构和绿色工业体系的建立。[①] 绿色生产的实施、高污染和高消耗工业比重的减少、以高新技术改造传统工业及新兴绿色环保产业的发展，能够大大减少工业生产污染物的过程排放和末端排放，从而减少对生态环境的破坏，实现环境效益与经济效益的统一。绿色工业是污染排放少、环境污染小、能源消耗低、资源利用率高、可持续发展能力强的状态，这个状态贯穿整个工业生产过程。绿色工业革命的本质是资源生产率大幅度提高，污染排放量逐渐降低，将工业发展与环境保护结合起来，做到两者协调统一。

三、工业绿色转型

工业绿色转型是为了解决工业发展过程中面临的资源能耗高、环境污染重、生产效率低和国际竞争力弱等问题，满足区域对建设环境友好型、资源节约型社会的需要而产生的，也是"绿色经济"在工业行业的具体体现。中国社会科学院工业经济研究所课题组认为，工业绿色转型是一个动态的过程，覆盖工业价值链的各个环节，主要指工业转向能源资源利用集约、污染物排放减少、环境影响降低、劳动生产率提高、可持续发展能力增强的过程。[②] 从本质上讲，工业绿色转型是促进能源集约利用、减少污染排放和提高可持续发展能力的过程。工业的增长方式由资源能源高投入的粗放型发展转为集约型发展，生产过程由高污染生产转向清洁生产，由低附加值、低效率发展向高附加值、高效率发展转变的过程。

工业绿色转型包括"绿色"和"转型"两方面。"绿色"是总领，要求工业不再以"三高"（高投入、高消耗、高污染）和"三低"（低质量、低效益、低产出），以及"先污染，后治理"为特征的发展模式来主导工业发展，而是实现绿色发展，在绿色发展理念统领下，提高工业绿色效率，工业转向经济产出高质量、能源集约永续使用、环境友好的生产方向发展。"转型"意味着污染型生产转向清洁型生产，或者由污染型产业占主导转向清洁型产业占主导，或者工业企业向高级化方向发展，即实现工业结构清洁化转型和工业结构高级化转

---

① 曹璐. 河北省工业绿色转型路径研究 [D]. 天津：河北工业大学，2017.

② 中国社会科学院工业经济研究所课题组，李平. 中国工业绿色转型研究 [J]. 中国工业经济，2011 (4)：5-14.

型。作为绿色经济的重要组成部分，工业绿色转型是对传统的"黑色""褐色"或者"灰色"工业发展模式的否定，是工业迈向"工业不可再生资源的集约永续利用、工业污染排放减少、工业对生态环境影响逐步降低、劳动生产率提高、可持续发展能力增强"的过程。[①]

工业绿色转型不能单纯着眼于经济增长速度，而要综合考虑其对资源的消耗和环境的污染程度；不仅强调产品符合环保要求，还要在生产过程中做到清洁生产、循环利用，尽可能减少生产过程中的碳排放，完善工业回收产业发展链条，实现资源配置最大化和可持续发展。从发展方式来看，绿色转型就是从传统的粗放式发展模式转变为绿色发展的过程。从绿色转型内容来看，绿色转型包括投入结构转型、排放结构转型、产业结构转型、区域结构转型、需求结构转型、分配结构转型、目标结构转型和制度结构转型八方面，[②] 这八方面涉及经济社会生活方方面面。从转型的主体来看，绿色转型的主体包括政府、产业、企业和人民群众，它要求政府进行绿色管理、产业进行绿色重构、企业进行绿色生产、人民群众进行绿色消费。从转型目的来看，绿色转型希望通过改变产业结构、企业生产方式、人们消费习惯来与环境和谐相处，走可持续发展道路。

综上所述，工业绿色转型涵盖包括绿色发展理念、战略、发展方式等在内的全方位变革，是以绿色发展理念为指导，塑造绿色文化，制定绿色战略，以绿色创新为动力，通过工业生产全过程的绿色化，实现工业排放最低化，实现经济效益、社会效益与环境效益共赢并协同发展的过程。

第二节　绿色发展的相关概念

一、几个相关概念的内涵

（一）绿色经济

绿色经济最早由英国环境经济学家皮尔斯（Pearce）于 1997 年在其著作

①　李玲. 中国工业绿色全要素生产率及影响因素研究 [D]. 广州：暨南大学，2012.
②　李佐军. 中国绿色转型发展报告 [M]. 北京：中共中央党校出版社，2012：8.

《绿色经济蓝图（4）——获得全环境价值》一书中提出。2012 年 6 月，联合国可持续发展大会提出以发展绿色经济为主题，明确了全球经济向绿色转型的发展方向，由此，绿色经济和绿色发展成为全球广泛共识：经济、社会发展必须与环境友好、与生态文明相互协调，提高人类生活质量、促进全人类共同繁荣必须通过全球可持续发展才能实现。国际绿色经济协会给出的绿色经济定义是，以实现经济发展、社会进步并保护环境为方向，以产业经济的低碳发展、绿色发展、循环发展为基础，以资源节约、环境友好与经济增长成正比的可持续发展为表现形式，以提高人类福祉、引导人类社会形态由"工业文明"向"生态文明"转型为目标的经济发展模式。联合国环境规划署（UNEP）将绿色经济定义为一种"促成提高人类福祉和社会公平，同时显著降低环境风险，降低生态稀缺性的环境经济"，绿色经济收入、就业的增长可以通过减少碳排放和污染排放来提高能源和资源利用效率，防止生物多样性和生态系统服务丧失的私营投资、公共投入等实现。①

绿色经济的核心在于关注生态环境的安全性，因而被视为一种强调生态环境与经济共同实现可持续发展的新的经济形态，在提高人类生活质量的同时，实现社会的公平、环境压力的减小、生态恶化的缓解。② 可以从效率、规模和公平三个不同视角来理解绿色经济。③ 效率视角认为，资源环境作为经济增长的必备要素之一，与包括劳动力和资本在内的经济要素之间有相互替代作用。要增进经济的效率，有必要将体现为生态环境的自然资本纳入生产消费决策体系中。在效率视角下，一切要素最终都服从于提高产出，即便短期内破坏了环境，只要长期的收益能弥补回来，就是有效的增长。从规模的视角来看，通过开源和节流，扩大生态环境的边界来相对提高效率增长的空间，也就是在经济增长的同时，生态和环境的容纳能力也在增长。

（二）生态经济

第二次世界大战后，人们急于开展经济建设，使生态环境、自然资源出现

---

① 郑德凤，臧正，孙才志. 绿色经济、绿色发展及绿色转型研究综述［J］. 生态经济，2015（2）：64-68.

② 皮尔斯. 绿色经济的蓝图（4）：获得全球环境价值［M］. 徐少辉，冉圣宏，田润浓，等译. 北京：北京师范大学出版社，1997：23-27.

③ 李志青. 绿色转型与发展：挑战与选择——复旦大学环境经济研究中心 2012 年年会综述［J］. 电力与能源，2012（5）：401-404.

严重受损的现象，经济增长也受到了影响。其中，空气污染、臭氧层破坏、土壤的退化和森林面积的急剧减少已经严重影响人们的日常生活，这使人们开始注意到环境污染与经济增长之间的关系。20 世纪 60 年代末，美国经济学家波尔丁（Boulding）在他的论文《一门科学——生态经济学》中首次使用了"生态经济学"这一术语，成为生态经济学学科的最早倡导者。他倡导用市场经济体制控制人口的增长、环境污染和协调消费品的分配、资源的开发利用。① 他认为之前单纯追求经济产量的增加，以高能耗、高污染的粗放型经济生产方式无法实现长期经济的增长，只有在注重经济发展的过程中兼顾对生态环境的保护，才能实现经济长效发展。此后，生态经济学在西方逐渐成为一个引人注目的研究领域。

生态经济具有三个特点。（1）注重经济系统与环境系统的协调关系。强调环境与经济增长之间要实现相互促进，共同发展。一方面，经济增长应当以环境的承载力为基础。当经济增长速度超过环境系统的自我恢复调节速度时，环境就会遭受破坏，环境受到污染后会使经济增长减缓。长此以往，形成环境与经济增长间的恶性循环，不利于社会发展。另一方面，资源使用效率的提高也需要协调发展理论的指导。（2）注重环境生产力。所谓环境生产力是指在自然生态系统中，通过物质循环和能量转化，可直接为动植物和人类提供物质的能力。具有直接性和连续性的特点，是一种再生产能力的表现，包括自然资源的供应、消纳动植物和人类产生的废弃物，以及维持生态平衡。环境生产力的影响因素主要是自然因素、社会因素和科技因素三方面。（3）强调环境经济价值。环境经济价值包含环境价值与经济价值两方面。环境价值通过环境服务功能体现出来，环境服务功能通过对大气的维持、提供饮用水、吸收废气等自然环境条件的建设体现其环境价值，其具有整体价值和综合价值。而经济价值则表现为对价值增值的实现，其体现在经济活动中对物质财富的创造和资源配置的优化上。环境价值与经济价值二者是相辅相成的，在实现环境价值基础上提高经济价值，而经济价值的提升使环境价值效用增加。

（三）循环经济

循环发展思想起源于环境保护运动，以提高资源循环利用为核心，从而达

---

① 薛维忠. 低碳经济、生态经济、循环经济和绿色经济的关系分析 [J]. 科技创新与生产力，2011（2）：50-52.

到减少经济活动对环境破坏的效果。"循环经济"是美国经济学家肯尼思·波尔丁（Kenneth Boulding）在 20 世纪 60 年代提出的概念。[1] 1972 年，巴里·康芒纳（Barry Commoner）在《封闭的循环》一书中指出，在遵循生态规律基础上，建立生产技术方式上的封闭机制，从而减少经济生产活动对生态环境的污染和破坏。[2] 1990 年，英国环境经济学家皮尔斯（David Pierce）和图纳（Kelley Turner）建立了物质流动模型，它由自然循环和工业循环两部分组成，自然循环是环境对废弃物的吸收、转化，工业循环是工业生产中的资源循环使用。此后，发展循环经济成为国际社会的主流趋势。

循环经济是一种运用生态学规律来指导人类社会的经济活动，是建立在物质不断循环利用基础上的新型经济发展模式。它以资源的高效利用和循环利用为核心，是对"大量生产、大量消费、大量废弃"的传统增长模式的根本变革。[3] 循环经济实质上是指在经济发展的过程中通过资源循环利用，达到社会生产投入自然资源最少、向环境中排放的废弃物最少、对环境的危害或破坏最小的目标的经济发展模式。循环经济以能源、资源的高效、循环利用为核心，以低开采、低排放和高效益为特点，缓解资源有限与发展无限的矛盾，是一种实现生态环境与经济发展协调统一的可持续发展方式。

循环经济有三个基本原则：减量化、再利用和再循环。[4] 减量化原则属于源头控制方法，要求用较少的原料和能源投入来达到既定的生产目的或消费目的，从经济活动的源头就注意节约资源和减少污染。再利用原则属于过程控制方法，要求生产者应该将产品及其包装当作一种日常生活器具来设计，从而能够以初始的形式被多次和反复使用，同时再使用原则还要求制造商应该尽可能地延长产品和服务的使用时间，而不是非常快地更新换代。再循环原则属于终端控制的方法，要求生产出来的物品在完成其使用功能后能重新变成可以利用的资源，而不是成为无法利用的垃圾。

（四）低碳经济

"低碳经济"概念最早正式出现在 2003 年的英国能源白皮书《我们能源的

---

① 冯之浚. 循环经济导论 [M]. 北京：人民出版社，2004：62.
② 康芒纳. 封闭的循环 [M]. 侯文蕙，译. 长春：吉林人民出版社，1997：5.
③ 刘思华，方时姣. 绿色发展与绿色崛起的两大引擎 [J]. 经济纵横，2012（7）：38-43.
④ 高昂. 循环经济物质流特征与流动规律研究 [D]. 西安：西北大学，2010：61.

未来：创建低碳经济》中，这一概念的提出引起了社会各界的广泛关注。2008年的世界环境日主题定为"转变传统观念，推行低碳经济"，希望国际社会能够重视并采取措施将低碳经济的共识纳入决策之中。低碳经济的目标是减缓气候变化和促进人类的可持续发展，其实质在于提升能源的高效利用、推行区域的清洁发展、促进产品的低碳开发和维持全球的生态平衡，是从高碳能源时代向低碳能源时代演化的一种经济发展模式。低碳经济被认为是后工业化社会由工业文明转向生态文明的新型经济社会形态。

低碳经济是低碳发展、低碳产业、低碳技术、低碳生活等一类经济形态的总称。基本特征是低能耗、低排放、低污染，基本要求是应对碳基能源对于气候变暖影响，基本目的是实现经济社会的可持续发展。[①] 从内涵上说，低碳经济包括低碳生产、低碳流通、低碳分配和低碳消费四个环节。[②] 目的是尽可能降低碳气体排放量，主要体现在四方面。工业方面，高效率的生产和能源利用；能源结构方面，可再生能源生产将占据相当高的比例；交通方面，使用高效燃料，使用低碳排放的交通工具，公共交通取代私人交通，并且更多地使用自行车和步行；建筑方面，办公建筑与家庭住房都采用高效节能材料以及节能建造方式。归根结底，低碳经济的核心是通过节能减排的技术创新和产业结构调整的制度创新，提高能源效率，改善能源结构，优化经济结构，来减少二氧化碳等温室气体排放对全球气候的影响，实现经济发展与环境保护的双赢。

二、几个相关概念的联系

绿色经济、生态经济、循环经济、低碳经济紧密相连，互为支撑，都是在能源资源问题、生态环境危机产生后，在可持续发展的框架下相继出现的，都是为了实现经济社会与生态环境的协调统一发展。总体上看，绿色经济、生态经济、循环经济和低碳经济的目标，在理论基础、技术手段和目的上是一致的。

（一）以生态经济学和系统论为理论基础

低碳经济、生态经济、循环经济和绿色经济的理论基础都是生态经济理论

① 冯之浚，金涌，牛文元，等．关于推行低碳经济促进科学发展的若干思考［J］．政策瞭望，2009（8）：39-41．

② 李胜，陈晓春．低碳经济：内涵体系与政策创新［J］．科技管理研究，2009（10）：41-44．

和系统理论。强调将生态学和经济学有机结合起来，以生态学原理为基础，经济学理论为主导，科学运用自然规律和社会规律，协调人类社会经济活动和自然生态之间的相互关系。以生态与经济系统协调发展为核心，把人类经济社会发展与其依托的生态环境作为一个统一体来分析经济问题。借鉴生态学的物质循环和能量转化原理，考虑到资源和环境的可持续发展问题，探索人类经济活动和自然生态之间的关系。① 这几种经济形态都强调把经济系统与生态系统的多种组成要素联系起来进行综合考察与实施，追求经济社会与生态发展的全面协调，达到生态经济的最优目标。

（二）以可持续发展为最终目标

低碳经济、生态经济、循环经济和绿色经济在最终目标上都是要实现人与自然和谐的可持续发展，所强调的经济形态以环境友好、资源节约、生态平衡为特征，主张减少资源消耗，保护环境，追求人类的可持续发展和环境友好型社会的实现。针对的问题均是相对于传统的落后经济发展模式，倡导发展资源节约与高效利用体系、提倡保护生态环境，促进经济发展、生态保护与社会进步的统一。这些概念都考虑自然生态系统的承载能力，尽可能地节约自然资源，不断提高自然资源的利用效率，促进人与自然的和谐发展。

（三）依靠生态技术手段

低碳经济、生态经济、循环经济和绿色经济都以生态技术为基础。生态技术主要是针对科学技术的功能及社会作用而言的，它涉及科技伦理和科技价值问题。生态技术是指遵循生态学原理和生态经济规律，能够保护环境、维持生态平衡、节约能源资源、促进人类与自然和谐发展的一切有效的手段和方法。生态技术将经济活动和生态环境作为一个有机整体，追求的是自然生态环境承载能力下的经济持续增长。

三、几个相关概念的区别

生态经济的核心是环境与经济的协调持续发展，强调促进生态系统的可持

---

① 杨运星. 生态经济、循环经济、绿色经济与低碳经济之辨析［J］. 前沿，2011（8）：94-97.

续性。循环经济属于物质流意义上的绿色经济，强调资源能源的循环有效利用，是绿色经济的实现途径。低碳经济属于能源流意义上的绿色经济，强调碳减排，不仅重视循环生产，更重视对碳排放的控制。绿色经济不仅要求资源能源的循环节约利用，而且要求控制温室气体排放，即在碳减排的背景下实现转型。它们在本质上是一致的，都是为了实现经济社会与生态环境的协调统一发展，只是针对具体问题，侧重点不同。

（一）研究的角度不同

低碳经济针对的是能源领域和应对全球气候变暖问题，强调通过减少煤炭、石油等化石能源的消耗，提高能源利用效率和采用清洁能源，减少二氧化碳的排放。生态经济借鉴了生态学的相关理论，不仅强调经济与生态系统的协调，注重两大系统的有机结合，还强调宏观经济发展模式的转变，以太阳能或氢能为基础，要求产品生产、消费和废弃的全过程密闭循环。循环经济主要从资源减量化、再循环、再利用角度减少资源消耗，强调的是在生产、流通、消费全过程中物质的循环利用、清洁生产、能源的充分利用。绿色经济强调环境友善、关爱生命、鼓励创造，突出以科技进步为手段实现绿色生产、绿色流通、绿色分配，兼顾物质需求和精神上的满足。绿色经济通过有益于环境的经济行为，实现经济的可持续增长，是一种以维护人类生存环境、合理保护资源与能源、有益于人体健康为特征的经济。

（二）实施控制的环节不同

低碳经济强调的是经济活动的能源输入端，通过减少碳排放量，使地球大气层中的温室气体浓度不再发生深刻的变化，保护人类生存的自然生态系统和气候条件。从经济系统和自然系统相互作用的过程来看，生态经济和循环经济分别从资源的输入端和废弃物的输出端来研究经济活动与自然系统的相互作用，同时循环经济还关注资源，特别是不可再生资源的枯竭对经济发展的影响。[①] 绿色经济更多关注的是经济活动的输出端，即废弃物对环境的影响，重点在于环境保护。

---

① 苏振锋.低碳经济 生态经济 循环经济和绿色经济的关系探析［J］.科技创新与生产力，2010（6）：19-22.

（三）核心内容不同

低碳经济以低能耗、低污染为基础，要求优化能源利用结构，多利用可再生能源，促进能源的高效利用。生态经济的核心是有效控制污染，倡导发展环境友好产业，实施清洁生产，建立生态环境保护体系，实现经济和自然系统的可持续发展。循环经济的核心是物质的循环利用，倡导建立资源高效循环利用体系，让资源在产业发展过程中不断循环利用，实现废弃物的低排放、零排放，以提高资源效率和环境效率。绿色经济强调以人为本，以发展经济、全面提高人民生活水平为核心，实施绿色生产、绿色流通、绿色消费，保障人与自然、人与环境的和谐共存，促使社会系统公平运行。

第三节　工业绿色发展的理论基础

一、现代经济增长理论

经济增长理论是研究与解释经济增长规律的理论，它关注的是经济的可持续增长及区域经济增长差异的影响因素等问题。现代经济增长理论在以经济增长理论为核心的同时，也考虑了生态环境、资源能源等因素对经济增长的影响。20世纪70年代频发的能源危机和不可再生资源的加速耗竭等环境问题引起了生态学家和经济学家们对经济可持续增长的关注。其中，最有代表性的就是梅多斯（Meadows）发表的《增长的极限》报告，他将人口增长、粮食供应、资本投资、环境污染和资源消耗五个因素视为经济增长的主要因素，明确提出经济增长存在极限的概念。由于生态资源储量是有限的，生态环境的承载能力也存在一定阈值，人类若要使经济增长维持在一定水平，就要降低增长速度，甚至是零增长。此后以"增长的极限"理论为核心的研究大量涌现。

学者们把环境资源作为重要的影响因子纳入经济增长模型内，分析和思考环境资源对经济发展及生产率的影响，并试图从政府、制度等方面找到经济可持续发展的现实路径。支持"增长的极限"理论的生态学家和经济学家认为，环境为人类的生产与生活提供资源、场所及能量，其本身具有一定的清洁和净化能力，同时遵循能量守恒定律，因此也存在生态环境上限。如果人类的经济活动超过生态系统自我清洁的上限，将毫无疑问带来生态系统的崩溃，那么维持经济增长与环境质量双赢也就无从谈起，因此如果人类想要尽可能长的维持经济增长，就要降低经济增长速度，甚至是零增长。充分考虑资源与环境的外部性就会发现，即便政府制定环境规制政策，将环境污染内部化，也无法改变经济增长恶化环境质量的事实，因此从福利经济学角度来看，为维持生态环境质量而降低经济增长是合理的。

二、可持续发展理论

"可持续发展"一词最先应用于生态学中，强调自然资源开发利用的合理性与可持续性。1987 年，世界环境与发展委员会总结全人类社会经济发展的成败，指出可持续发展是指既满足当前发展需要而又不损害子孙后代利益，满足后代需要能力的发展。[①] 自此，可持续发展理念被全世界广泛接受。1992 年，在巴西里约召开的联合国环境与发展大会通过了《里约环境与发展宣言》《21 世纪议程》等，这些决议将可持续发展提到了世界发展战略的层次。

随着学术研究的深入，可持续发展在不同的领域不断深化及拓展。经济学家从可持续发展经济特征属性的角度出发，认为可持续发展是指自然资源和生态环境在保证自身质量不受影响的前提下，为人类社会提供必需的物质和服务，在最大限度地满足人类经济发展的需求，增加当代人的社会福利的同时，不影响和损害后代人的福利。生态学家从可持续发展的自然属性角度，提出"生态持续性"，认为可持续发展是维持自然资源与开发利用间的平衡，保护和加强环境系统的生产和更新能力的一种发展模式，强化了可持续发展概念的自然属性。社会学家从可持续发展的社会属性出发，认为可持续发展指在人们为了生存所进行的一切活动均处于自然生态系统的承载力范围内，最大限度地改善和提高人类的生活品质。综上，可持续发展是指尽可能采用更清洁更有效的生产技术，在满足当代人需求的前提下不损害后代人满足其需求的能力，最终实现经济、生态、社会的可持续发展。

可持续发展强调的是资源的合理分配以及环境的保护、治理，以协调长期

---

① 世界环境与发展委员会. 我们共同的未来 [M]. 王之佳，柯金良，等译. 长春：吉林人
　　民出版社，1997：52.

利益和短期利益、全局利益和局部利益的有机统一，其内涵可以从以下五方面来理解。第一，可持续发展应当以保护生态环境和自然资源为基础，并与环境和资源的承载能力相协调。第二，实现可持续发展的必要条件是经济的可持续发展，但应放弃传统的高污染和高消耗的粗放型经济发展方式，不应该仅追求经济增长的数量，更应该注重经济增长的质量，在提高经济效益的同时，也要注重清洁生产，以减少对环境的污染。第三，可持续发展是以最终提高和改善人类生活水平为目的的发展，并与社会的进步程度相适应。第四，可持续发展应充分反映资源环境的价值，主要体现在其对经济系统和生态系统不可或缺的支撑作用。第五，可持续发展认为经济发展与环境保护是一个有机整体，对环境的保护是可持续发展最基本的追求之一，同时也是衡量经济发展质量的客观标准之一。

三、工业生态学理论

工业生态学是一种研究工业系统和生态系统相互作用的理论，其目的是通过重新设计工业活动，从而减少人类活动对生态环境影响，并将工业系统控制在自然系统可以承受的水平之内。工业生态学被誉为"可持续发展的科学"，工业生态学的诞生标志着从"末端治理"方法转变为预防污染以及规划环境更加友好的工业发展战略。[①] 工业生态学理论强调工业经济与生态系统的协调发展，这也是工业绿色发展理论的重要基础。工业生态学追求的是自然生态系统与人类社会的和谐发展，寻求经济效益、社会效益和生态效益的统一，最终实现可持续发展。工业生态学的基本思想包括三方面，首先，工业、经济及人类社会以自然生态系统为基础且受制于自然；其次，工业系统应效仿自然生态系统的协调共生性；最后，实现工业、经济、人类社会系统与自然生态系统的和谐统一。

四、清洁生产理论

清洁生产起源于 20 世纪 60 年代，美国化学行业开始进行污染预防审计工作。它是先行工业化国家在提出末端治理弊端、探索污染预防的基础上提出的。

---

① 雷明. 生态工业园区综合评价研究 [D]. 武汉：华中科技大学，2010.

1989 年，联合国环境规划署工业与环境规划活动中心首先提出"清洁生产"一词，将其定义为：基于综合预防的环境策略，在整个生产周期过程中，节约利用资源能源、淘汰有毒原材料、在全部排放物排出前减少其数量与毒性，以及减轻产品对人们和环境的风险性。[①]《中国 21 世纪议程》将清洁生产的内涵解释为：在满足人类需求基础上，通过实用生产方法和措施，实现合理利用资源和能源、保护生态环境的目标，其实质以预防为主，在工业生产中减少废物产生量，以封闭式全流程控制代替末端治理。[②]

清洁生产主要强调三个重点：清洁能源，包括开发节能技术，尽可能开发利用再生能源以及合理利用常规能源；清洁生产过程，包括尽可能不用或少用有毒有害原料和中间产品，对原材料和中间产品进行回收，改善管理、提高效率；清洁产品，包括以不危害人体健康和生态环境为主导因素来考虑产品的制造过程甚至使用之后的回收利用，减少原材料和能源的使用。根据经济可持续发展对资源和环境的要求，清洁生产谋求达到两个目标，其一，通过资源的综合利用、短缺资源的代用、二次能源的利用，以及节能、降耗、节水等方式，合理利用自然资源，减缓资源的耗竭。其二，减少废物和污染物的排放，促进工业产品的生产、消耗过程与环境相融，减少工业活动对人类和环境的破坏。可见，清洁生产要求技术和工艺水平的协同提高、经济发展与生态环境的协调统一，体现了经济、社会和生态环境系统的相互制约与影响。

五、产业结构及转型理论

产业结构被定义为产业间的经济技术联系和联系方式，因其与经济增长的关系密切，一直以来备受关注。产业结构的研究可以追溯到 17 世纪中叶，威廉·配第（William Peng）统计分析当时英国的产业发展状况时发现，工业比农业、商业比工业获得的利润多得多，指出了产业间利润相对差异的规律。克拉克（Clark）1940 年进一步指出，一个地区随着经济发展，无论从就业比重来看，还是从地区产值比重来看，都表现出第一产业、第二产业、第三产业依次占据区域产业主导地位的发展趋势，即配第—克拉克定律。[③] 20 世纪 50 年代，库茨

---

① 张凯，崔兆杰. 清洁生产理论与方法 ［M］. 北京：科学出版社，2005：14-17.

② 曹璐. 河北省工业绿色转型路径研究 ［D］. 天津：河北工业大学，2017.

③ CLARK C. The Conditions of Economic Progress ［M］. London：Macmillan，1940：201.

涅兹（Kuznets）的研究也印证了配第—克拉克定律。

产业结构理论主要探讨以工业化为中心的经济发展中产业间的结构关系。它主要研究如何使产业结构优化，从而达到资源的优化配置和高效利用，减少经济发展带来的资源压力，提高经济效率。产业结构演进分为产业结构合理化和高级化两个部分。产业结构合理化是指各产业能够适应市场需求变化，具有较强的转换能力和协同性，相互之间能够协调，带来整体效用最大化，产业间在经济技术联系、数量比例关系和相互作用关系等方面趋于协调平衡。产业结构高级化是指产业结构从较低级模式向较高级模式转变。

产业结构转型是指一个国家或地区，在一定时期内，产业结构由第三产业逐渐取代第一、二产业，发展质量由低附加值转为高附加值，产业模式由传统产业向高新技术产业、要素驱动向创新驱动发展的过程。[①] 近年来，西方发达国家和地区把技术创新和工业转型作为推动地区经济复苏的首要路径，技术创新成为提高现代产业竞争力的核心。

---

① 曹璐. 河北省工业绿色转型路径研究［D］. 天津：河北工业大学，2017.

第三章

资源环境与经济增长的关系

自然资源是一个国家或地区的重要财富，自然资源与经济增长的关系问题日益受到了更多经济学研究的关注。区域资源环境能否支持其经济增长，经济增长能否与资源环境相协调是实现可持续发展的关键。对资源环境与经济增长的关系进行研究有助于突破资源瓶颈，改变经济增长方式，实现可持续发展。

第一节　资源禀赋与经济增长的关系

一、资源禀赋是经济增长的原动力

狭义的经济增长是指一国一定时期内产品和服务量的增加，用 GDP（GNP）或其人均值来量度。广义的经济增长除包含经济增长外，还包含经济结构的变化（如产业结构的合理化和高级化、消费结构的改善和升级）、社会结构的变化（如人口文化教育程度的提高、寿命的延长、婴儿死亡率的下降）、收入分配的变化（如社会福利的增进、贫富差别的缩小）等。①

自然资源与经济增长的关系一直是经济学界研究的重点。早期的经济学家认为，自然资源对经济发展是一种福祉，可以刺激经济的高速发展。丰裕的自然资源作为经济增长的原始动力，对地区经济的起飞起重要的作用，经济的高速增长往往建立在丰裕的自然资源的基础上，以至于对资源、能源的消费总量一度成为地区经济增长程度的侧面衡量标准，资源型城市凭借对丰裕资源的开

---

① 王好，蔺雪芹，主岱. 经济增长与资源环境关系研究进展［J］. 技术经济与管理研究，2019（9）：92-97.

发能够取得大量的财富，被称为资源福祉，美国、迪拜、挪威等国丰裕的自然资源成功带动了本国的经济起飞。

自然资源的总存量约束着长期经济增长的规模与经济增长的速度。若出现个别资源短缺的情况，经济增长在短期会因资源约束而遭遇资源瓶颈，但在较长的时期中，经济结构的调整以及替代资源与技术的出现会帮助经济突破个别自然资源短缺的资源瓶颈。由于自然资源的分布在不同区域间存在明显的差异且一些自然资源具有不可流动性，很难在区域间转移，因此自然资源会将经济增长模式与经济增长的结构限定在特定的选择范围内，即自然资源会对经济增长的模式与结构产生约束。

二、资源诅咒效应

二战以后，现代经济发展的实践表明，丰裕的自然资源往往成为经济发展的一种诅咒，而不是福祉。人们发现，资源丰富国度的经济发展速度还不如资源匮乏的国家地区的经济发展速度。荷兰因发现大量的天然气，经济便以出口天然气为主，虽然其经济在短期内得到了迅速的发展，但是由于其他工业的萎缩，在天然气开采殆尽的时候，其经济也急剧地陷入萧条危机。经典的发展经济学假说"荷兰病"便由此得名，这一假说表明，资源匮乏的地区会为了摆脱资源对其发展的限制而主动摒弃将其投入以拉动经济增长这一经济增长模式，主动追求技术和制度的提升，从而实现产业结构的优化，而资源丰裕地区的经济发展却过度依赖生产要素的投入，导致经济发展出现产业结构僵化、新兴产业停滞不前的局面，这类问题也常常被称为"资源诅咒"。如在19世纪60年代到90年代期间，沙特阿拉伯、伊朗、委内瑞拉等石油大国的GDP增速一直在减小，而自然资源匮乏的中国香港、新加坡的GDP增长率持续上涨。

"资源诅咒"效应在一个区域内是否存在主要取决于该区域内自然资源开发部门的资源配置效率。在一个区域内，自然资源开发部门的资源配置效率低于该区域内的生产规模报酬时，自然资源禀赋通过对技术进步产生挤出作用的机制来阻碍经济增长，从而出现"资源诅咒"现象。[1] 如果一个区域内的自然资源开发部门的资源配置效率低于该区域内的生产规模报酬，区域经济增长对资源开发部门的自然资源开发活动的依赖程度就大，资源开发部门就会拥有更多

---

[1] 孙梦暄. 自然资源与经济增长关系研究 [J]. 北方经济, 2018 (2)：47-49.

的劳动力。在短期，资源开发可以加快物质财富的积累，使经济快速增长；但在长期，由于资源开发部门很少产生技术进步、物质回报率较低、资源开发部门吸引大量劳动力与资本后研发部门的劳动力与资本不足等原因，自然资源的开发对技术进步产生了挤出效应。一个区域的自然资源禀赋越丰裕，自然资源开发活动就会对技术进步产生越大的挤出效应，而技术进步是驱动区域经济的重要因素之一，长时间内较多的技术进步被挤出最终会导致经济增长放缓，"资源诅咒"效应日渐显现。

第二节　环境与经济增长的关系

一、环境—经济系统

经济增长通常是指在一个较长的时间跨度上，一个国家人均产出（或人均收入）水平的持续增加。环境与经济增长实际上分别属于经济系统和环境系统的两个指标。因此，要分析环境与经济增长之间的关系，首先要把环境与经济作为一个大系统来考虑，然后通过研究这个大系统来分析二者之间的相互作用。环境—经济系统是在传统经济系统模型的基础上引入生态环境，把环境看作整个环境—经济系统的一部分。在此系统中，环境被视作可以提供各种服务的一种财产，其特殊性在于为人类提供从事经济活动的物质基础。环境—经济系统是一个具有自组织功能的综合大系统，两个子系统之间相互促进、相互制约，存在既对立又统一的关系。一方面，环境为经济发展提供物质基础，同时经济发展又为改善环境提供条件；另一方面，经济发展必然引起环境资源尤其是不可再生资源的过度耗竭，同时向环境中排放大量的废物，最终导致环境退化，反过来，环境质量的下降必然阻止经济的发展。

根据经济发展过程中是否存在环境问题来划分，环境与经济发展的关系可能有三种情况："和谐"关系、"矛盾"关系、"和谐—矛盾—和谐"关系。① 环境与经济发展之间的"和谐"关系就是在经济发展过程中，人类的发展充分运

---

① 陈青云 . 我国东中西部经济增长对环境污染影响的对比研究［D］. 长沙：湖南大学，2009.

用环境的自净能力和自身的环保能力，污染物的排放量不会超过环境容量与人类处理污染能力之和，环境对人类没有负效应，环境供给始终大于或等于环境需求，经济发展与环境之间是和谐的。环境与经济发展之间的"矛盾"关系是指在经济发展到一定程度后，出现了环境问题，环境需求增长的速度大于环境供给的增长速度，环境供给不能满足环境需求，并且有可能出现经济发展创造的价值小于环境损失的情况，经济发展与环境之间是矛盾的。环境与经济发展之间"和谐—矛盾—和谐"关系表现为经济发展的同时环境开始恶化，环境供给不能满足环境需求，但随着人类环境意识的增强和环境保护投资的增加，环境供需平衡时，环境又会逐渐得到改善，环境污染问题最终得以解决。在以环境污染为纵轴，经济发展水平为横轴的坐标轴上，这种关系表现为倒 U 形曲线，是由在经济发展过程中环境问题存在并且必须解决所决定的。

二、经济增长方式对环境的影响

经济增长方式的不同对环境的影响也不同。当前主要有粗放型经济增长方式和集约型经济增长方式。粗放型经济增长方式通过大量投入生产要素、扩张资源使用量使经济增长，其具有高污染、高消耗、低效益的特点，经济增长建立在对资源消耗和环境污染的基础上。在这种增长方式下，势必会使大量的物质在环境中排放，从而造成环境污染。集约型经济增长方式是在保持生产要素、资源消耗量不变的基础上，依靠新技术、新工艺、新设备提高科技水平与含量使产量增加，具有低污染、低消耗、高效益的特点。在集约型经济增长方式下，环境与经济增长之间的矛盾并未激化，环境污染程度低。

在不同的经济增长阶段，经济增长所依靠的产业不同，对环境状况造成的影响也不同。在经济增长的初级阶段，主要是以发展第一产业为主，此时农业占国民经济生产总值的比重最大。农业产值增加会使水资源、耕地资源、大气环境遭受一定程度的破坏，但这种破坏受地域范围的限制，具有局部性，环境污染程度并没有超过自然环境的承载力。在经济增长的中级阶段，第二产业在国民经济生产总值中的比重上升为第一位，经济增长主要来源于工业产值的增加。在工业产值增加的过程中，能源、资源的消耗不断增加，使排放到环境中的工业废水、废气和工业固体废弃物不断增加，导致环境质量不断下降，环境污染状况严重。在经济发展的高级阶段，经济结构优化，第三产业成为经济增长的主要动力。① 随着科技水平的提高、节能环保产业的发展、人们环保意识的提高，环境质量改善，环境污染程度下降。

综上所述，环境既是经济增长的重要投入要素之一，同时也限制着经济的增长。合理利用自然资源，保持资源的可持续发展，才能保证经济的持续增长。

第三节　环境污染对经济增长的影响

环境污染是指人类活动产生的污染物排入环境，超过了环境容量和环境的自净能力，使环境的构成和状态发生了改变，影响和破坏人们正常的生产和生活条件。环境污染对经济增长的影响因经济增长阶段的不同而有所区别。一般而言，在经济发展的初级阶段，经济增长水平较低，这时经济增长与环境污染之间存在正相关关系，经济增长水平提升会使环境污染加重，这表明在这一阶段中，经济增长建立在对资源消耗、环境污染的基础上。当经济发展水平较高时，经济增长与环境污染之间呈现负相关关系，经济增长使环境污染程度降低，此时对资源、环境的消耗已经不再能带动经济增长的持续，经济增长的动力不再是对资源、环境的破坏。

一、环境库兹涅茨曲线的内容

诺贝尔奖获得者、经济学家库兹涅茨在 20 世纪 50 年代美国经济学学会的年会上进行演说时指出，在经济未充分发展的阶段，收入分配将随同经济发展先趋于不平等，到经济充分发展阶段时，收入分配将趋于平等。其实质是指在经济发展过程中，收入差距先扩大，再缩小。② 这一收入不平均和人均收入之间的倒 U 形关系，被称为库兹涅茨曲线（KC）。1991 年，美国经济学家格鲁斯曼（Gene Grossman）和克鲁格（Alan Krueger）通过对 66 个国家的不同地区的 14 种空气污染和水污染物质 12 年的变动情况进行研究，发现部分环境污染物（如颗粒物、二氧化硫等）排放总量与经济增长的长期关系也呈现倒 U 形曲线（见图 3-1），就像反映经济增长与收入分配之间关系的库兹涅茨曲线那样。当一个

---

① 刘一琛. 中国环境污染与经济增长关系研究［D］. 沈阳：辽宁大学，2019.

② 项吉宁. 经济增长与环境污染关系实证分析［D］. 大连：东北财经大学，2007.

国家经济发展水平较低的时候，环境污染的程度较轻，但是随着人均收入的增加，环境污染由低趋高，环境恶化程度随经济的增长而加剧；当经济发展达到一定水平后，也就是说，到达某个临界点或称"拐点"以后，随着人均收入的进一步增加，环境污染又由高趋低，其环境污染的程度逐渐减缓，环境质量逐渐得到改善，可以用环境库兹涅茨曲线表示这种现象。

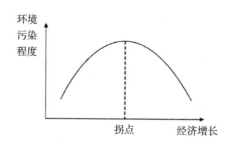

图 3-1 环境库兹涅茨曲线

环境库兹涅茨曲线的内涵在于，在经济发展的最初阶段，由于人口的迅速增长、工业技术的落后以及资源的无序开发，环境污染加剧。随着经济的发展，以科技进步为标志的产业发展对经济的贡献作用越来越显著，人们控制环境污染的意识、能力和资金投入逐渐增加，污染物排放逐步趋缓。经济学家认为，环境库兹涅茨曲线产生的原因在于：（1）经济规模和经济结构产生了变化，需要更多的资源投入，越来越多的资源被开发利用，产生的废弃物数量大幅增加，从而使环境的质量水平下降。当经济发展到更高的水平，产业结构升级，环境污染开始减少。（2）环境服务的需求与收入的关系。人均收入水平较低，人们关注的焦点是如何摆脱贫困和获得快速的经济增长，再加上初期的环境污染程度较轻，人们对环境服务的需求较低，从而忽视了对环境的保护，导致环境状况恶化。随着国民收入的提高，产业结构发生了变化，人们对环境质量的需求增加了，于是开始关注环境保护问题，环境恶化的现象逐步减缓乃至消失。（3）政府对环境污染的政策与规制。① 在经济发展初期，由于国民收入低，政府的财政收入有限，政府对环境污染的控制力较差，环境受污染的状况随着经济的增长而恶化。当国民经济发展到一定水平后，随着政府财力和管理能力的增强，一

---

① 董秋云. 从环境库兹涅茨曲线看西部中小企业集群发展［J］. 科技进步与对策，2009（11）：26-29.

系列环境法规出台并实行，环境污染程度逐渐降低。

通过对环境库兹涅茨曲线的分析可以发现，曲线越平缓，经济就越具有可持续性。影响环境库兹涅茨曲线形状的因素主要有三个。（1）经济发展模式。不同的经济发展模式会形成不同的环境库兹涅茨曲线。传统的工业化模式以高投入、高消耗、高污染为特点，只注重发展经济，不考虑生产对自然资源和环境造成的影响。不仅对资源的使用量大，还对自然环境造成了严重的污染与破坏，其环境库兹涅茨曲线自然会很陡峭。（2）科学技术发展水平。利用先进的科技水平，可以发明或发现可替代能源，也可以更好地治理污染，减小对自然资源的压力，使环境库兹涅茨曲线趋于平缓。（3）政府的环境政策。政府通过宏观调控强调环境治理与保护，可以强化企业和国民的环境意识。环境污染程度得以改善，环境库兹涅茨曲线趋于平缓。

二、环境库兹涅茨曲线的启示

环境库兹涅茨曲线揭示了环境变化与经济增长在不同阶段表现出的两种关系，一是经济发展以牺牲环境为代价，二是经济与环境和谐发展。在这两种关系间有一个拐点，即峰值。不同的经济发展模式会影响拐点的高低，从而影响环境库兹涅茨曲线的形状，这个拐点并不会自然出现，而是需要人类采取必要的措施，在发展经济的同时，考虑到生态环境的有限承载力，制定环境与经济增长并重的发展战略。

基于环境库兹涅茨曲线，经济增长与环境质量存在双赢的可能，只要经济增长超过拐点水平，经济增长不仅是可持续的，而且是解决环境污染问题的最佳途径。在经济增长初期阶段，环境质量会不断恶化，然而随着经济的进一步增长和人们对环境质量要求的不断提高，环境质量开始改善，因此二者呈现倒U形曲线关系。从图3-2可以看出，环境库兹涅茨曲线的形状取决于其拐点与横轴的距离。经济发展模式会影响拐点与横轴的距离，从而影响环境库兹涅茨曲线的形状。

人类在经济发展过程中经历了三种模式，环境库兹涅茨曲线表现为不同形状。第一种是传统模式，是一种"资源—产品—污染排放"的单向线性过程，只强调经济增长，经济发展以环境污染为代价，当环境不堪重负时才采取措施来改善环境，即"先污染，后治理"。如曲线1，其拐点最高，这时环境污染已非常严重，要进行改善已很困难，并且会是一个缓慢的过程。当人类对地球环境和生态系统的压力在很多方面已经接近其"承载阈值"的时候，环境将持续恶化，人类的生存空间受到威胁，势必会付出更大的代价才能修复环境污染破坏。第二种是"边污染，边治理"的发展模式。如曲线2，其拐点有所降低，这曾经是不少工业化国家在经济发展过程中走过的道路。第三种是"资源—产品—再生资源"的多重闭环反馈式循环经济模式，尽可能避免对环境造成污染。如曲线3，其拐点最低。当经济发展水平很低时，企业会有一些污染环境的现象，随着经济增长，企业增多，企业之间形成循环的生态链，环境污染程度逐渐降低。

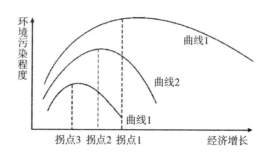

图3-2　经济增长模式与环境库兹涅茨曲线

环境库兹涅茨曲线描述的是发达国家的环境污染与经济增长之间的关系，最初其"先污染，后治理"的经济增长模式使经济的增长建立在对资源环境消耗的基础上，环境破坏严重，而后采取用经济增长的结果来治理污染。环境库兹涅茨曲线使我们从发达国家的经济增长过程中吸取教训，要在追求经济增长的同时也注重对环境的保护，保持环境与经济增长之间的良性循环发展，协调二者之间的关系。降低环境库兹涅茨曲线的拐点，实现经济与环境的和谐发展，主要取决于不同的经济发展模式，通过积极的行为可以降低经济发展对环境的损害。在较为理性地借鉴发达国家和地区发展经验的前提下，可以采取产业链互补与延伸、梯级循环利用资源、调整产业和产品结构、促进企业生态化成长、以循环经济理念改造传统工业园区、将废弃物集中处理以及有效降低消耗性污染等措施。

第四章

工业绿色发展水平评价

关于工业绿色发展水平，可以用单一指标、综合指标以及工业绿色全要素生产率等各方面指标来衡量资源环境在经济增长中的贡献与约束。鉴于工业绿色发展的内涵丰富且涉及因素较多，单一指标难以准确衡量工业绿色发展水平的本质，因此一般采用综合指标体系法或绿色全要素生产率法来对其进行综合测度和评价。综合指标体系法是通过构建多维度综合评价指标来对工业绿色发展水平的内涵进行衡量和测度，相对而言较为全面，但可能会导致一些指标间存在关联性，甚至出现重复的情况，并且该方法主观性较强，不同的研究者可能会构造不同的指标体系，这样的测算结果也会出现一定的差别。绿色全要素生产率法通过计算工业绿色全要素生产率对工业经济增长的贡献率来衡量工业绿色发展水平，可以避免主观性。一般而言，工业绿色全要素生产率的变化较小，而工业产值本身较大，相对于工业全要素生产率而言，其变化较大。这使得通过此法计算出的全要素生产率对工业增长的贡献率很小，不足以反映绿色全要素生产率的贡献率。两种评价方法各有优势，不同地区和行业层面适用不同的测算方法。

第一节　综合指标体系法

一、评价思路

工业绿色发展以经济水平和工业化阶段的提高为先导，以技术进步和绿色生产为途径，以资源环境系统的承载能力为依托，显著改善工业资源的投入效率和非期望产出的质量，并借助企业、政府和社会等多方面的支持力量，实现资源能源的节约利用和环境的有效保护。因此，工业绿色发展水平必须结合"绿色"和"发展"两者才能体现其内涵。"绿色"意味着既要节约资源消耗、降低污染排放，还要适当提高能源利用效率，可从资源节约和环境治理两方面体现；"发展"可从经济效率和绿色潜力两方面体现。因此在借鉴彭星和楚紫穗工业绿色发展评价的相关内容后，本书从资源节约、环境治理、经济效率和绿色潜力四方面构建工业绿色发展水平评价指标体系。①

二、构建原则

构建评价指标体系是评价工业绿色发展水平的核心问题，评价指标体系是否全面、科学、合理对工业绿色发展水平评价的有效性具有重要影响。为获得准确、客观的评价结果，在构建工业绿色发展水平评价指标体系时应遵照以下原则。

科学性原则。指标体系的设计必须严谨，确保其科学性和客观性。在构建评价指标体系时应依据一定的理论基础，使其能够较为真实、客观地反映实际情况。各指标数量不能太过烦琐或过于简单，应避免反映的指标信息重叠和遗漏。指标评价方法应结合研究对象和研究目的进行恰当的选择。

可比性原则。指标体系的设置要充分考虑可比性，使各评价指标的内涵和统计口径等标准具有一致性。在构建工业绿色发展水平评价指标体系时，同一指标层次的指标具有相关性和可比性，选取基本相关的、具有相对意义的能够反映工业绿色发展差异性的指标。

可操作性原则。指标体系在实际评价中的可实现程度。工业发展须落实到具体产业发展领域，选取的指标应便于数据的采集和收集。在设计工业绿色发展水平评价指标时，应尽量挑选那些能够最大限度反映评价对象实际情况的少数指标，考虑数据的可获得性，以保证顺利获取数据。

系统性原则。指标体系的设计尽可能保证能够完整、独立地刻画工业绿色发展的某一方面的特征，进而能够得到综合完整的评价。评价指标需要从不同

---

① 彭星. 中国工业绿色转型进程中的激励机制与治理模式研究［D］. 长沙：湖南大学，2015；楚紫穗. 我国工业绿色发展水平评估及影响因素研究［D］. 长沙：湖南大学，2015.

角度反映评价对象的主要特征及各角度之间的内在逻辑关系，形成有机统一的体系，不仅能够反映工业绿色水平的状态，还要体现其动态变化过程。

三、评价指标体系构成

工业绿色发展水平评价指标体系采用三级指标体系，从资源节约、环境治理、经济效率和绿色潜力四方面构建 4 个一级指标，进而扩展为资源利用率、能源利用率、污染排放、污染治理、劳动效率、工业结构、资本效率、发展效率、发展潜力 9 个二级指标，并在二级指标的基础上进一步扩展为 25 个三级指标，具体见表 4-1。

资源节约指标。包括资源利用率和能源利用率 2 个二级指标。工业资源利用率指标包括单位工业增加值用地量、单位工业增加值水耗和单位工业增加值固定资产投资 3 个评价因子，反映工业生产过程中对资源的消耗程度。这 3 种资源消耗越大，表明工业生产技术相对落后，工业绿色发展水平低。工业能源利用率指标包括单位工业增加值电耗、单位工业增加值能耗和非化石能源占一次能源消费比重 3 个评价因子，反映工业生产过程中对能源的消耗程度。

环境治理指标。涉及污染排放和污染治理 2 个二级指标，分别从量和质方面进行考虑。量的方面主要综合考虑 3 种工业污染物的排放情况，包括单位工业增加值二氧化硫排放量、单位工业增加值 COD 排放量和单位工业增加值固体废弃物产生量 3 个评价因子。质的方面主要考虑工业污染治理，包括工业二氧化硫去除率、工业烟粉尘去除率、工业废水中 COD 去除率、工业废水集中处理率、工业固体废弃物综合利用率和工业污染治理投资额占工业增加值比重 6 个评价因子。

经济效率指标。涉及劳动效率、工业结构、资本效率 3 个二级指标。劳动效率包括工业劳动生产率、工业增加值增长率 2 个三级指标。工业结构通过高耗能工业产值占工业销售产值比重来衡量。资本效率采用规模以上工业企业总资产贡献率和规模以上工业企业成本费用利润率 2 个评价因子。

绿色潜力指标。工业绿色潜力指标是对未来工业绿色增长动力的预测，包括工业绿色发展效率和工业绿色发展潜力 2 个二级指标。工业绿色发展效率是对当期工业绿色发展程度的有效反映，包括工业企业开发新产品经费占新产品销售收入比重、工业企业 R&D 人员全时当量占从业人员比重、工业企业 R&D

经费占销售收入比重 3 个评价因子，代表了绿色技术和绿色生产途径。工业绿色发展潜力是对未来工业绿色发展的预测和保障，主要体现在科技实力和科技应用方面，采用环境科研课题经费投入和工业企业专利申请数 2 个评价因子来衡量。

表 4-1 工业绿色发展水平评价指标体系

一级指标	二级指标	三级指标	单位
资源节约	资源利用率	单位工业增加值用地量	m^2/万元
		单位工业增加值水耗	m^3/万元
		单位工业增加值固定资产投资	元
	能源利用率	单位工业增加值电耗	千瓦小时/万元
		单位工业增加值能耗	吨标准煤/万元
		非化石能源占一次能源消费比重	%
环境治理	污染排放	单位工业增加值二氧化硫排放量	吨/万元
		单位工业增加值 COD 排放量	吨/万元
		单位工业增加值固体废弃物产生量	吨/万元
	污染治理	工业二氧化硫去除率	%
		工业烟粉尘去除率	%
		工业废水中 COD 去除率	%
		工业废水集中处理率	%
		工业固体废弃物综合利用率	%
		工业污染治理投资额占工业增加值比重	%
经济效率	劳动效率	工业劳动生产率	万元/人
		工业增加值增长率	%
	工业结构	高耗能工业产值占工业销售产值比重	%
	资本效率	规模以上工业企业总资产贡献率	%
		规模以上工业企业工业成本费用利润率	%
绿色潜力	发展效率	工业企业开发新产品经费占新产品销售收入比重	%
		工业企业 R&D 人员全时当量占从业人员比重	%
		工业企业 R&D 经费占销售收入比重	%
	发展潜力	环境科研课题经费投入	元
		工业企业专利申请数	件

四、评价方法

以熵值法和层次分析法相结合的方式确定权重。首先，利用熵值法确定指标层的权重，以消除指标权重设定过程中的人为主观因素。熵值法是根据各项指标数值的变异程度，利用信息熵来计算各指标的权重，为综合指标评价提供参考依据。信息熵是系统无序程度的度量，某指标值的变异程度越大则信息熵越小，该指标提供的信息量越大，相应的指标权重也应越大。反之，某指标值的变异程度越小则信息熵越大，该指标提供的信息量越小，相应的指标权重也应越小。然后，利用层次分析法确定准则层和子目标层的权重，既避免了指标赋权的主观随意性，又减小了熵值法对指标差异的二次放大，增加了权重获取的科学性和可信度。根据确定的权重计算资源节约、环境治理、经济效率和绿色潜力4项指标的得分。最后通过综合加权法对各指标得分求和，从而得出总得分，即绿色发展水平指数，代表工业绿色发展水平。

第二节　绿色全要素生产率法

一、绿色全要素生产率的内涵

（一）全要素生产率的概念

生产率理论是伴随着经济增长理论产生和发展起来的。传统的经济增长理论认为，经济增长主要依赖于要素投入（人口、资本和土地）的增加和要素生产率的提高。经济学中所说的"生产率"一般是指生产过程中各种投入要素转化为产出的效率，即生产要素的有效利用程度。按照测度范围的不同，生产率可以分为单要素生产率（SFP，Single Factor Productivity）和全要素生产率（TFP，Total Factor Productivity）。单要素生产率是通过计算某单一生产要素（如劳动力、资本或土地等）与产出之间的比例关系来反映其效率的。但是，现实经济生产并不只是一种投入，包括了劳动、资本、资源等所有要素。全要素生产率是指生产过程中总产出与综合要素投入的比率，其中综合要素投入是所有要素投入的某种加权平均值。

20 世纪中叶，在诺贝尔经济学奖获得者罗伯特·M. 索洛（Robert Merton Solow）的理论基础上形成了全要素生产率概念。在文章《技术变化与总生产函数》（1957）中索洛提出了基于规模报酬不变特征的总量生产函数，将产出增长率扣除劳动、资本等投入要素增长率后的余值，称为"技术进步"，即全要素生产率。[①] 以传统的 C-D 生产函数为基础，首先假设生产过程中只考虑劳动力 L 和资本 K 两种投入要素，则综合要素投入 X 可以表示为：

$$X = L^{\alpha} K^{\beta} \tag{4-1}$$

其中，α 和 β 分别表示劳动力和资本的产出弹性，且 $\alpha+\beta = 1$。假设总产出为 Y，则全要素生产率可以表示为：

$$TFP = \frac{Y}{X} \frac{Y}{L^{\alpha} K^{\beta}} \tag{4-2}$$

对公式（4-2）进行全微分，并以 a、y、l、k 代表 TFP、Y、L 和 K 的增长率，可得：

$$a = y - \alpha\, l - \beta\, k \tag{4-3}$$

由公式（4-3）可知，全要素增长率表示的是要素投入增长之外的经济增长所不能解释的部分，通常称为"技术进步"。全要素生产率是指"生产活动在一定时间内的效率"，通俗地讲就是投入资源（包括劳动、资本、材料等）利用的效率，测算的是总量与总投入的比率。它是指除劳动力和资本这两大物质要素之外，其他所有生产要素带来的产出增长率，定义是实际产出与实际收入之比，或者是要素投入的价格与产出价格之比。

在全要素生产率测算中，投入要素不仅包括劳动和资本，还包括教育程度、创新能力、规模效益、科技进步等。经济增长中，一部分的增长来自投入要素的增长，余下的部分则归因于技术的进步和效率的提高，这一部分的增长即为全要素生产率，它反映了经济增长的质量。[②] 一般来说，全要素生产率的核算结果可以分解为两部分：技术创新和效率改进，其中，效率改进又可以分解为纯技术效率和规模效率。技术创新是指新的知识、新的技能或发明创造所引致的

① SOLOW R M. Technical change and the aggregate production function [J]. The Review of Economics and Statistics, 1957 (3): 312-320.
② 陈诗一. 中国的绿色工业革命：基于环境全要素生产率视角的解释（1980—2008）[J]. 经济研究, 2010 (11): 21-34.

生产率的提高；纯技术效率代表管理、制度创新以及生产经验的积累所引发的效率提高；规模效率主要指企业规模扩大所带来的规模经济而引发的效率提升。综上所述，全要素生产率是经济生产过程中，总产出增长中扣除劳动力、资本及其他中间投入要素生产率后余下的部分，这部分生产率提高来源于技术创新和效率改进，反映了经济增长的质量。

（二）绿色全要素生产率的概念

绿色全要素生产率的概念是从全要素生产率发展过来的。随着环境问题越来越严峻，越来越多的学者认为，资源和环境已成为经济发展的刚性约束，以资源的巨大消耗和环境污染为代价的经济增长已不符合整个经济社会可持续发展的要求，经济增长方式亟须改变。因此，在利用全要素生产率考察经济发展情况时，也应与时俱进，将对经济发展有巨大影响的资源和环境要素纳入传统全要素生产率分析框架。测度绿色全要素生产率的时候，不仅要将劳动与资本投入要素考虑在内，还要在其测度体系中加入资源与环境要素。为了正确拟合环境污染对于经济增长的影响，钱伯斯等（Chambers et al）（1996）学者[1]、钟等（Chung et al）（1997）[2]、费尔等（Fare et al）（2001）[3] 相继建立了方向性距离函数，这种函数可以将污染排放作为非期望产出纳入全要素生产率核算框架，估算绿色全要素生产率。自此，生产率研究进入绿色全要素生产率时代。拉马纳坦（Ramanathan）则将环境污染作为未支付的投入，与劳动力、资本、能源投入一起并入投入要素，估算出了绿色全要素生产率。[4] 绿色全要素生产率既考虑了投入产出效率，同时也考虑了污染减排因素，相当于在传统全要素生产率测度的基础上施加了环境约束，不仅考虑了传统劳动力、资本等要素投入和增加

---

① CHAMBERS R, FĀURE R, GROSSKOPF S. Productivity Growth in APEC Countries [J]. Pacific Economic Review, 1996 (3)：181-190.

② CHUNG Y H, FäRE R, GROSSKOPF S. Productivity and Undesirable Outputs：A Directional Distance Function Approach [J]. Journal of Environmental Management, 1997 (51)：229-240.

③ FÄRE R, GROSSKOPF S, PASURKA C A. Taccounting for Air Pollution Emissions in Measures of State Manufacturing Productivity Growth [J]. Journal of Regional Science, 2001 (3)：381-409.

④ RAMANATHAN R. An Analysis of Energy Consumption and Carbon Dioxide Emissions in Countries of the Middle East and North Africa [J]. Energy, 2005 (15)：2831-2842.

值等产出指标，更加考虑了能源消耗（石油、天然气、电力消耗等）和污染排放（工业废水、废气、固体物）等要素，使获得结果更能反映现实经济活动。

绿色全要素生产率作为工业经济增长质量的核心指标，也是评价工业绿色发展水平的标志。工业绿色发展的本质是提高以绿色全要素生产率为代表的经济增长质量。[①] 早期的经济增长理论将经济增长视为要素投入增加和生产率提高（技术进步）共同作用的结果，随着传统要素的边际收益递减，其对经济增长的贡献会逐渐接近极限，因此后来学者们认为经济的长期增长需要依靠生产率的不断提高，自此绿色全要素生产率成为经济持续增长的重要指标，用来衡量国家经济增长质量。

二、绿色全要素生产率的测算方法

全要素生产率测算方法有很多种，每种方法都有自身的侧重，大致可以分为增长核算法、随机前沿生产函数法、数据包络分析法三类。

（一）增长核算法

增长核算法又称索洛余值法。索洛利用 C-D 函数将经济增长扣除资本和劳动所导致的增长后余下的部分称为技术进步，因而它是一个利用生产函数推导而来的理论值。

增长核算法的测算思路是选取合适的总量生产函数，函数中的具体参数利用样本数据回归得到，产出增长率扣除各种投入要素增长率后的残差便是 TFP 的增长。常用的函数形式主要有 C-D 生产函数、常代替性生产函数以及超越对数生产函数。C-D 生产函数法是最简单的生产函数法，它的参数虽有一定的适应性，却不适于替代弹性不等于 1 的生产情况。阿罗和索洛（Arrow & Solow）等人提出了替代弹性生产常函数，考虑了替代弹性不等于 1 的情况，对于不同部门的生产函数，替代弹性可取不同的常数值。[②] 一旦这个参数常数确定，生产函数的替代弹性就不变了，基于替代弹性上的优势，替代性生产常函数渐渐引

① 李慧君. 中国工业经济的绿色转型 [D]. 武汉：华中科技大学，2018.

② ARROW K J, CHENERY H B, MINHAS B S, et al. Capital – Labor Substitution and Economic Efficiency [J]. Review of Economics and Statistics, 1961（3）：225 – 250; SOLOW R M. Technical Change and the Aggregate Production Function [J]. The Review of Economics and Statistics, 1957（3）：312 – 320.

起学者们的关注。

索洛在 20 世纪 50 年代研究经济增长问题时发现，不能完全用要素投入来解释经济增长，正如增长核算的基本思路，索洛采用余值来测算 TFP 增长，认为在生产规模报酬不变的假设下，全要素生产率增长就等于技术进步率。但索洛余值法存在两大缺陷，首先索洛余值法建立在完全竞争、利润最大化、规模效益不变等前提下，假设与经济现实不符；其次没有考虑生产者技术与前沿的效率差距。

鉴于索洛余值法存在不足之处，乔根森（Jorgenson）和格瑞里切斯（Grilliches）（1967）在索洛模型的基础上，将其他投入纳入生产率核算体系中，采用超越对数生产函数对 TFP 进行测算。① 假设生产活动处于完全竞争市场，在满足成本极小化和产出极大化的情况下，测算对象为部门和总量两方面。这一方法对投入要素测算较准确，尤其是资本要素。

以上方法假定生产在技术上是充分有效的，从而将 TFP 增长率全部归结为技术进步的结果。然而生产实际情况是允许技术无效的，艾格纳（Aigner）等人在普通的生产函数表达式的随机误差项部分引入了非负的随机变量说明生产的无效率性，提出了随机前沿生产函数模型。②

（二）随机前沿生产函数法

随机前沿生产函数法是一种利用生产函数（基于最小成本或最大产出）构造生产前沿面，比较生产过程的实际值与最优值来得出全要素生产率的方法。此方法能够将影响全要素生产率的因素进行分解，进而寻找引起生产率增长的源泉。

艾格纳提出一种估计随机前沿生产函数的方法，采用估计生产函数对企业的生产过程进行描述。③ 之后逐渐发展起来的随机前沿生产函数法更是允许技术无效率的存在，并进一步将全要素生产率分解为随机前沿的移动和技术效率的

---

① 宋帆. 工业绿色全要素生产率之比较［D］. 天津：天津财经大学，2013.

② AIGNER D J, LOVELL C A K. Formulation and estimation of stochastic frontier production function models ［J］. Journal of Econometrics，1977（1）：21-37.

③ AIGNER D J, LOVELL C A K. AIGNER D, LOVELL K C A, SCHMIDT P. Formulation and estimation of stochastic frontier production function models ［J］. Journal of Econometrics，1977（1）：21-37.

变化。这种方法比传统的生产函数法更接近生产和经济增长的实际情况，能更加深入地研究经济增长的根源。此后，巴蒂斯和科埃利（Battese & Coelli）对SFA进行改进和完善，采用计量方法估计生产函数前沿，将总生产函数分为前沿生产函数和非效率部分；① 库姆巴卡尔（Kumbhakar）对SFA方法进行总结并将全要素生产率分解为技术进步、技术效率、配置效率和规模效率部分。② SFA理论的进展和完善使其对政策的制定具有现实的经济意义，因而SFA方法被学者们广泛地应用于各个国家各个行业的全要素生产率的测度及分解中。

相比于索洛余值法，随机前沿分析方法能够模型化技术效率的时间变化特征，而且还能够分析制度、自然条件等因素对生产效率的影响，使结果更加全面和完善。但是，此方法仍然存在一定的缺陷，在计量的处理上，为了针对特定需要（一致性或有效性等），经常需要对误差项的概率分布和参数估计给予一定的限制，且测算结果受样本数量的大小波动性影响较大。同时，此方法仅适用于单投入单产出或多投入单产出的生产方式，在测度包含期望产出和非期望产出同时并存的全要素生产率方面就显得无能为力，适用范围局限性较大。

（三）数据包络分析法

数据包络分析（DEA，Date Envelopment Analysis）是以相对效率概念为基础发展起来的一种效率评价方法。DEA是一种数据驱使的方法，它无需要素价格信息和生产函数的具体形式，特别适用于研究多投入、多产出的边界生产函数，由于其不需要具体要素价格信息和生产函数的特定形式，并且可以对多个样本进行跨时期的研究，因此被广泛应用于效率评价和生产率研究中。

DEA的测算原理建立在法雷利（Farrell）首创的现代效率的测度技术之上，查恩斯（Charnes）、库珀（Cooper）和罗德斯（Rhodes）在投入和规模报酬不

---

① BATTESE G E, COELLI T J. A Model for Technical Inefficiency Effects in a Stochastic Frontier Production Function for Panel Data [J]. Empirical Economics, 1995 (20): 325-332.

② KUMBHAKAR S C, DENNY M, FUSS M. Estimation and Decomposition of Productivity Change When Production is not Efficient: A Paneldata Approach [J]. Econometric Reviews, 2000 (4): 312-320.

变的基础上提出了 DEA 的 CCR 模型;[1] 为了克服规模报酬不变的假定,班克(Banker)、查恩斯与库珀等人提出了可变规模报酬的 DEA 模型,即 BCC 模型。[2] 无论是 CCR 模型还是 BCC 模型,测度的都是静态的效率。为了处理多投入多产出的生产函数问题,许多学者在曼奎斯特(Malmquist)用相对无差异曲线径向移动幅度定义的距离函数基础上,纷纷采用距离函数模拟生产过程。[3] DEA 是一种在不对生产者行为进行任何假定的条件下,研究多投入多产出技术系统的工具,主要有 Shephard 距离函数、方向性距离函数(DDF)和基于冗余的方向性距离函数(SBM)三个发展阶段。当存在投入过度或产出不足时,即存在投入或产出非零松弛时,径向 DEA 测度会高估评价对象的效率,而角度 DEA 则会使计算结果不准确。费尔(Fare)与格罗斯科夫(Grosskopf)和福山(Fukuyama)与韦伯(Weber)在 Tone 非径向、非角度效率测度基础上发展了基于松弛向量的非径向、非角度的 SBM 方向性距离函数。[4]

因 DEA 方法无需任何假设前提,不需要具体的函数形式,并且可以用来分析多投入多产出的生产行为,越来越多的学者开始运用 DEA 方法测度全要素生产率,产生了广阔的运用空间。综上,全要素生产率理论的研究从增长核算法发展到随机前沿生产函数法,以及后来以 DEA 为代表的非参数方法,TFP 的测算方法逐渐得到了完善。这些计算方法适用对象各不相同,可以依情况使用。

三、绿色全要素生产率的影响因素

绿色全要素生产率作为投入产出效率的衡量指标,某一地区或产业的技术水平能够影响投入产出的转化效率,且资源配置效率、技术知识存量、技术先

---

① FARRELL M J. The Measurement of Productive Efficiency [J]. Journal of the Royal Statistical Society, 1957 (3): 243-290; CHARNES A, COOPER W W, RHODES E. Measuring the Efficiency of Decision Making Units [J]. European Journal of Operational Research, 1978 (6): 429-444.

② BANKER R D. CHARNES A, COOPER W W. Some Models for Estimating Technical and Scale Inefficiencies in Data Envelopment Analysis [J]. Management Science, 1984 (9): 155-173; CHARNES A, COOPER W W, RHODES E. Measuring the Efficiency of Decision Making Units [J]. European Journal of Operational Research, 1978 (6): 429-444.

③ 李玲. 中国工业绿色全要素生产率及影响因素研究 [D]. 广州:暨南大学,2012.

④ 王兵,吴延瑞,颜鹏飞. 中国区域环境效率与环境全要素生产率增长 [J]. 经济研究,2010 (5): 95-109.

进程度、社会服务能力等均对这一转化效率产生影响。因此，禀赋结构、对外开放程度、所有制结构、产业集中程度、能源结构和环境规制水平都是影响绿色全要素生产率的主要因素。

（一）禀赋结构

禀赋结构对绿色全要素生产率的影响表现为，一是禀赋结构变动影响行业技术创新能力和水平；二是禀赋结构的变动影响行业的污染排放。[1] 禀赋结构的指标一般用资本与劳动之比表示。产业的兴起和发展离不开资本和劳动要素，两种要素的组合不同，就会产生不同的专门技术和知识，由此导致了技术能力的差异，要素禀赋结构决定了不同的技术能力。因此，技术能力就是要素禀赋的直接体现。一般认为，资本与劳动之比较高的产业生产的是资本相对密集的产品，而资本与劳动之比较低的产业生产的是劳动相对密集的产品。一方面，资本与劳动之比的提升带来了技术创新和管理创新；另一方面，资本与劳动之比上升意味着工业重型化倾向，重型化倾向的结果是能源消耗和污染排放的增加，环境效率下降。由于资本劳动比对于技术进步和污染排放的影响是反向的，关于禀赋结构对工业绿色全要素生产率的影响则取决于资本劳动比对于技术进步和污染排放的共同作用。

（二）对外开放程度

一般来说，外商直接投资（FDI，Foreign Direct Investment）会带来两方面的效应。一方面，外商投资使东道国以非持续的生产方式进行发展，从而带来经济的高速增长；另一方面，外商直接投资导致高污染产业不断地从发达国家迁移到发展中国家，造成发展中国家严重的环境污染。FDI 的直接投资效应为东道国提供了资金支持，也带来技术溢出效应、经济规模扩张效应、结构提升效应，从而促进东道国实现资源优化配置和产业结构升级，带来初始要素生产率的提升，进而促进其经济效率的改善。1994 年，科普兰（Copeland）和泰勒（Taylor）在研究南北贸易关系时指出，发达国家一般具有较高的环境意识，其严格的环境管理制度和较高的环境管理标准将推动本国污染产业生产成本上升，而与此同时，发展中国家环境门槛较低，在开放经济条件下，发达国家的污染

---

[1] 李玲．中国工业绿色全要素生产率及影响因素研究 [D]．广州：暨南大学，2012.

企业为降低成本，通过对外直接投资将污染产业向发展中国家转移，这就是所谓的"污染避难者假说"（PHH, Pollution Haven Hypothesis）①。考虑 FDI 对一国经济的影响，单从某一方面分析不够全面，应综合考虑 FDI 对经济增长质量的影响，绿色全要素生产率的估算使这一研究成为可能。绿色全要素生产率反映了除掉污染排放的经济增长中的质量贡献。

（三）所有制结构

所有制结构包括两层含义，一是指所有制的外部结构，即在社会经济体系之中，各种不同所有制类型所占的比重；二是指所有制的内部结构，即所有制的具体实现形式。所有制结构变动促进工业要素生产率提高的原因在于，一是推动了工业发展的市场化，二是促进了工业发展的外向化。包括公有制企业和非公有制企业在内的所有企业为了生存和发展，不断地进行技术创新和管理制度创新，同时市场经济的资源配置效率提高，从而提高总体工业的全要素生产率；另外，在国内市场竞争日趋激烈的条件下，各类企业为了寻求自身更好的发展纷纷走向国际市场。非公有制经济在国民经济中比例的提高对全要素生产率起到的巨大促进作用不仅体现在其形成了公平竞争的市场主体，提高了行业整体的技术水平和资源配置效率，同时也在于其本身的技术创新和管理水平优于公有制经济。

（四）产业集中程度

产业内企业规模结构是产业集中程度的主要表现。企业规模对企业生产率提高的影响主要表现在两方面。（1）规模大的企业在技术研发上具有优势。企业规模越大，拥有的资本越雄厚，越有利于企业投入更多的财力用于技术开发，同时企业可以通过大范围的研发创新来消化失败，减轻由技术创新失败带来的风险。另外，创新成果的最终市场化也需要具有市场控制能力的大企业进行推广。（2）企业规模扩大引发规模效应从而提高生产率。大规模生产对促进专业分工及提高劳动生产率具有重要作用，分工提高了每个工人的劳动技巧和熟练程度，有利于机器的发明和应用。然而，在企业规模变化的过程中，其技术创

---

① COPELAND B R, TAYLOR M S. North-South Trade and the Environment [J]. Quarterly Journal of Economics, 1994 (3): 755-787.

新的规模经济性会随着企业规模的增大而消失。因为随着企业规模的增大，企业经营层次逐渐增多，信息传递的速度逐渐缓慢，决策效率低下，从而导致企业效率低下；同时，由于企业管理者对市场、技术的反应速度缓慢，对技术创新活动的组织、协调能力变弱，从而导致技术创新的规模不具经济性。因此，行业规模结构的变动对绿色全要素生产率的影响究竟是正向的还是负向的，取决于规模经济对技术创新、效率改进和节能减排的影响。

（五）能源结构

将能源消耗和污染排放纳入全要素生产率的分析框架后，能源结构对绿色全要素生产率的影响主要通过两个途径实现，一是能源消费强度对全要素生产率的影响；二是通过污染排放影响绿色全要素生产率，因为能源消费结构与污染排放密切相关，即能源消费结构影响污染排放强度，污染排放强度进而影响生产率。[①] 直接燃烧的煤炭消耗方式造成了煤炭能源的高耗能、低效率，其中二氧化硫、二氧化碳和烟尘是煤燃烧后的主要污染物。而相对于煤炭、火电等高污染、低效率的能源消费种类来说，水电、核电等可再生能源对环境的影响要小得多，是更为清洁的能源品种。电力消费在能源消费中的比重上升，有利于提高能源利用效率，减少污染排放，因而能够对绿色全要素生产率的提升起到促进作用。

（六）环境规制

不同环境规制类型对绿色全要素生产率的影响不同，命令控制型的环境规制对绿色全要素生产率并未产生显著的影响；市场激励型的环境规制与绿色全要素生产率之间存在倒 U 形关系，并且当前市场激励型环境规制能够提升绿色全要素生产率的增长，这验证了"波特假说"；自愿协议型的环境规制影响绿色全要素生产率呈现出 U 形变化趋势。[②] 在环境管制下，企业一方面需要对环境污染支付额外的成本，另一方面继续扩大生产规模会因为造成环境污染而受到制约，从而使经济效率降低。从这个维度上讲，环境污染治理的投资对经济效

① 李玲. 中国工业绿色全要素生产率及影响因素研究 [D]. 广州：暨南大学，2012.
② 蔡鸟赶，周小亮. 中国环境规制对绿色全要素生产率的双重效应 [J]. 经济学家，2017（9）：27-35.

率的提高有某种程度的促进作用，对环境污染进行治理，能够改善地区的外部经济环境，使区域内的所有生产者都能够享受到好的外部经济环境带来的好处，产生正外部性。如果产生的正外部性抵消了环境污染的负外部性，甚至正外部性的影响超过了负外部性，就会促进经济效率的提高，从长期来看，环境污染治理有利于经济的可持续发展。

第五章

工业绿色发展的动力

工业绿色发展是一个涉及多层次、多领域、相互制约、相互作用的影响因素的复杂系统。每个企业都是开放的系统，在企业内部以及企业和环境要素之间进行着物质和信息的交换。企业的行为也会受其内部条件和外部环境的影响。因此，工业绿色发展的动力可以分为外在推动力和内在驱动力两方面的影响因素。外在推动力来源于政府政策、技术进步、市场需求和社会规范。内在驱动力指来自企业自身的能够促使企业主动改善其环境行为的因素。

第一节　工业绿色发展的外部推动力

现代企业的生产经营活动受外部环境的影响越来越大。政府必须承担起相应的使命和责任，为本国的工业绿色发展制定法规并加强环境管理。外部的政府压力能够减少企业排放污染物，降低环境损失，明显改善企业的环境行为。绿色技术的应用可以有效缓和工业经济发展与自然资源及环境的矛盾，实现工业可持续发展。市场压力往往源于消费者的选择，以及国际社会或国内政府拟定的多种环境保护标准和环境准入门槛。社会价值规范压力是指社会公众等利益相关者的价值观和低碳理念通过种种方式向企业施加压力。因此，政府的环境政策、产业的绿色技术发展、市场的绿色消费需求、社会价值规范压力等是工业企业实施绿色发展的主要外部推动力量。

一、政府的环境政策

政府作为绿色经济的核心行动者，其绿色理念、行动偏好和行动意愿是工业绿色发展的主要推动因素。若无政府规制约束，环境污染的负外部性给企业带来的超过社会成本的收益，将激励企业以牺牲环境为代价获得经济收益与竞争优势。政府环境规制影响企业行为，最直接的表现形式是企业会因规制约束而加强技术创新以减少环境污染。政府的环境政策可分为环境财政政策和环境税收政策。[①] 环境财政政策主要有政府绿色采购、税收支出和财政补贴。工业绿色发展的目标就是要降低环境污染、减少资源消耗、实现工业经济增长，因此政府这一目标针对不同的工业企业将采取不同的环境支出政策。对于战略性新兴产业、高技术产业，政府将予以扶持，主动采购其生产的绿色产品，对节能型企业给予税收返还或税收补贴，为工业绿色生产提供优惠政策。环境税收政策是指政府通过征收各种环境税收来治理环境的政策，是政府在工业生产中常用的环境治理手段。税收方式在环境治理方面既显示了灵活性又具有长期稳定性，具备市场化条件的经济属性。对于环境污染程度深的企业，政府将进行直接干预，征收排污费等费用，还可能与行业协会、厂商进行协调，促使该类企业生产的绿色化转型。此外，政府出于整体战略需要而相应进行的科教支出，可以为行业的绿色发展提供长远智力支持，是工业绿色生产的重要辅助力量。

环境规制压力是指政府因对环保问题的重视将环保作为企业合法性和声誉的重要评价指标，对焦点企业形成规制合法性压力，包括强制性环境规制、激励性环境规制、扶持性环境政策。其中，强制性环境规制是指政府出台的相关环保法律法规、监督管理与认证标准等强制性规定；激励性环境政策是指政府颁布的与企业绿色创新相关的税收优惠和补贴政策等经济型激励政策；扶持性环境政策是指政府为扶持企业绿色创新开展的各项宣传推广活动、制定的融资政策以及搭建的技术创新平台和产业园区等。

二、绿色技术的发展

要实现工业绿色发展，必然要依赖绿色科学技术，比如，信息技术、水资源的循环利用技术、能源综合利用技术和工业废物的回收与再循环技术等。绿色技术主要从两方面促进工业绿色发展，一是有效提升资源利用率，即单位资源使用量的经济产出增加，从而降低资源的消耗水平；二是明显减少污染物的排放，进而变废为宝，实现资源的再生，降低废弃物排放量。作为企业绿色发

---

① 邹显亚. 财政分权、环境财税政策与工业绿色转型［D］. 南昌：江西财经大学，2021.

展动力和发展核心，绿色技术创新能力决定了企业能否顺利实现绿色转型。企业在绿色技术方面的运用主要表现在绿色技术和产品、低碳能源的开发利用，实质是提高各种能源利用率，减少资源的浪费。

绿色技术主要包括节能减排技术、循环技术和低碳技术。节能减排技术就是节约能源、降低能源消耗、减少污染物排放的技术，包括节能和减排两大技术领域，二者有联系，又有区别。节能是指加强用能管理，采取技术上可行、经济上合理以及环境和社会可以承受的措施，从能源生产到消费的各个环节降低消耗、减少损失和污染物排放、制止浪费，有效、合理地利用能源。减排指的是控制排放的污染物，并减少排放会破坏环境的有害物质。

循环技术体现在循环经济的三项原则中：减量化、再利用和再循环，最主要的是提高生态环境效益。循环技术是为了节能减排和环境保护，对生产资料进行二次乃至多次使用，其目的是实现对生产资料的高使用率和高利用率。循环技术主要有四方面。①（1）末端治理技术，主要是指将无用的废物进行无害化处理，一般有利用建设废物净化以及处理装置两种手段，最终目的是减少废物对环境的损害。（2）再利用技术，是依据生态学、自然地理学和经济学原理，将废品、垃圾、废弃物的工业物质进行加工和处理，使其成为可以再次为人类所使用的产品或物质。（3）清洁生产技术，是指在企业整个生产体系中，使用先进的环保手段将原料以及生产过程中的产物进行绿色处理，从而避免或减少废物的出现。（4）系统化技术，是指从企业生产经营系统的角度入手，组合不同产品或不同产业，从而实现物质与能源的循环利用。

低碳技术是指为适应低碳经济发展需要，减少温室气体排放，防止气候变暖而采取的一切减碳或者无碳的技术手段。低碳技术起源于人类对大气的超额碳排放。大气碳含量过高会造成地球的热效应，也就是俗称的温室效应，会对人类生活和发展产生巨大的不利影响。低碳技术通过控制碳排放量，将大气中温室气体的浓度降低到一个相对稳定的程度，有利于减缓或消除全球气候变化影响，维护生态系统的平衡，与自然环境保持协调发展，在促进经济发展的同时，实现人与自然的和谐发展。低碳技术改变了人们的生产生活方式，也为工业绿色发展提供更为科学和合理的动力。

① 刘伊曼. 技术创新支撑绿色发展研究［D］. 长沙：长沙理工大学，2019.

三、市场消费需求的推动

随着社会的发展和人们生活水平的提升，人们对生活资料的需求已不仅仅是为了满足基本生存需要，而是从"有的吃"向"吃得好"转变，人们对精神物质的需求越来越大。消费者绿色消费意识日趋增强，将引导产业结构改变，促使企业产品或服务向"低能耗、低污染、低排放"转变。对绿色产品的市场需求也倒逼企业进行改革和创新以满足人们的新要求和需要。企业加强绿色创新，运用绿色技术，生产绿色产品，才可以在不断变化的市场中得以生存并开拓新的发展。

由于社会绿色消费意识增长，绿色消费方式作为价值考量标准，促使企业不得不进行技术革新、降低能耗、提高资源的利用率，实行环境友好的排放方式。首先，客户愿意为绿色产品支付更多的费用，因此，遵循客户的绿色需求可以为企业的环保运营开拓市场和创造商业机会。其次，客户的绿色需求降低了生态创新的成本。客户主要的绿色需求增强了消费者对新型绿色产品的认识，降低了市场开发的成本。同时，客户绿色需求可以为企业提供丰富的实践机会，减少技术对环境的负面影响。因此，那些专注于提高其环保产品质量或数量，渗透新市场或增加市场份额的企业，越来越注重环境保护，为了吸引绿色客户，它们致力于以产品为导向的绿色实践。

四、社会价值规范的压力

社会价值规范压力指社会文化、风气、价值观与生活方式都以低碳为理念，通过价值理念、道德观念、伦理规范、风俗习惯及意识形态来规范约束人们的环境行为以达到环境保护的目标。社会价值规范有其固有的传统性和历史沉淀，因此改变社会价值规范是个漫长的历史过程。不依赖于人们主观意志的社会文化传统和行为规范包括意识形态、价值观念、道德伦理、风俗习惯等，对工业绿色发展具有不可替代的重要作用。①

公众参与是社会价值规范压力的来源，也是将环境压力传递给企业，使企业响应、认知环境压力并采取相应行动的重要途径。随着公众环境意识日益增

① 彭星，李斌，金培振. 文化非正式制度有利于经济低碳转型吗？：地方政府竞争视角下的门限回归分析［J］. 财经研究，2013（7）：110-121.

强，企业环境行为将承受越来越大的社会公众压力。公众的环境参与意识、参与渠道、非政府环保组织的建立、参与机制和法律制度等是影响公众环境参与进而影响企业对环境压力响应的主要因素。① 公众参与意识越强烈，传导给企业的环境压力越大，企业的响应也越强烈。文化理念和传统有利于形成绿色节能的社会风尚，科学的消费观将促进低碳消费、绿色消费，反对高碳消费、污染消费。公众环保意识的增强还有助于培育健康和科学的消费理念，潜移默化地改变人们的消费习惯和生活方式。人们环保意识提高会引发其对相关行业的关注，如污水处理、垃圾处理等，相关的企业也将会成为关注的对象之一，这会影响这些企业以后的经营决策。

第二节　工业绿色发展的内部驱动力

企业绿色发展不仅受到外在压力的推动，还受到内部的驱动。企业要想持续发展，必须有前瞻性的战略眼光，尽早转变生产方式，走绿色发展道路。健康、环保和可持续发展的目标将推动企业实行绿色低碳行为。然而，企业内部的资源和能力是企业经营的基础，是企业制定绿色发展战略的出发点和依据。因此，企业实行绿色发展的内部驱动因素包括行业特征、企业战略、企业实力以及企业文化。

一、行业特征

企业的行业特征内涵十分丰富，与绿色发展行为相关的特征可归纳为四方面。一是行业自身特性，如根据使用的资源和技术不同，可分为劳动密集型、资金密集型和技术密集型等行业。工业行业有重污染行业和清洁行业之分。重污染行业在投入一定的情况下，非期望产出自然较多，清洁行业则污染较少，实现由重污染工业行业向清洁工业行业的转型或者实现由高污染的生产方式向清洁型的生产方式转变，自然会实现在其他投入产出不变的情况下，非期望产出减少，由此实现工业的绿色转型。二是行业在经济社会中的地位，如行业对整个社会经济的影响程度、行业在国际市场上的竞争能力等。三是行业的数量

---

① 刘红明. 工业绿色化的内涵及影响因素分析 [J]. 现代经济探讨，2008（11）：54-57.

和规模结构，如企业总数、市场规模等。四是行业的市场结构，如行业内联合与竞争的状况、市场供求关系等。行业自身特性决定了该行业对资源环境的影响，如原材料对自然资源的依赖性、企业生产对环境的破坏性等。行业在经济社会中的地位通过政府政策、市场和公众对该行业的关注程度影响企业环境成本的变化。行业的数量、规模和市场结构主要从企业的竞争成本影响工业企业的绿色发展潜力。

二、企业战略

企业战略目标是企业在实现其目标过程中所追求的长期结果，反映了企业在一定时期内经营活动的方向和想要达到的水平，比如，企业的竞争地位、企业的经济业绩、企业的发展速度、企业的社会责任等。寓环保意识于企业的经营决策之中，把环保工作纳入业务战略和运营，不仅要考虑企业利益、消费者利益，更要考虑公共利益和对环境的影响，切实把环境保护贯穿于新产品的开发、设计、制造、包装、使用以及服务等各环节中，不仅保证自己在满足消费者需求的基础上获得利润，同时还达到社会、经济与生态环境协调发展的目标。如果企业确定的战略目标在设计产品定位、生产过程、产品营销和流通，以及进行产品创新、市场创新、技术创新、服务创新和管理创新等过程中，都要求注意对生态环境的保护，满足消费者对绿色消费的需求，达到经济效益、社会效益和环境效益相统一，那么企业就会形成持续的绿色发展内生动力，在市场上占据有利地位，更好地保持企业的市场竞争力，有助于加强企业的长期持续发展。

三、企业实力

企业实力包括财力、生产能力、技术水平、管理水平、销售能力、创新能力等。相关研究表明，企业实力与企业的环境行为存在正相关关系。对一般企业而言，企业实力受企业性质、企业规模、企业竞争力、企业技术力量、企业人力资源和管理水平等因素影响，主要是指企业的经济性质和类型。企业规模表示劳动力、生产资料和产品在企业中的集中程度。企业的技术力量，特别是环境技术的应用和研发能力是企业开展绿色创新、推进工业绿色化的技术保障。企业的人力资源和管理水平决定企业的经营状况和发展前景，也直接决定企业绿色化的内部动力机制。企业的绿色创新能力决定了企业能否顺利实现绿色转型。企业在绿色技术方面的运用主要表现在绿色技术和产品、清洁能源的开发利用。要实现这一目标，企业关键是提高各种能源利用率，减少资源的浪费。对企业而言，发展清洁能源、可再生资源等，成本比较高。发展相关技术，使成本降低，就要提高能源的生产利用效率，提高生产的技能，这对企业的绿色创新能力提出了更高的要求。

四、企业文化

企业文化是基于共同价值观之上，企业全体职工共同遵循的目标、行为规范和思维方式的总称。企业文化是企业独特的传统、习惯和价值观的积淀，以此为核心而形成企业的行为规范、道德准则、群体意识、风俗习惯及外化的企业形象的集合。企业文化根植于组织之中，对组织成员的行为和企业的发展有重大的影响。企业家特质是企业家所具有的与众不同且能够提升企业绩效的素质特征及能力水平。工业绿色发展的经济绩效和环境绩效驱动机制与企业家对企业绩效的追求十分吻合，因此，企业家特质是工业绿色转型的重要影响因素之一。企业家的特质包括企业家的精神特质和企业家的愿望与憧憬。高管环保意识是指高管对企业环境实践的认知程度，包括高管环保风险意识和高管环保收益意识。其中，高管环保风险意识是指高层管理者出于社会责任和道德约束而推动企业绿色创新，以减少企业行为对环境的负面影响；高管环保收益意识是高层管理者出于逐利动机，将绿色创新作为降低成本、增加收益的重要利润来源。

第三节　促进工业绿色发展的途径

工业绿色转型有利于实现工业绿色效率提升、工业结构优化，达到降低不可再生资源投入和非期望产出以及提高期望产出的目的，实现工业的绿色转型发展。工业企业通过技术创新能够提高生产效率，促进经济增长，尤其是能源使用效率提升和污染治理技术的提高将有助于绿色发展，将实现资源能源的集约化和高效化使用，以及工业污染治理技术的提高，能够在实现经济增长的情况下，降低工业污染物的排放，实现工业绿色转型。结构优化是推动工业绿色转型目标得以实现的内在动力，它的实现不仅需要创新，也需要整个行业提高对于绿色转型的内在意识。

一、提升工业绿色效率

一般用工业绿色全要素生产率，也就是工业绿色效率。工业绿色效率就是在工业生产中，同时将能源、资本、劳动等生产要素，以及期望产出和非期望产出纳入投入产出核算体系下的效率。工业绿色效率提升表现为工业劳动产出技术效率提升，能源使用效率的提升和环境污染治理效率的提升对应着工业产值增加、能源节约和环境友好。

首先，工业劳动产出技术效率关系到经济增长的来源和质量。工业在生产过程中需要投入的生产要素一般包括可再生资源和不可再生资源，投入的生产要素在一定的技术和生产工艺下组织生产，从而获得两种相伴而生的工业产出——期望产出和非期望产出。粗放型的工业发展模式造成了区域资源环境的双重约束，导致区域资源环境压力增大，因此在生态文明建设的要求下，区域工业生产需要降低不可再生资源投入和非期望产出，提高期望产出。

其次，提高工业部门的能源效率，逐步优化能源结构。尽可能减少高碳能源的使用量，大力发展和使用水能、风能、太阳能、生物质能等低碳能源，逐步改善能源结构，同时重视推广和使用节能技术，提高能源的开发利用效率和效益。将能源按消费后是否产生环境污染进行划分，可以分为以煤炭、石油等为代表的污染能源，以风能、电力、水力、太阳能等为代表的清洁能源。能源效率是能源利用水平高低的体现，表明了在同等投入下获得产出多少或者在同等产出水平下的能源节约投入多少，通过普及、使用新设备、新工艺和新技术来提升能源效率，有利于能源被更加充分的利用，进一步降低对能源的需求，减少能源消费总量，从而减少温室气体和污染物的排放，进而驱动工业实现绿色转型。

最后，提升环境污染治理效率。减少工业污染排放主要通过降低工业行业内的污染排放或产生强度、逐步向具有绿色特征的工业行业倾斜等方式来实现，是工业绿色转型的主要方向，降低行业污染产生或排放强度涉及工业绿色效率提升问题。从发达国家减少工业污染排放的经验来看，主要有以下三种途径①，一是通过降低污染产生或排放强度来减少总量的污染排放；二是通过向发展中国家大规模转移污染密集型工业行业来减少本国污染排放；三是通过工业结构的绿色化调整，提高具有清洁型特征的工业行业比重，降低高污染型工业行业的比重，从而减少整体的工业污染排放。

二、绿色技术的创新与应用

绿色技术，是要求遵循自然生态原理与生态经济规律，节约资源和能源，避免、减轻或消除环境污染和破坏，达到最小环境外部性，促进人类可持续发展的思想、行为、技术、工艺和产品的总称。② 广义来看，绿色技术的内容涵盖了绿色生产、绿色能源、绿色产品、绿色意识等方面。其中，绿色生产就是通过不断改进设计、使用清洁原料和能源、采用先进工艺与设备、加强管理和综合利用等措施，尽可能减少或避免产品和服务在生产使用过程中产生与排放污染物；绿色能源主要指可再生、低排放的清洁能源，如太阳能、新材料能源、现代生物能源等；绿色产品指在使用时和使用后不会给生态环境造成负担的产品，如节能低耗、可循环利用、有毒有害物质最小化等产品；绿色意识，则是人类在研发应用技术时的一种保护资源环境、维持生态平衡的观念与行为，包括绿色教育、绿色消费和绿色营销。绿色技术是促进生态文明建设、实现人与自然和谐共生的新兴技术，包括节能环保、清洁生产、清洁能源、生态保护与修复、城乡绿色基础设施、生态农业等领域，涵盖产品设计、生产、消费、回收利用等环节的技术。

三、推进产业结构升级

工业绿色转型必然涉及产业结构问题，而绿色条件下的产业结构转型意味着污染型生产转向清洁型生产，或者由污染型产业占主导转向清洁型产业占主导，或者工业企业向高级化方向发展，即向工业结构清洁化和工业结构高级化

---

① 王勇，刘厚莲. 中国工业绿色转型的减排效应及污染治理投入的影响 [J]. 经济评论，2015（4）：17-30.

② BRAUN E, WIELD D. Regulation as a means for the social control of technology [J]. Technology Analysis & Strategic Management，1994（3）：259-272.

的方向发展。工业结构清洁化转型是指区域工业行业实现由污染生产向清洁生产转变，或者区域内高污染型工业行业比重不断下降，区域内清洁型工业行业比重不断上升的过程。工业结构清洁化转型的内涵起源于工业结构转型，中国工业已经进入必须依靠结构转型升级来推动发展的新阶段。① 工业结构转型可以从"数量"和"质量"两方面来反映，数量上指工业内部各细分行业的区域构成，如表现为轻工业与重工业的比例关系，劳动密集型行业、资本密集型行业与知识密集型行业的比例关系，污染型和清洁型行业的比例关系等。质量上指各工业行业之间的经济效益和技术水平的分布状况，反映了区域工业中起主导作用的行业部门经济效益和技术水平不断更替的规律。

工业结构高级化转型是指区域为实现绿色发展、提高市场竞争力，由低端低附加值向高端高附加值转变的过程，工业结构高级化转型反映了区域高新技术产业在工业行业中的比重不断提高的过程。由于高新技术产业是一种典型的高附加值的工业行业，具有低污染、高技术的特点和绿色工业行业的特征，高新技术产业在区域工业中比重的提高，在高新技术产业技术溢出效应的影响下将会提高区域技术水平，技术水平的提高将会促进区域工业生产效率的提高，有助于实现区域资源节约。区域工业行业向高新技术产业转型，不仅意味着非期望产出和能源资源投入的降低以及期望产出附加值的提高，也意味着可以实现区域工业行业劳动效率、能源使用效率和污染治理效率的提高，以此推动工业绿色转型发展。

四、构建绿色产业链

从工业产业价值链的视角出发，寻找产业价值链升级的关键节点来通过突破关键节点实现由关键点引领线，由关键线带动关键面，由关键面交织成网络，最终形成"点、线、面、网络"为一体的产业绿色化转型升级路径。首先，传统企业改造升级以节能减排、清洁生产为原则，对生产流程进行循环化改进，实现原材料减量投入、节能降耗，余热余压、水资源等循环、回收利用的效果。其次，以提高资源利用效率为核心，通过"原料—产品—废物—原料"的循环过程，将上个企业排出的废弃物和副产品作为下一个环节或企业的原料而形成具有产业衔接关系的新型企业联盟。最后，要积极培育和发展新一代信息技术、

① 金碚. 中国工业的转型升级 [J]. 中国工业经济，2011 (7)：5-14, 25.

高端装备制造、新能源汽车、节能环保、新能源、新材料等战略性新兴产业，优化产业结构。

　　延长产业价值链，可以使不同的企业间以原料、副产品、废弃物、能源等为纽带形成具有产业衔接关系的绿色经济产业链，从而使有限的资源创造出更大的价值，同时也创造可观的环境效益。不同产业之间有机衔接、物料闭路循环，形成不同产业间以资源（原料、副产品、废弃物、能源）为纽带而形成的产业间循环经济网络。工业绿色产业链必须以产业的集聚为支撑，需要以政府为主导，合理规划产业空间布局，促进产业集聚，形成生态工业产业园。园区需要完善基础公共服务设施，针对园区企业无法处理的污水、固体废弃物以及其他废物进行集中回收处理。同时，加快建立污染物监测、节能监测、节水监测等监管设施体系，物流运输、信息咨询等公共基础设施，为工业绿色转型升级发展提供支撑。

第六章

绿色制造体系

绿色制造是工业转型升级的必由之路。绿色制造技术水平直接反映制造业的可持续发展能力，绿色制造技术代表未来制造技术的发展方向。绿色制造综合考虑资源效率、环境影响和经济效益，最终目的是要在不损害社会利益的情况下实现经济利益最大化，是人类可持续发展战略在现代制造业中的体现。绿色制造体系是工业绿色转型升级的领军力量。构建高效、清洁、低碳、循环的绿色制造体系，开发绿色产品、建设绿色工厂、发展绿色园区、打造绿色供应链，是实现工业绿色发展的必然选择。[①]

第一节　绿色制造的内涵和特点

一、绿色制造的必要性

制造业是国民经济的支柱产业，其发展直接关系到国家命脉。制造业是否具有"绿色基因"对整个国民经济的持续健康发展意义重大。制造业在将资源转变为产品以及在产品的使用和处理过程中，消耗了大量的资源，并造成了资源枯竭、生态恶化和环境污染。数据显示，造成全球环境污染 70% 以上的排放物来自制造业，其每年约产生 62 亿吨废弃物。[②] 推动绿色增长、实施绿色新政是全球主要经济体的共同选择。发达国家纷纷实施"再工业化"战略，重塑制

<hr>

[①] 国家制造强国建设战略咨询委员会. 中国制造 2025 蓝皮书：2017 [M]. 北京：电子工业出版社，2017.

[②] 刘畅，张佳欣. 制造业掀起绿色革命 [EB/OL]. 人民周刊网，2019-04-02.

造业竞争优势，清洁、高效、低碳、循环等绿色发展理念，以及政策和法规的影响力不断提升。资源能源利用效率成为衡量国家制造业竞争力的重要因素，绿色贸易壁垒也成为一些国家谋求竞争优势的重要手段。全面推行绿色制造，加快构建起科技含量高、资源消耗低、环境污染少的产业结构和生产方式，既能够有效缓解资源能源的约束和生态环境的压力，也能够加快补齐绿色发展的短板，培育发展新动能，推动制造业加快迈向产业链的中高端，增强节能环保战略性新兴产业在社会经济发展中的支撑作用。

绿色制造不仅是推进新型工业化、推动中国制造由大转强的重要要求，而且是加快经济结构调整、转变发展方式的重要途径，同时也是应对全球低碳竞争的重要举措，是保障国家能源和资源安全的重要手段。全面推行绿色制造，是落实国家重大战略特别是"一带一路"倡议，推进国际合作、提高竞争力的必然选择。中共"十四五"规划明确把绿色发展确定为基本方针之一，强调要积极推行低碳化、循环化和集约化，提高制造业资源利用效率；强化产品全生命周期绿色管理，努力构建高效、清洁、低碳、循环的绿色制造体系。2020年9月，中国明确提出2030年"碳达峰"与2060年"碳中和"目标。"双碳"战略倡导绿色、环保、低碳的生活方式。兼顾经济发展和绿色转型同步进行，加快降低碳排放步伐，有利于引导绿色技术创新，提高产业和经济的全球竞争力。因此，全面部署实施绿色制造战略，把可持续发展作为建设制造强国的重要着力点，成为中国工业未来发展的方向。

二、绿色制造的内涵

绿色制造的提出可追溯到20世纪80年代。系统梳理绿色制造发展历程，可将其划分为概念提出、理论体系构建、实践应用三个阶段，从概念到理论，从理论到付诸实践，推行绿色制造已逐步成为发展绿色经济的重要基础和手段。

一是概念提出阶段。1987年，世界环境与发展委员会在《我们共同的未来》报告中正式提出了"可持续发展"战略。1992年，联合国环境与发展大会通过了《关于环境与发展的里约热内卢宣言》《21世纪议程》等重要文件，可持续发展理念得到了各国政府及国际社会的广泛认可。[①] 在此基础上，1996年美国制造工程师学会（SME）在《绿色制造蓝皮书》中首次比较系统地提出绿

---

① 李博洋. 绿色制造是全球共同选择 ［J］. 装备制造，2016（11）：30-34.

色制造的概念：绿色制造，又称清洁制造，目标是使产品从设计、生产、运输到回收处理的全过程对环境的负面影响达到最小，内涵是产品生命周期全过程均具有绿色性。① 自此，世界各国研究机构从不同角度和国情出发，对绿色制造的概念内涵进行探讨。

二是理论体系构建阶段。绿色制造概念提出后，世界各国纷纷开展绿色制造的理论研究，逐步形成了绿色制造理论体系。乔治亚理工学院布拉（Bras）教授提出了绿色制造工程的五个阶段：末端处理与环境工程、污染预防、环境意识设计与制造、工业生态、可持续发展。密歇根理工大学萨瑟兰（Sutherland）教授提出，实施绿色制造需从两个层次考虑，即企业层和车间层。耶鲁大学格雷达尔（Graedal）教授提出了迈向绿色制造的四个步骤：产品设计与规划、生产过程优化、供应链管理、产品回收与再利用。② 重庆大学刘飞教授等综合国内外研究，认为绿色制造，又称环境意识制造、面向环境的制造等，是一个综合考虑环境影响和资源效益的现代化制造模式，其目标是使产品在设计、制造、包装、运输、使用到报废处理的整个产品生命周期中，对环境的影响最小，资源利用率最高，并使企业经济效益和社会效益协调优化。③ 初步建立了我国绿色制造理论体系结构。

三是实践应用阶段。随着理论研究的不断深入，绿色制造从理论走向实践。发达国家和国际组织纷纷推出绿色制造方面的政策、标准和法律。比如，ISO 环境管理体系系列标准、欧盟的《限制某些有害物质在电子电气设备中使用的指令》（简称 RoHS 指令）和《报废电子电气设备指令》（简称 WEEE 指令）、德国"蓝天天使"绿色产品标志计划、美国"能源之星"等产品环境认证标志等。发展中国家，包括中国，也把绿色制造作为转变经济增长方式、解决资源短缺和环境污染的重大战略，积极进行试点示范推广。目前，众多跨国公司均制定了绿色制造实施目标和措施，开展节能降耗、产品生命周期评价、环境审核、绿色产品开发等具体工作。

综上所述，绿色制造是在保证产品的功能、质量和成本的前提下，综合考

---

① MELNGK S A, SMITH R T. Green Manufacturing ［M］. Dearborn：Society of Manufacturing Engineers，1996：2-5.

② 李聪波. 绿色制造运行模式及其实施方法研究 ［D］. 重庆：重庆大学，2009.

③ 刘飞，曹华军，何乃军. 绿色制造的研究现状与发展趋势 ［J］. 中国机械工程，2000 （Z1）：114-119，7.

虑环境影响和资源效率的现代制造模式，其将绿色理念和技术工艺贯穿制造业全产业链和产品全生命周期，通过技术创新和系统优化，使产品从设计、制造、使用到报废的整个生命周期不产生环境污染或环境污染最小化，从而节约资源和能源，使资源利用率最高，能源消耗最低，企业经济效益和社会生态效益协调最优化。

三、绿色制造的特点

与传统制造模式相比，绿色制造的核心理念是对产品全生命周期的资源环境进行考虑，改变了传统制造将原材料直接转变为产品并最终报废的制造模式，成为一个闭环系统，即原料—工业生产—产品使用—报废—二次原料资源，从设计、制造、使用一直到产品报废回收整个寿命周期对环境影响最小，资源效率最高。[①] 节约资源和能源，实现清洁生产和"变废为宝"，使企业经济效益和社会生态效益协调最优化。

（一）绿色制造涉及产品生命周期全过程

绿色制造强调使用高新的制造技术、管理技术、流通技术、清洁技术、维护技术，在全生命周期包括产品设计、材料选择、工艺处理、生产、物流、报废、回收、循环再利用等一系列的过程中，全面地、并行地考虑环境因素和资源因素，从而达到对社会效益贡献最大，对厂商、客户群、环境资源和能源损耗最小的多赢局面。全生命周期过程包括整个产品生命周期阶段，如绿色设计阶段、绿色生产阶段、绿色包装阶段、绿色维护阶段、废旧产品回收处理阶段和再制造阶段等。在产品全生命周期方面，要考虑制造过程中每一阶段采用高新的技术和科学的维护，在产品从无到有的过程中都有环境、资源优化及可持续发展意识。设计阶段应选择绿色材料和无毒、无污染、易处理、可重复使用的材料，采用新理论、新技术和新工艺达到节能减排、保证使用寿命的目标，选择绿色包装及合理使用，及时处理报废产品和材料再利用。

---

① 占利华，王丽英，傅健，等．绿色制造的研究分析［J］．科技创新导报，2015（34）：102，104.

（二）绿色制造关注环境影响

面向环境和资源的绿色制造首先保证对人体无害，对环境无影响或影响极小。在实际生产过程中，树立环保意识，针对不同产品的不同加工环境和材料，采取对应的预防和后期处理措施，以绿色技术促进绿色产品的发展。绿色制造的内容包括绿色资源利用、绿色环境保护及绿色能源使用三方面，即采用绿色材料加工所需产品的过程中，尽可能利用绿色资源和能源，兼顾高新技术过滤污染源，改善加工工艺，加强废弃物处理，从而减少环境污染，真正实现绿色制造的过程。

（三）绿色制造的目标是节能减排

绿色制造模式可分为三层。第一层是目标层，即实现制造企业经济效益最大化、效率最高化和污染指数最低化；第二层是产品成型全过程，这是绿色制造的关键步骤，需要在设计、制造、装配、维护、回收过程中实践绿色制造理念，尽可能实现其目标；第三层是辅助系统层，包括绿色设计支持系统、监测管理系统、数据仿真系统、统计信息系统、资源优化配置系统和环境影响评估系统等。从绿色制造模式来看，最终目标是实现企业利益的最大化，应用绿色制造技术、再制造技术等完善的技术系统，从企业到个人连通产业链的各层次。采用精密的管理手段，以技术、流通、管理、维护、清洁相互结合为实施手段，通过信息流、物料流、能量流和资金流的有效集成，以实现对环境负面影响极小，资源循环再利用率极高的目标。

（四）环境问题处理方式突出预防性

绿色制造的环境问题由末端处理改为过程处理。产品在加工制造过程中不可避免地要产生一些废弃物和污染物，造成资源浪费和环境破坏，在传统制造系统中，人们习惯于在环境问题出现之后实施末端治理，但这样做不仅消耗大量的人力、物力和财力，而且收效甚微。绿色制造系统重视物料回收与循环使用技术的应用，注重提高再生材料的使用率，将环境问题最小化甚至是消失于制造过程，实行以预防为主、全过程控制的综合处理战略，有效解决了制造过程与环境协调的问题。

第二节　绿色制造体系的内容

2015 年 5 月 8 日，国务院正式印发了《中国制造 2025》。作为我国实施制造强国战略第一个十年的行动纲领，《中国制造 2025》明确提出了要努力构建高效、清洁、低碳、循环的绿色制造体系。以促进全产业链和产品全生命周期绿色发展为目的，以企业为建设主体，以公开透明的第三方评价机制和标准体系为基础，保障绿色制造体系建设的规范和统一，以绿色工厂、绿色产品、绿色园区、绿色供应链、绿色企业为绿色制造体系的主要内容。[①] 第一，要建设绿色工厂，在重点行业建设千家绿色示范工厂，实现厂房集约化、原料无害化、生产洁净化、废物资源化、能源低碳化，探索可复制推广的工厂绿色化模式。第二，要大力支持企业开发绿色产品，推行生态设计，显著提升产品节能环保低碳水平，引导绿色生产和绿色消费。第三，要大力发展绿色园区，推进工业园区按照生态设计理念、清洁生产要求、产业耦合链接方式，加强园区规划设计、产业布局、基础设施建设和运营管理，培育百家示范意义强、具有鲜明特色的零排放绿色工业园区。第四，要打造绿色供应链，引导企业不断完善采购标准和制度，综合考虑产品设计、采购、生产、包装、物流、销售、服务、回收和再利用等多个环节的节能环保因素，与上下游企业共同践行环境保护、节能减排等社会责任。第五，要培育和发展绿色企业，支持企业实施绿色战略、绿色标准、绿色管理和绿色生产。要加强政府引导和公众监督，发挥地方的积极性和主动性，优化政策环境，发挥财政奖励政策的推动作用和试点示范的引领作用，发挥绿色制造服务平台的支撑作用，提升绿色制造专业化、市场化公共服务能力，促进形成市场化机制，把绿色制造体系打造成为制造业绿色转型升级的示范标杆、参与国际竞争的领军力量。

[①] 国家制造强国建设战略咨询委员会. 中国制造 2025 蓝皮书：2017［M］. 北京：电子工业出版社，2017.

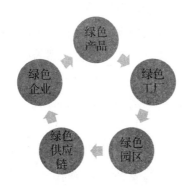

图 6-1　绿色制造体系的构成要素

一、绿色产品设计

(一) 绿色产品设计的内涵

绿色产品是指按照全生命周期的理念，在产品设计开发阶段系统考虑原材料选用、生产、销售、使用、回收、处理等各个环节对资源环境造成的影响，实现产品对能源资源消耗最低化、生态环境影响最小化、可再生率最大化。绿色设计思想在产品设计领域的蓬勃发展从侧面表现了人们对产品生态影响的关注，是对"产品—人—环境"三者关系的全局思考，其本质是设计开发绿色产品。

绿色产品设计的目的就是在设计过程中将产品对环境的影响以及对污染的预防考虑在内，在保障产品功能的前提下将环境因素放在思考前列，让产品的生产和使用都对环境造成的影响最小。选择量大面广、与消费者紧密相关、条件成熟的产品，应用产品轻量化、模块化、集成化、智能化等绿色设计共性技术，采用高性能、轻量化、绿色环保的新材料，开发具有无害化、节能、环保、高可靠性、长寿命和易回收等特性的绿色产品。[1] 绿色产品在设计阶段就将产品的生产、使用、回收等各个阶段是否对环境造成影响考虑在内，一方面，在设计过程中就将各阶段人员进行整合，保证设计中绿色概念的全方位渗透；另一方面，也将产品在其他阶段可能发生的问题在设计阶段就加以解决。此外，废

---

① 任新宇、王倩. 论绿色产品设计的特征及策略 [J]. 设计, 2018 (8): 108-110.

品回收的容易度和经济性也会大幅提升。

绿色产品设计是为了资源利用率的提高和生态破坏的降低，其中节约资源的最有效途径就是产品结构设计。在同类型产品的绿色设计中，结构设计对于节约资源的贡献率最高可达68%，对于减少污染的贡献率也达到了26%，这是因为好的结构设计可以节约生产消耗的能源和材料、降低产品重量，还可以让加工装配更加方便、快捷，缩短生产周期。① 绿色产品设计运用生命周期全过程的思想来分析识别环境的影响，便于国家获取行业污染物排放数据，制定总量控制目标，还可以帮助企业实现绿色产品诊断、建立信息化的绿色产品解决方案，从而有助于企业产品的生态设计，实现企业绿色供应链的可持续发展，为企业迈向现代产业提供大数据支撑。

绿色产品评价是对整个产品在整个生命周期过程中对资源能源消耗、生态环境影响、人体健康安全等因素进行的评价。《绿色产品评价通则》提出了绿色产品定义，并从全生命周期的角度确定了其内涵、选取原则和评价指标要求。作为绿色设计、绿色制造的输出物，绿色产品需具备高效、无污染、回收再利用的特点，是全生命周期节约资源能源且不污染生态环境的工业产品。关于绿色产品的通用评价方法详情可参考《生态设计产品评价通则》《生态设计产品评价规范》。

（二）绿色产品设计的特征

绿色产品设计是一个系统工程，要针对产品不同生命阶段的特点选取对应策略来抑制或消除其对环境造成的压力或破坏。绿色产品设计思想在当代产品设计中表现的具体特征包括环境友好特性、功能的全生命周期性以及价值创新理念等。

1. 环境友好特性

基于绿色设计思想的产品设计是影响系统优化产品不同生命阶段的设计的要素，需要在设计阶段就将产品的生产、使用、回收等各个阶段是否对环境造成影响考虑在内。对产品环境亲和力的考量是绿色设计思想从全局高度对现代产品设计提出的具体要求，格外注重材料的节约、再生以及可拆卸性，最大限度地减少浪费、降低环境污染。对产品环境友好特性的全生命周期关注，能够

---

① 田琳. 论绿色产品设计的理念与准则 [J]. 营销界, 2019 (21): 162.

确保从产品设计的初期阶段就能够从"人—产品—自然"系统动态平衡的角度去思考设计，进而保证新产品出现引发的生态变化在可控和可恢复的阈限内。

2. 功能的全生命周期化

就产品的绿色设计而言，设计师只有将绿色设计的定性需求置于消费者的某种具体需求之上，才能实现产品在消费市场的有效推广。在进行绿色产品设计时，设计人员必须注重多功能设计，以满足不同使用者的消费需求，并在此基础上节约资源，使产品具有更长的使用周期。这就要求找到一种将消费者需求和绿色设计原则结合并量化的有效途径，并在过程中尝试将产品的实体功能转换成贯穿产品生产、流通以及消费等产品生命周期不同阶段的设计目标和准则，从而保证最终制成品在满足市场需求的基础上不破坏原有的生态平衡。

3. 价值创新理念

相比于原先的末端治理方式，绿色产品设计是一种更加积极、有效的产品—环境交互策略，可以保证因新产品出现导致的环境问题在产品生命周期中得以完善解决。绿色产品设计要在产品系统设计框架内对产品环境效能进行充分考量，其具体过程是对与产品相关的生产、流通、使用以及回收等多个系统流程进行综合创新以及调校的复杂工程。该过程同时还是一个价值创新过程，因为成功的产品开发不但能为制造者带来商业利润、为使用者带来功能价值，还会因其优秀的系统特性为与之构成某种系统关系的相关产品带来新价值，比如，良好的拆卸性能不但会节约装配时间进而降低生产成本，同时也能为产品的回收处置创造新价值。

（三）绿色产品设计的策略

在绿色产品设计过程中，由于设计方法和需求的不同，其设计策略也存在一定的差异，需要结合实际的情况，按照设计的标准原则，合理规划策略内容，以减少设计中对环境造成的影响。

1. 合理应用低环境影响的材料

在绿色产品设计中，加强材料选择的合理性以及表面处理的力度有利于有效减少材料对环境的影响，提高绿色设计的质量。使用可再生材料、绿色循环材料以及可进行生物降解的塑料。[①] 开发绿色材料，即在生产、使用及后续处置

---

① 文雅，杨维国. 绿色产品设计的特征及策略探究 [J]. 艺术科技，2018（1）：124.

过程中能耗低且对环境无害的材料。其中，对环境起到保护作用的材料主要有五种。第一，清洁材料，即毒害含量较低的材料；第二，可再生材料，可以无限循环使用的自然材料，降低对非可再生资源的浪费；第三，低含能材料，可减少对高能量材料的制作和提取工作；第四，回收材料，在一次使用后，可以进行回收加工；第五，可回收材料，即在使用回收之后，还可以被二次加工利用的材料。

2. 降低材料的使用量

缩小产品的体积，通过最小的体积占有率发挥最大的作用。产品设计内容加以简化，摒除全部干扰主体的东西，在设计创作过程中将基本成分和要素降到最低。减轻产品的重量，可以有效地降低原材料的使用数量，在减少废物排放的基础上，降低产品的能源消耗；缩小产品体积，可以有效控制产品的包装材料的用量，从而提升产品的存储和运输效率，达到节约能源的效果。

3. 不断优化产品生产技术

在产品生产中，减少辅助材料使用的数量，降低能源的消耗，减少原材料的损失以及杂质的排出。其具体措施为，第一，合理地应用绿色制造技术，如清洁生产技术，以减少生产过程对环境的影响；第二，简化生产流程，如使用一些不需过多处理的材料或者增加零部件的功能等；第三，提升清洁能源的利用率，降低能源的消耗，防止间接污染的形成；第四，减少废弃物的排放，通过对生产工艺和技术的不断优化和革新，从源头控制废料的产生，加强材料回收效果。

4. 优化销售系统

合理优化销售系统可以提高产品从出厂到零售商再到顾客的流通效率，也可节省产品包装、运输以及供给系统运行的时间。首先，利用清洁和可循环使用的包装材料，能够防止废料的产生和扩散，包装越少，消耗的材料以及运输中消耗的能量就越少。其次，合理选择运输方式，海运效果比空运好，大批量运输比小批量运输的效能高。最后，完善供给系统的构建，减少产品对环境的影响。

5. 减少附加品对环境的污染

产品在生产和维护过程中会消耗一定量的附加品，如电池、水等，为了减少附加品对环境的影响，需要对其进行合理的控制，降低附加品使用的频率。第一，合理应用低能耗、高能效的元件或者减少元件的数量，进而有效降低能源消耗，控制有害气体的排出；第二，合理利用自然资源，减少非可再生资源在使用过程中对环境造成的污染；第三，在保证产品功能性有效发挥的基础上，减少附加品的使用；第四，设计使用最清洁的消费品，并保证在使用过程中不产生有害的废物；第五，优化产品理想设计状态的规划工作，减少能源以及附加品的消耗。

6. 延长产品使用寿命

延长产品使用寿命主要是通过技术寿命和美学寿命两方面设计来实现的。首先，应加强产品的耐用性和可靠性，尤其是可靠性，该性能是维持产品各环节之间有效连接的重要因素。面向再生是绿色产品设计材料设计的准则，再生设计就是在产品设计生产中，最大限度使用再生后的材料及其他零部件，在提高材料使用率的同时降低材料购买价格，最大限度地保护环境，提高资源利用率。其次，对产品开展及时的维护工作，提高产品质量。再次，合理利用模块化结构，保证产品的使用效率。最后，引进先进的设计理念，强化产品的美观性和实用性，延长产品的使用寿命。

二、绿色工厂

（一）绿色工厂的内涵

绿色工厂是制造业的生产单元，是绿色制造的实施主体，属于绿色制造体系的核心支撑单元，侧重于生产过程的绿色化。全面创建绿色工厂是实施绿色制造工程、构建绿色制造体系的关键环节。高水平、综合性的绿色工厂，可以改变传统的以高度依赖资源能源消耗、低成本要素投入为特点的增长模式，推动工业的绿色发展，进而变革社会生产方式。

绿色工厂是指在综合考虑环境、社会、经济影响的基础上，采用先进的绿色材料、绿色设计技术、绿色制造技术和循环再利用技术，制造出无害化的绿色产品，达到环境污染最小化、资源利用绿色化、经济效益最大化。绿色工厂包括了三个组成部分：绿色工业建筑（厂房）、绿色工艺（制造技术）、绿色产品。① 绿色工业建筑是在建筑的全寿命周期内，最大限度地节约资源（节能、

---

① 王晓彬，方掩，李璐，等. 绿色工厂建设探索与研究 [J]. 资源信息与工程，2020 (1)：127-131.

节地、节水、节材)、保护环境和减少污染、保障职工健康、加强运行管理,为生产、科研和人员提供适用、健康、安全和高效的使用空间,与自然和谐共生的工业建筑。绿色工艺是指使制造产品的工艺设备、工艺操作技术在整个生命周期内(资源供应、工艺设备、工艺操作、检修维护、报废更新的全过程)的能耗、水耗、材耗和对环境影响都符合清洁生产的要求。绿色产品是指在整个产品的生命周期内符合环境保护要求,对生态环境无害或危害极少,资源利用率高、能源消耗低,在使用产品时不产生或很少产生污染,在回收处理过程中很少产生废弃物、其材料可最大限度地被再利用的产品。

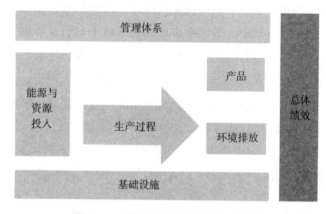

图 6-2 绿色工厂评价指标体系模型

由工业和信息化部提出、中国电子技术标准化研究院牵头制定的国家绿色工厂标准《绿色工厂评价通则》于 2018 年 5 月发布。该通则标准作为绿色工厂评价的顶层文件,提出了绿色工厂评价的总体框架和通用要求,按照"厂房集约化、原料无害化、生产洁净化、废物资源化、能源低碳化"的原则,统筹考虑了工厂在建设运行过程中的基础设施、管理体系、能源与资源投入、产品、环境排放和环境绩效等多维度指标(见图 6-2)。目前,绿色工厂评价指标分为一级指标和二级指标,从指标构成来看包含了过程指标和绩效指标,即定性指标和定量指标。其中,定性指标中分为两个级别:基本要求和预期要求,基本要求是纳入绿色工厂试点示范项目的必选评价要求,预期要求是绿色工厂创建的参考指标。绩效指标为定量指标,用以对绿色工厂在评价期间开展绿色制造达成的效果进行表征。《绿色工厂评价通则》既对企业的过程管理如能源与资源投入、管理体系等提出了评价标准,又对产品、环境排放、绩效等进行了结果管理。此外,《绿色工厂评价通则》虽然对绿色工厂的普遍性标准进行了具体的界定，但也明确提出了宜根据行业和地方不同特点制定不同的评价导则和评估方案，体现了行业的特殊性并鼓励因地制宜。

（二）绿色工厂的特征

绿色工厂是推动制造业朝着绿色化、智能化、科技化方向迈进的关键所在。绿色工厂具有绿色化发展、智能化监控和集成化管理等特征。[①]

1. 绿色化发展

绿色工厂具备绿色化发展特点，即在生产制造过程中充分利用绿色环保材料以及绿色生产、制造技术，将绿色化理念贯穿于原材料的采集和加工、生产、使用、回收循环利用等全生命周期过程，实现绿色工厂资源利用最大化、环境污染的最小化。

2. 智能化监控

绿色工厂智能化特征体现在生产、监控、管理等系统中，在升级绿色工厂期间，借助相关技术融合来提升工厂各个系统的智能性，使其在运行期间具备自我学习、自我进化的能力，进而实现智能匹配各种人、物品等信息。相关监测技术的应用有利于对绿色工厂产生的数据信息进行监测。借助大数据技术进行信息收集、分析、整理以及管理优化，通过从生产到仓储，再到产品质量控制的全智能化流程，使整个生产过程更加绿色和高效。

3. 集成化管理

在具体运行期间，绿色工厂管理业务流程的开展以及工艺流程的应用呈现为高度集成的状态，促使各个环节、各个工序、各个流程之间有效衔接，从全局的角度实现工厂整体的优化。

（三）绿色工厂的建设策略

绿色工厂建设的具体实施途径有三种。一是在基础设施领域，尽可能地提高厂房的利用效率，节约能源，降低能耗；二是在产品生产上推进清洁生产，推广绿色设计和绿色采购，开发生产绿色产品；三是在资源综合利用的基础上，建立资源回收循环利用机制，实现资源利用最大化。

---

① 杜雯，王天佐. 中国智能制造背景下绿色工厂发展的升级路径探析［J］. 城市建设理论研究（电子版），2020（8）：46-47.

1. 提高厂房的利用效率，降低能耗

作为工厂重要构成部分，绿色建筑外壳能够将已经释放到环境中的废弃物作为资源输入，实现废弃物的回收再利用，适应环境、社会、经济方面的需求。[①] 在保障其作用以及视觉效果的前提下，确保建筑外壳不会干扰生态环境，并且建筑外壳应充分利用阳光，节约能源，尽可能降低材料成本及使用成本，实现对生态综合效益的有效获取。同时，工厂建筑应采用可回收利用、可再生材料，降低建筑能耗，提升建筑整体的环境适应性与友好性。以可再生能源发电系统为依据，具体包括对太阳能、水能、可再生燃料、风能、地热能等资源的利用，并且在能源利用期间可以做到能源容量大小的有效调节，通过平衡生产需求与能源投入之间的关系，达到提升生产系统稳定性提升的目的。

2. 推进清洁生产，提升绿色核心技术

实现绿色工厂的重要途径就是推行清洁生产，发展循环经济，按照少投入、低消耗、多产出的集约化方式生产，实现生产全过程的污染控制，进而走上经济、环境、资源协调发展之路。通过智能生产系统的升级来实现对工厂具体作业状态进行全面、实时监督监控，进一步提升工厂制造的灵活性与效率性，充分践行智能绿色工厂的发展理念。在具体生产期间，可以依据对产品种类、复杂性的分析做到对产品生产的智能化调整，在保障生产质量、品质的前提下，大幅度降低产品生产对环境的影响。

3. 资源回收循环利用

对废弃物采用分离、处置、处理和焚烧等手段减少废弃物对环境的污染。通过多式联运、共同配送和信息网络等方式实现运输环节的绿色化；建立绿色仓储体系，合理规划仓储布局，实现仓储设施绿色化利用；规范绿色包装，推进包装材料和包装形式的绿色化；鼓励绿色回收，回收产品设计要符合快速拆卸的要求，引导有实力的企业从事回收技术的专项研发，建立相关的拆卸和回收生产线，建立针对主要用户市场的回收基地。同时，扶持专业回收机构和公司，使其提供专业化综合利用服务，提高回收利用的范围和比率。

---

① 曹华军，王坤，陈二恒，等. 未来绿色工厂 [J]. 航空制造技术，2018（12）：30-36.

三、绿色工业园区

（一）绿色工业园区的内涵

绿色工业园区是绿色制造体系的重要组成部分。工业园区是工业绿色制造的承载体，绿色工业园区更是通过采用清洁生产技术，利用无害或低害的新工艺、新技术，大力降低原材料和能源的消耗，实现低投入、高产出、低污染，尽可能把环境污染物消除在生产过程之中的产业聚集园。绿色工业园区是以可持续发展理念、清洁生产要求、循环经济理念和工业生态学原理为指导，通过物质流或能量流等传递方式寻求物质闭路循环、能量多级利用和废物最小化，从而形成资源共享和副产品互换的产业共生组合，最大限度地提高资源能源利用效率，从工业生产源头上将污染物的产生降至最低的一种新型工业园区。绿色工业园区在园区规划、空间布局、产业链设计、能源利用、资源利用、基础设施、生态环境、运行管理等方面贯彻资源节约和环境友好理念，通过工业园区产业结构重组、提升生产工艺和优化产业结构等，从而具备布局集聚化、结构绿色化、链接生态化等特色。

根据工业和信息化部《绿色园区评价要求》，绿色工业园区评价指标体系包括六大类，即能源利用绿色化指标、资源利用绿色化指标、基础设施绿色化指标、产业绿色化指标、生态环境绿色化指标和运行管理绿色化指标，六大类指标中共包括 31 项指标，其中必选指标 18 个、可选指标 13 个。[①] 能源利用绿色化指标包括能源产出率、可再生能源使用比例、清洁能源使用率 3 项；资源利用绿色化指标包括水资源产出率、土地资源产出率、工业固体废弃物综合利用率、工业用水重复利用率、中水回用率、余热资源回收利用率、废气资源回收利用率、再生资源回收利用率 8 项；基础设施绿色化指标包括污水集中处理设施、新建工业建筑中绿色建筑的比例、新建公共建筑中绿色建筑的比例、500 米公交站点覆盖率、节能与新能源公交车比例 5 项；产业绿色化指标包括高新技术产业产值占园区工业总产值比例、绿色产业增加值占园区工业增加值比例、人均工业增加值、现代服务业比例 4 项；生态环境绿色化指标包括工业固体废

---

① 工业和信息化部办公厅. 工业和信息化部办公厅关于开展绿色制造体系建设的通知 [A/OL]. 中华人民共和国工业和信息化部，2016-09-20.

弃物（含危废）处置利用率、万元工业增加值碳排放量消减率、单位工业增加值废水排放量、主要污染物弹性系数、园区空气质量优良率、绿化覆盖率、道路遮阴比例、露天停车场遮阴比例 8 项；运行管理绿色化指标包括绿色园区标准体系完善程度、编制绿色园区发展规划、绿色园区信息平台完善程度 3 项。

（二）绿色工业园区的特征

绿色工业园区是突出绿色理念和要求的生产企业和基础设施集聚的平台，侧重于工业园区内工厂之间的统筹管理和协同链接。绿色工业园区具有系统功能优化、工业生态化、集约化发展等特征。

1. 系统功能优化

绿色工业园区是在特定的区域上规划发展而来的，是在某一地域上，由多个工业企业依据生态经济规律和生态系统优化原理，综合运用生态工程手段等建立的有一定物质循环、能量流动和价值增值等内在生态工艺联系的工业企业群体，是发展循环经济的一种新模式。绿色工业园内的企业之间和工业系统之间的互联是一个复杂的工程系统，基于优化设计的视角来破解这一难题，从能源、材料的消耗与再利用设计的根源解决问题，是最佳的实现方案。要发挥其关联性必须优化园区顶层设计，良好的空间布局会增强协作系统的协作效应。在设计和建立绿色工业园时要把能合理利用某一类资源并具有内在生态工艺联系的企业逐步聚集在一定地域，形成较完整的食物链——投入产出链（网），提高整个系统对原料和能量的利用效率，使其组成一个绿色工业园有机整体。

2. 工业生态化

绿色工业园区利用有限的自然资源模拟自然界生态物质自身交换的循环过程，实现工业生产过程的循环发展，强调物质循环、能量梯度利用。绿色工业园区系统中存在各种类似生物学中的物质和能量循环链条（食物链），也称为产业生态食物链。绿色工业园区内的各企业之间形成类似自然生态系统中的生产者、消费者和分解者之间的关系。园区内采用废物交换、清洁生产等手段把一个企业产生的副产品或废物作为另一个企业的原材料，实现物质闭路循环和能量多级利用，形成由若干个相互依存、类似自然生态系统食物链的、由相互关联的企业要素构成的生态工业园，达到物质能量利用最大化和废物排放最小化的目的。

3. 集约化发展

绿色工业园区依靠提高生产要素的质量和利用效率来实现经济增长。以这种方式实现经济增长，消耗较低、成本较低、产品质量不断提高、经济效益较高。需要严格控制入园产业，设立能耗和污染的准入门槛，控制园区的能耗总量和能源效率。通过工业园区总体规划、空间布局规划和能源规划，充分利用工业园区的资源，实现园区可再生能源的规模化应用。尽量在园区各企业之间形成能源梯级利用的流线、废弃物和材料的循环利用链，以及产品的上下游配套关系，以充分体现综合资源规划理念，提高园区整体的资源利用效率。

（三）绿色工业园区的建设策略

要建设科学化的绿色园区，应在明确工业园区的战略定位、各主体功能和作用的同时，考虑经济、社会和生态各系统的循环运行。

1. 明确绿色工业园区发展的战略定位

在充分了解工业园区自身的内外部环境后，对园区进行恰当的阶段性定位。合理界定园区产业发展范围，分析园区性质、园区发展历史、园区特色、园区的优势条件与园区发展的制约因素，把握园区的基本情况。充分了解工业园区发展的基础设施，了解现有园区设施水平是否满足现代化、生态化园区的发展要求，找到发展差距。分析园区企业之间的产业生态食物链关系，围绕园区核心企业，合理定位企业发展空间，融入园区产业链其他要素，形成规模效应，增加市场影响力和经济发展效益。做好本区域工业化、生态化、绿色园区发展战略规划，让规划支撑本区域工业产业发展。

2. 绿色招商，构建园区大循环格局

坚持以可持续发展理念为指导，积极引进低能耗、低排放的项目。在项目引进上，要着眼全局，树立绿色理念，数量与质量并重，注重环境保护与长远发展，提高准入门槛，把粗放式、低端型、高耗能的产业项目挡在园区外，优先考虑产业带动强、科技含量高、资源消耗少、环境污染小的项目。充分借助龙头企业的集聚效应，吸引更多的配套项目，形成产业链。以企业集聚化发展、产业生态链、服务平台建设为重点，推进绿色工业园区建设。树立全局思维，促进上下游企业携手合作，推进资源循环式利用、产业循环式组合、区域循环式开发，逐步形成较完善的园区循环产业链，实现互利共赢。

3. 创新管理机制，强化监督管理

根据绿色工业园区不同的发展阶段、产业结构特征、区域生态环境保护需求，推进差异化、个性化、系统化、精准化的环境管理机制。首先，充分结合区域工业发展特点，开发原创性技术、引进领先技术，推进技术转化与应用，构建好工业生态化、园区化发展技术体系。了解企业进入园区的平台支撑需要，研发园区信息平台、交易平台技术体系。其次，构建绿色园区化政策体系，强化监督管理。出台综合性引导政策，包括促进工业生态化、园区化的土地支撑政策、财税政策、就业政策、金融支撑政策、服务支撑政策等。制定激励约束机制，强化绩效评估，完善淘汰机制，倒逼园区持续规范发展，实现经济环境双赢。

四、绿色供应链

（一）绿色供应链的概念

绿色供应链是将环境保护和资源节约的理念贯穿于企业从产品设计到原材料采购、生产、运输、储存、销售、使用和报废处理的全过程，使企业的经济活动与环境保护相协调的上下游供应关系。"绿色供应链"的概念首先由美国学者 Webb 提出。基于对环境的影响，要从资源优化利用的角度来考虑制造业供应链的发展问题。从产品的原材料采购期开始就进行追踪和控制，使产品在设计研发阶段就遵循环保的规定，从而减少产品在使用期和回收期给环境带来的危害。[①] 推行绿色供应链管理的目的是发挥供应链上核心企业的主体作用，一方面做好自身的节能减排和环境保护工作，不断扩大对社会的有效供给；另一方面引领带动供应链上下游企业持续提高资源能源利用效率，在原材料采购、产品包装、运输以及回收再利用等各个环节上都实现节能环保，打造一条完整的绿色产业链。

绿色供应链由供应商、制造企业、物流商、销售商、最终用户以及回收、拆解、再生处理企业等共同组成，供应链上的企业协同合作，将环境保护和资源节约的理念贯穿于从产品设计到原材料采购、生产、运输、储存、销售、使

---

① 夏球. 企业绿色供应链管理中的政府角色战略研究［D］. 北京：中央财经大学，2019.

用和报废处理的全过程。① 绿色供应链可以避免资源浪费，增强企业的社会责任感，给企业带来良好的声誉和绿色产品的品牌形象，扩大产品市场。而生产原料的节约则降低了最终产品的生命周期成本，从而使消费者能以更低廉的价格得到更安全、更环保的产品。

绿色供应链的主要运行结构以核心企业为龙头，通过三级供应商提供的绿色物料，经过绿色生产过程，制造的绿色产品由物流商、销售商和用户采购消费，最后经过绿色回收并对材料循环利用或无害化处理。传统制造业通过让渡一部分经济利益，以绿色采购、绿色设计、绿色生产、绿色物流、绿色销售、绿色消费和绿色回收等为手段，对以制造业为主的供应链上下游节点企业进行选择，从而构建一条绿色供应链。绿色供应链在满足企业主体利益的同时，要求企业生产过程中零污染、零浪费，实行综合的绿色管理，然后将这个管理模式延伸到整个供应链，形成一个完整的绿色管理联盟。

（二）绿色供应链的特征

绿色供应链是绿色制造理论与供应链管理技术结合的产物，侧重于供应链节点上企业的协调与协作。这样的绿色供应链更加符合可持续发展的要求，同时也能为供应链上的企业不断创造效益。

1. 充分考虑环境问题

绿色供应链基于供应链框架内注重环境因素的影响，是供应链所有节点企业的合作、企业内全体部门的协作。绿色化理念覆盖产品的整个生命周期，在原材料的采购、产品工艺、产品生产、产品销售等流程中兼顾环境效益最大化，提高企业的经济和环境管理水平，以确保企业供应链的长远利益。

2. 强调整条供应链与生态系统协调一致

绿色供应链要求所有企业信息共享、同步运作，重视利益相关者，将消费者、员工也同样放在重要位置。绿色供应链不仅强调各企业共同应对风险、共同赢利，也强调各企业共同进行环境管理、共同开发绿色技术、共同维护生态环境、共同履行社会责任。

---

① 孙婷婷，奚道云，王越仟. 制造企业绿色供应链管理实施建议 [J]. 中国标准化，2017 (2)：77-81.

3. 以社会和企业的长远利益为宗旨

采用科学的指导思想，对产品从物料的购买、制造、销售，直到废物循环再利用的全部供应链作业进行设计，加强供应链中各节点企业的亲密协作，使所有节点乃至所有企业内部部门在环境管理上步调一致，实现绿色供应链系统经济高速发展的目标。

（三）绿色供应链的建设策略

建设绿色供应链的首要任务是企业必须具备绿色的经营理念，将绿色发展的理念融入企业愿景及使命中。在整个产品生命周期的规划设计上，皆从环保与生态考量的角度出发，除财务营收之外，更要考虑到社会责任及环境保护。

1. 确立可持续的绿色供应链管理战略

将绿色供应链管理理念纳入发展战略规划，明确绿色供应链的管理目标。企业设置专职管理部门，推进本企业绿色供应链管理工作。要用整体系统的观点将绿色供应链融入产品研发、设计、采购、制造、回收处理等业务流程，识别能源资源、环境风险和机遇，带动上下游企业深度协作，发挥绿色供应链管理优势，不断降低环境风险、提高能源资源利用效率，扩大绿色产品市场份额。

2. 实施绿色供应商管理

树立绿色采购理念，不断改进和完善采购标准、制度。将绿色采购贯穿于原材料、产品和服务采购的全过程。从物料环保、污染预防、节能减排等方面对供应商进行绿色伙伴认证、选择和管理，推动供应商持续提高绿色发展水平，共同构建绿色供应链。企业选择供应商时，除了对其技术水平、产品质量、生产能力等指标加以考核，还要加入绿色评估要素，确保绿色供应商优先采购。定期对供应商进行培训和技术支持，传递客户和其他利益相关者的环境要求，帮助供应商将绿色产品的要求融入业务之中并逐级传递。要主动参与供应商的研发制造过程，引导供应商减少各种原辅材料和包装材料用量、用更环保的材料替代，避免或减少环境污染。

3. 强化绿色生产

建立基于产品全生命周期的绿色设计理念，整合环境数据资源。企业建立基础过程数据库和产品数据库，构建绿色生产评价模型，在研发设计阶段开展全生命周期评价。不断提升绿色技术创新能力，采用先进适用的工艺技术与设备，减少或者避免生产过程中污染物的产生和排放。积极参与国际相关技术规范标准的制定，促进业界绿色生产水平提升，引领行业变革。

4. 建设绿色回收体系

企业要建立生产者责任延伸制度，主动承担产品废弃后的回收和资源化利用责任。利用产品回收电子标签、物联网、大数据和云计算等技术手段建立可核查、可溯源的绿色回收体系。生产企业可直接主导或与专业从事废旧产品回收利用的企业及机构合作开展回收、处理与再利用，搭建拆解、回收信息发布平台，实现废旧产品在生产企业、消费者、回收企业、拆解企业间的有效流通。

5. 搭建绿色信息收集监测披露平台

企业要建立能源消耗在线监测体系和减排监测数据库，定期发布企业社会责任报告，披露企业节能减排目标完成情况、污染物排放、违规情况等信息。加强对供应链上下游重点供应商的管理评级，定期向社会披露重点供应商的环境信息，公布企业绿色采购的实施成效。建立绿色供应链信息平台，收集绿色设计、绿色采购、绿色生产、绿色回收等过程的数据，建立供应链上下游企业之间的信息交流机制，实现生产企业、供应商、回收商以及政府部门、消费者之间的信息共享。

五、绿色企业

（一）绿色企业的概念

绿色企业是一种综合考虑环境影响和资源使用效率的现代制造模式，其目标是使产品从设计、制造、包装、运输、使用到报废处理的整个生命周期中，对环境的负面影响最小、资源使用效率最高，并使企业经济效益和社会效益协调优化。[①] 乔永峰和马乔生从发展循环经济和生态经济的角度，将绿色企业的内涵界定为：以制造和销售"无害环境"的产品（绿色度高的产品或符合标准和法规要求的产品）为前提，运用绿色高新技术，开发清洁的生产工艺，推出"三废"较少并通过治理的产品企业。绿色企业是以可持续发展为核心，将环境

---

① 刘飞. 绿色制造的内涵、技术体系和发展趋势［J］. 世界制造技术与装备市场，2001（3）：6，38-43.

利益和对环境的管理纳入企业经营管理全过程，并取得成效的企业。① 绿色企业实质是人类社会可持续发展在现代企业中的体现。

绿色企业应该具备三个条件：生产绿色产品、使用绿色技术、开展绿色营销。从设计、制造、销售到回收处置的全过程中，对环境无害或危害较少，符合特定的环保要求，有利于资源再生的产品。并且注重了整个生态产业链的绿色健康发展，对国家和社会及个人都有益。绿色技术是建设绿色企业的关键，是解决资源耗费和环境污染产生的主要办法，它既可以为企业带来效益和增强竞争力，又可以使企业在不牺牲生态环境的前提下获得发展。绿色营销即企业在市场调查、产品研制、产品定价、促销活动等整个营销过程中，都以维护生态平衡、重视环保的绿色理念为指导，使企业的发展理念与消费者和社会的利益相一致。绿色营销应包括收集绿色信息、开发绿色产品、实行绿色包装、重视绿色促销、制定绿色价格、选择绿色渠道、树立绿色形象、提供绿色服务等，将资源的节省再生与减少污染的环保原则贯穿营销活动的始终。

绿色企业涉及的问题领域包括制造领域、环境领域和资源领域。绿色企业是这三大领域内容的交叉和集成。绿色企业的评价涉及三方面，一是产品的绿色性；二是生产过程中的环境影响；三是资源利用的集约节约性。② 通过收集、分析受评企业在生态保护与环境管理、资源节约与循环利用、节能减排与污染防治等方面的环境表现，科学评估企业的环境正负外部性，针对受评企业的业务表现、行业表现、环境表现、社会表现、公司治理、资质与荣誉六个维度的综合表现，给出绿色企业的等级评价。

（二）绿色企业的特征

绿色企业是一种现代化的企业模式，是在充分满足消费者需求，争取适度利润和发展水平的同时，注重自然生态平衡，减少环境污染，保护和节约自然资源，为实现企业自身、消费者、社会以及生态环境利益的统一而建立的企业。

---

① 乔永峰，马京生. 绿色企业的评价指标体系及评价方法研究［J］. 经济论坛，2011（2）：188-194.
② 刘翌，汤维祺，鲁政委. "绿色企业"评价体系：国际经验与中国实践［J］. 金融发展评论，2017（9）：81-91.

1. 综合考虑生态环境与经济的关系

绿色企业把生态过程的特点引申到企业中来，从生态与经济综合的角度出发，考察工业产品从绿色设计、绿色制造到绿色消费的全过程，以期协调企业生态与企业经济的关系，同时以节约资源、物质，废物循环再生，能量多重利用为原则，生产出对生态环境少污染或无污染且符合环境标准的产品。

2. 注重生产过程中的环境影响

主要着眼点和目标不是消除污染造成的影响，而是运用绿色技术从根本上解决造成污染的根源，实现集约、高效、无废、无害、无污染的绿色工业生产。绿色企业是循环经济的一种组织形式，体现了循环经济特征。各种原料、能源、废弃物以及环境要素之间会形成立体循环流动结构，物质能量技术流则在产业循环系统中往复循环使用，实现高效利用，有效地提高了污染控制和废弃物转换率，同时也减少了生产成本。

3. 资源利用的节约

绿色企业比一般企业能更高效地利用资源和能源，以较少的物耗、能耗生产出更多的绿色产品，并能使在一般企业中被排出厂外的废弃物和余热等得到回收利用，大大提高绿色企业的循环经济综合效率，而非单纯的经济效率或生态效率。① 绿色企业在生态运行上要求具有高度的内部封闭性，争取少废和无废料，减少各个生产环节上物质和能量的跑、冒、滴、漏，使废物最小化并回收利用，尽可能实现闭路循环。

（三）绿色企业的建设策略

发展绿色企业，要从企业经营的各个环节着手来控制污染与节约资源，达到企业经济效益、社会效益、环境保护效益的有机统一。

1. 加强培训，增强绿色发展意识

增强绿色发展意识是创建绿色企业的前提，全员参与是创建绿色企业的基础。创建绿色企业必须落实到每个员工的日常工作和行动中，才能持续推进，取得成功。为了倡导环境保护的观念、激励员工做出对环境友善的行为及推动实施环境管理系统，企业对全体职工进行教育训练，让员工具备环保及专业基础知识，使其岗位责任同环保紧密相连。要树立环境法律观念，明确环境责任。

---

① 董春辉 . 绿色企业的循环经济取向分析 [J]. 商场现代化，2008（1）：343.

根据绿色企业行动计划的要求，细化相应的管理职责、工作要求，将绿色发展理念融入管理、工作体系，建立考核激励机制，充分调动员工的主观能动性，引导员工增强绿色发展意识，领会绿色发展内涵，主动参与绿色企业行动。

2. 应用绿色技术，推行绿色生产

绿色技术创新和应用是创建绿色企业的重要支撑。要加强绿色技术研发力度，实现关键技术突破，促进绿色节能低碳技术大规模应用，淘汰低端落后产能，加大对企业急需的关键技术、关键工艺的攻关力度，研发出适合企业的专有技术，应用新技术、新工艺，提升企业的绿色发展水平。绿色生产是指以节能、降耗、减污为目标，以技术、管理为手段，通过实施污染防治措施，以消除和减少工业生产对人类健康和生态环境的影响，从而达到最大限度地防治工业污染、提高经济效益双重目的的综合型措施。同时，要实施污染高效治理，将生产过程中的有害物进行最大限度地转化、吸收，力争对环境的危害最小，直至无害，实现无污染生产。

3. 实行绿色营销战略，开拓绿色市场

绿色营销即企业在市场调查、产品研制、产品定价、促销活动等整个营销过程中，都以维护生态平衡，重视环保的绿色理念为指导，使企业的发展理念与消费者和社会的利益相一致。绿色营销强调企业在生产经营管理过程和产品消费过程中都必须保护生态环境，即对产品"从摇篮到坟墓"的全程绿化控制，最终实现可持续发展。绿色营销要求将绿色管理思想贯穿于原料采购、产品设计、生产销售和售后服务的各个环节。

4. 组织创新，塑造绿色企业文化

绿色企业的发展需要企业高层管理人员对持续发展的认同，需要组织结构的重构，生产系统的调整，企业管理战略高度的提升，且形成内部经济性与外部经济性并重的企业战略目标。决策管理层是创建或转变为绿色企业的行为主体。决策管理层或企业家要具有企业生态化的意识和谋略，理解和运行与绿色企业相关的政策和制度，能运用生态学的思想建立企业的远景目标，追求生态经济效益。同时，绿色企业的战略进化需要以社会、经济、环境持续发展为目标，以系统思考为原则，全面考虑企业的经济效益、环境效益和社会效益的绿色企业文化。绿色文化的基本观点是把人与自然、人与人、人自身的和谐作为人类应有的追求，这是企业文化的基础。

第三节 绿色制造体系的实施

绿色制造综合考虑环境影响和资源效益，其目标是使产品从设计、制造、包装、运输、使用到报废处理的整个产品全寿命周期，对环境的副作用最小，资源利用率最高。从实现路径来说，绿色制造包括两大方向，一是生产原材料、设备和科技工艺的升级换代，即行业本身核心技术体系的不断突破。二是在各行业领域内部，通过信息技术的深度利用，推动在生产和应用中的各部件、各环节、各行业之间信息的快速流通和交换，从而使企业生产流程简化和服务模式创新成为可能。

一、加强信息技术的研发和应用

信息技术的深度应用将成为绿色制造发展的必由之路。工业互联网、传感网络、工业 APP、工业大数据应用等一批信息技术规模化渗透，将推动现有工业设计、加工、组织流程产生深刻变革。从信息化视角来看，信息技术与工业生产全流程的深度融合，能够引发一系列生产和服务模式变革，实现生产制造全流程、全生命周期、全价值链的动态优化，提高各类生产要素的综合利用效率，推动企业生产成本和污染排放量不断降低。协同设计、网络制造、个性化定制、远程维护等创新生产和服务模式将得到规模化应用，能够有效降低企业与企业、企业与用户的交互成本。

互联网络能够实现产业链上下游各环节之间的紧密配合和联动，消除地缘因素影响，在网络空间重构一个高度协同、分布式运转的智能制造生态系统。借助云计算、通信等技术来辅助人员决策，并利用系统专家库进行生产操作、生产经验的收集，可以为工厂生产效率提升提供帮助。利用物联网、人工智能等技术构建完善的智能监控管理平台，运行期间通过对相关目标数据的挖掘与分析，帮助管理人员明确掌握工厂能源、资源消耗具体情况，为制定工厂绿色发展措施提供数据参考。在设计环节，基于虚拟制造模拟产品设计和生产过程，产品在研发和实验阶段的试验品生产成本和测试成本能够大幅降低，缩短开发周期，实现生产废料最少化。在生产和加工环节，依托互联网协同制造优化生产组织关系，科学制定生产计划，从而提升资源配置效率，降低生产过程中的原材料、元件库存率和无效运输，消除对环境潜在的负面影响，从而减少产品生产过程中的污染物排放。

智能制造在推动制造业生产方式变革、引领制造业服务化转型、加速制造企业成本再造等方面将发挥重要作用。智能制造是先进制造技术与人工智能技术的融合产物，在制造各个环节，如管理、生产、服务等环节全面渗透，使其制造过程具备自感知、自执行、自决策的特点。智能制造的发展需要依托于智能工厂发展，推动制造业逐步朝着智能化、绿色化、自动化方向发展，有利于工厂制造环保性、效率性、智能性的提升。[①] 同时，对各个生产环节、阶段进行自动精准控制，避免人为失误出现，降低能源消耗，为我国绿色工厂发展提供助力。

二、推进传统制造业绿色化改造

全面推行绿色制造，加快构建科技含量高、资源消耗低、环境污染少的产业结构和生产方式。绿色制造的主要发展方向可以概括为"五化"：产品设计生态化，强调在设计开发阶段综合考虑全生命周期的资源环境影响；生产过程清洁化，强调从源头提高资源利用效率，减少或避免污染物产生；能源利用高效化，强调生产过程节能和终端用能产品能效水平提升；回收再生资源化，强调使原本废弃的资源再次进入产品的制造环节；产业耦合一体化，强调企业间资源利用效率提升和污染物减排。[②] 仅从生产过程调整资源配置方式，无法从源头上解决资源错配的问题，必须通过发挥产业联动效应来减少资源能源消耗和浪费。

绿色制造涉及产品生命周期全过程，涉及企业生产经营活动的各个方面，因而是一个复杂的系统工程问题。因此要真正有效地实施传统制造企业的绿色改造，必须从系统的角度和集成的角度来考虑和研究绿色制造中的有关问题。传统制造企业应利用工业互联网实现人、机、物的全面互联，进而实现工业全要素、全产业链、全价值链的全面连接，并通过全面深度感知、泛在连接传输、

---

① 杜雯，王天佐. 中国智能制造背景下绿色工厂发展的升级路径探析 [J]. 城市建设理论研究（电子版），2020（8）：46-47.

② 黄群慧，杨丹辉. 构建绿色制造体系的着力点 [N]. 经济日报，2015-12-10（14）.

实时智能分析、动态决策优化与精准反馈控制，实现制造业生产效率与产品质量提升。① 实现生产方式的绿色化，发展壮大绿色制造产业，既能够有效缓解资源能源的约束和生态环境的压力，也能够加快补齐绿色发展的短板，培育发展新动能，增强节能环保战略性新兴产业对经济社会发展的支撑作用。

三、完善绿色制造技术规范与标准

构建绿色制造技术标准体系，开展绿色制造技术标准研究以及标准协调、标准化服务活动，制定与国际接轨的绿色制造技术规范和标准，实现制造企业产品的设计、制造、使用、回收及再制造等全生命周期的绿色化，建立统一的标准基础数据及信息平台。积极开展绿色制造标准的研究和制定工作，建立和完善我国绿色制造标准体系，加快绿色制造技术科技成果的转化和推广，提升绿色制造技术在制造业企业中的普及、应用及产业化。完善绿色技术、绿色设计、绿色产品的行业标准和管理规范，对现行标准进行全面清查和评价，按照绿色和可持续发展的原则，对原有标准进行补充修订，加快推进新技术、新产品的标准制定，并严格实行标准管理。加快国外先进标准向国内标准的转化，形成应对国际贸易壁垒的能力。积极参与并主导绿色国际标准的制定，推动中国绿色标准国际化，加强对知识产权的保护力度，提高国际竞争能力。

---

① 顾硕．余晓晖：工业互联网赋能制造业转型升级［J］. 自动化博览，2019（12）：34-36.

第七章

绿色供应链管理

绿色供应链管理以综合效益为目标，将绿色理念融入供应链各环节中，综合考虑生态环境的因素，要求在从原材料采购、制造、包装、存储、运输、消费到报废处理的整个过程中注重对环境的保护，实现企业与环境的和谐发展。强调供应链中企业合作共赢的理念，预见性地考量影响企业未来发展的环境以及资源因素等，在企业生产运作活动中，注意环境保护，这样既能够获得经济效益，又能够保护环境，从而促进经济与环境的协调发展。

第一节　绿色供应链管理的内涵

一、绿色供应链管理的提出

（一）供应链管理

进入全球化竞争时代，企业所处的经济环境不断受到信息化程度增强和全球化竞争压力增大等因素的冲击，迫使人们改变单个企业与企业之间竞争的传统观念，进而寻求建立一种通过核心企业向上联合原材料供应商，向下联合产品销售商的方式来形成一种企业链之间的竞争，进而营造出共同竞争优势的新型竞争模式，供应链管理就此诞生。供应链是指通过核心企业对信息流、物流以及资金流的控制，形成一个从采购原材料开始，到产品制造，再由销售网络把最终产品送到消费者手中，将原材料供应商、产品制造商、分销商和零售商、售后服务商以及最终用户连成一个整体的功能网络结构模式。① 供应链管理涉及的具体功能包括订单处理、原材料存储、生产计划安排、库存设计、货物运输和售后服务等。

供应链管理系统将供应链上下游企业优势进行整合，凸显了供应链的整体竞争优势，在一定时期内为供应链企业带来了巨大的经济效益。供应链管理的目标就是企业将顾客所需的合适产品能够在合适的时间、按照合适的数量、合适的质量和合适的状态送到合适的地点，使总成本最低，提高企业的运作效率和效益。通过对企业内外各种资源利用，采购、生产、流通和仓储、销售、服务等各个方面与环节进行多目标优化，有效衔接客户和供应商，使生产资料以最快的速度，最低的运营成本和最合理的方式，通过生产制造、流通、仓储和销售等一系列环节变成价值增值的产品并送到客户手中，从而使企业能同时满足内部生产和外部客户的需求，获取企业的竞争优势。

（二）传统供应链管理的局限性

采用供应链管理模式能够大幅提高经济效益并获取竞争优势，但是传统供应链管理的主要目标是经济效益，强调市场响应时间短、产品质量高、生产成本低、产品服务好。在管理理念和方法上，传统供应链管理往往忽略环境和社会的整体利益，进而表现出诸多问题。

1. 忽视了生态环境责任

传统供应链管理追求的是企业经济效益最大化，忽视了企业的社会和环境效益，企业通过高能耗、高污染来换取高产出的发展模式消耗了大量的能源，同时给社会和自然环境带来了极大的负效益，加速了社会环境的恶化。同时，作为核心企业的制造业在与供应商、物流商、销售商以及客户发生业务往来的过程中，必然带来一些环境问题的转移，从而造成环境责任归属纠纷问题，这不仅会对企业的经济利益和企业形象造成不利影响，还会对消费者利益及整个社会环境和生态环境造成不利影响。

2. 没有考虑产品生命周期对环境的影响

传统供应链管理理念认为，只要产品销售出去进入流通和应用领域，就意味着供应链管理的结束，企业也完成了相应的责任，这就需要政府花费大量的

---

① 王金圣. 供应链及供应链管理理论的演变 [J]. 财贸研究，2003（3）：64-69.

人力、财力去解决环境污染问题，进行废弃物回收处理工作。许多企业由于缺乏生命周期理论意识，错失了从产品生命源头以及全生命过程中控制污染、减少废弃物产生的大好时机，最终导致政府和企业的污染治理与废弃物处理成本过高，而处理效果却并不尽如人意的局面。

如何通过提升供应链整体效率来实现供应链的可持续发展，尽可能地减少对生态环境的污染以及自然资源的过度消耗，成为社会广泛关注的问题，在这样的情况下，融入环保理念与可持续发展思想的绿色供应链管理模式应运而生。从环境保护的角度改进供应链系统，引入"绿色环保"的理念，对绿色供应链进行科学、合理的规划布局，制定有利于企业与资源生态友好发展的供应链体系。将产品生命周期理论融入供应链管理体系当中，使产品从原材料开始到最终进行报废处理或再利用整个循环过程都做到减少废弃物和污染物的产生，将以前的事后处理方式转变为事前和全过程处理模式，从而使产品在整个生命周期过程中都对环境的负面影响最小。

二、绿色供应链管理的概念

（一）绿色供应链管理的定义

通过协调供应链中各利益相关者的行为来实现经济绩效与环境绩效的双赢，已逐渐成为供应链的发展趋势。绿色供应链管理从整个产品生命周期出发，包括原材料采购，产品设计、制造、销售和仓储运输，产品的消费、使用和回收处理全部过程，结合绿色制造理论和供应链管理技术，达到产品的生命周期环境负效益最小，资源、能源效益最高的目标。绿色供应链管理主要以供应链管理理论、循环经济理论、工业生态学理论、可持续发展理论和环境管理体系为理论基础。[①] 绿色供应链管理在传统供应链管理的基础上融入"绿色"目标，强调其环境属性，在提高供应链节点企业环保能力的同时，更加注重整条供应链的环保能力的提高并明确其各自的环境责任归属，力争使整条供应链做到资源、能源利用效率高，环境污染最低。企业实施绿色供应链管理的目的是在产品生命周期过程中降低环境污染程度，减少废弃物的产生，提高资源、能源利

---

① 李颖．基于结构方程模型的绿色供应链管理与企业绩效关系研究［D］．镇江：江苏大学，2010.

用效率，最终目标是实现企业经济效益与社会效益、环境效益共赢。

绿色供应链管理作为一种创新型管理工具，能够充分发挥市场的作用，引导各行业企业采购污染排放少、环保绩效高的原材料和产品，从而促使上游企业主动遵守环境法规，采取环保措施，实现整体产业的绿色升级和可持续发展。产品研发、生产投入、包装设计、运输配送、渠道分销、消费甚至废弃物回收和二次利用等各个环节都强调绿色环境保护，不仅能够提高供应链整体效率，帮助链条上各节点企业找出自身发展存在的问题，还能为企业选择绿色供应商提供决策性支持，减少生态环境的污染和破坏，降低自然资源的消耗和浪费。绿色供应链管理的实施对构建高效、清洁、低碳、循环的绿色制造体系，促进传统产业转型升级、经济提质增效和绿色协调发展以及实现环境质量总体改善起到至关重要的作用。

（二）绿色供应链管理的基本特征

绿色供应链管理注重的不仅仅是经济效益，更重要的是强调在整个供应链的各个环节都尽可能地提高资源利用率，尽可能地减小对环境的危害，最终实现可持续发展。绿色供应链管理综合考虑了生态环境的因素，要求从原材料采购、制造、包装、存储、运输、消费到报废处理的整个过程都注重对环境的保护，实现绿色化，从而促进经济与环境的协调发展。相对于传统供应链管理，绿色供应链管理具有以下特征。

1. 充分考虑对环境的影响

绿色供应链管理以综合效益为目标，将绿色理念融入供应链各环节，充分考虑对环境的影响，实现与环境的和谐发展。企业在生产运作活动中，必须注意环境保护，最终实现既能够获得经济效益，又能够保护环境。绿色供应链管理的核心特质直接体现在节能减排、绿色运营、清洁技术、绿色采购、分类回收、循环利用、维护生态、万物共存等。企业将采购、生产、销售、回收的各个阶段的资源充分利用，考虑每个阶段的节能减排，评价各个环节的行为带来的环境影响。

2. 注重整个供应链成员的系统作用

绿色供应链管理将企业供应链的各个环节视为一个系统，使企业的各种资源集成化，从而提高企业管理效率和市场优势。绿色供应链是一个完整的综合体系，强调整条供应链中的成员共同关注环境保护。在生产加工过程中，对生产材料以及其他剩余资源进行回收，处理加工后使之重新纳入供应链体系，真正提高了资源的再次利用效率。从产品生产到废弃物回收再利用，企业在各个环节中都应该为绿色可持续发展以及增加产品和服务的环境效益努力，只有这样才能保持供应链的协调性、完整性，绿色可持续发展才能够实现。

3. 绿色供应链管理的多目标性

绿色供应链管理的目标不仅是获得经济效益最大化，还要兼顾社会公众效益最大化和环境效益最大化。① 绿色供应链管理在实现传统供应链追求经济效益的基础上注重自然效益，确保整条供应链资源利用率最高，环境影响最小。企业管理目标在传统的成本、质量、时间等的基础上，又增加了资源、环境和社会效益等目标管理，企业管理目标呈现出多元化态势。绿色供应链管理要求供应、生产制造、零售、物流各个环节的成员，甚至包括市场中的顾客，均要在运作过程中保护环境，在产品设计、采购原材料、生产、物流、加工、零售、消费、回收等整个过程中，都要按照环保要求，使用环保科技，增强各运作流程的环保效果，保证整个产品生命周期中，环境破坏最少，自然资源运作效率最高，实现经济效益和社会效益的双赢。

三、绿色供应链的构成要素

绿色供应链的构成要素包括核心企业、上下游企业、消费者、政府管理机构、雇员、社区公众和环保组织等。② 核心企业，是绿色供应链中最为关键的环节，一般是供应链经营活动的主导者及核心竞争力的来源；上下游企业，负责配合及支持核心企业的产品服务的实现，大多数情况下由核心企业来进行选择和评价；消费者，是最终产品或服务的使用者，同时也是绿色供应链的受益者和主导者；政府及相关管理部门，是绿色供应链相关法律法规的制定者，也是绿色供应链宏观运营环境的决定者；企业雇员是绿色供应链中企业运营的基础，负责完成各环节的实际经营活动；社区是供应链运行所处的社会环境，可以间接影响供应链运行成本和环境；环保组织及其他利益相关团体是对供应链绿色化程度最关心的主体，对企业经营活动的环境绩效最关切和敏感，可能通过社

---

① 王能民，杨彤，乔建民. 绿色供应链管理模式研究 [J]. 工业工程，2007 (1)：11-16.
② 吴锴. 基于利益相关者理论的绿色供应链管理动力机制研究 [D]. 武汉：武汉理工大学，2013.

会监督的方式来影响绿色供应链。

（一）核心企业

核心企业在绿色供应链中扮演重要角色，负责制定各类战略决策方案，确保供应链整体目标的实现。绿色供应链中的核心企业，是绿色价值战略发展的主导者，负责营造供应链整体的绿色文化和绿色价值观念，协调供应链成员在工艺技术、企业文化、信息共享、资源供给等方面的关系，形成并维持战略合作伙伴关系。绿色供应链核心企业要为供应链上下游厂商以及最终用户制定统一的环境管理标准并要求其严格实施，特别要发挥好供应链末端回收商在废弃物回收处理和再利用过程的作用，提高整条供应链的闭路循环性。因此，在选择供应链合作伙伴的时候，要建立科学实用的评估体系，对合作伙伴的产品质量与成本、及时供货能力、信誉与售后服务能力，特别是合作伙伴的环境保护意识与能力要进行充分的评估与筛选。

（二）上下游企业

绿色供应链上下游企业作为整条供应链的重要组成部分，虽不担当主导及决策的角色，但它们的积极参与协作是实现绿色供应链管理目标的基础。就现实状况来看，绿色供应链上下游企业之间的利益冲突主要是由成员利益分配不均及信息不对称造成的。因此如何建立有效的激励机制和信息共享机制来化解上下游企业之间的利益冲突，从而实现供应链管理综合效益的最大化成为关键环节。

（三）消费者

在环保意识日益增加的今天，社会公众普遍关注产品的使用与生产是否会对环境产生影响，体现了较高层次的道德观和价值观，从而影响消费者购买行为。环保意识在消费行为上的表现会对企业绿色供应链管理实践行为产生一定的压力。但对于消费者而言，往往会存在信息不对称的问题，无法正确地识别企业的绿色行为，通常会被名不符实的"绿色认证标识"所迷惑。

（四）政府及相关管理部门

政府及相关管理部门是绿色供应链管理中各利益相关者成员的协调者，能够为绿色供应链的运营提供一个合理的外部环境。首先，政府及相关部分要通过相关法律法规的颁布来规范引导供应链成员的行为；其次，要负责消除各利益相关者之间发生的冲突和矛盾，使其成为和谐统一的利益整体。因此，政府参与行为对于绿色供应链的运营是非常重要的，如果缺乏政府的引导和监督纠正行为，单独的市场机制是无法保证企业及供应链运营的绩效目标是有利于环境的，那么绿色供应链的目标也无法完成。

（五）雇员

在绿色供应链中，员工处于弱势地位，主要是按照管理层的相关制度和规定来实施绿色供应链管理。一般情况下，他们并不能意识到环境措施实施的有利性。作为管理者，应当增强员工对绿色供应链系统的组织结构、部门职能、企业文化及愿景等内容的认识，使员工理解企业使命，对企业绿色战略及行为计划有更多的认同感和责任感，以促进绿色供应链管理工作的落实。

（六）社区

社区是绿色供应链运营所处的社会环境。随着环保意识的不断加强以及供应链运营涉及的空间范围不断扩大，社区居民在绿色供应链中的地位逐渐提高，与其保持良好的关系对于绿色供应链的正常运营非常重要。社区为企业的生存和发展提供必要的场所以及各类资源，而企业作为社会公民，作为社区的一员，可以带动社区经济、环境、文化等方面的发展。

（七）环保组织

民间环保组织通过开展社会监督的方式来影响绿色供应链管理的运营。环保组织常采用宣传手段来影响公众意识。环保组织往往通过示威游行、抵制消费、游说等一系列的自发行为督促企业担负环境责任。相对于法律法规及相关政策而言，环保组织的监督具有非强制性、非法定性等特点，代表着消费者及社会公民对环境保护的要求。当与供应链内各利益相关者发生冲突时，环保组织通过意愿表达而非强制性手段，来实现供应链内利益相关者达成共识，建立信任互利关系来对绿色供应链管理行为进行协调，并在此基础上做出共同利益最大化的决策。

第二节　绿色供应链管理的内容

绿色供应链管理的内容涉及供应链的各个环节，包括绿色采购、绿色设计、绿色生产、绿色物流、绿色营销、绿色消费以及绿色回收。绿色供应链是一个封闭的环，在生产经营过程中，从材料的供应、产品的生产、运输、销售、使用，到废弃物的回收再利用，全部或部分的零件会再一次投入生产中去，以达到自然资源的高使用率，进而将生产经营活动对环境的影响程度降到最低。

一、绿色采购

绿色采购是指企业在采购活动中，推广绿色低碳理念，充分考虑环境保护、资源节约、安全健康、循环低碳和回收促进等因素，优先采购和使用节能、节水、节材等有利于环境保护的原材料、产品和服务的行为。[①] 绿色采购有助于绿色供应链管理节点企业提高在原材料选择、产品设计与生产等方面的环境保护能力，同时寻求到能够进行长期合作的供应商，从而在提高产品价值与品牌形象、获得市场份额与竞争优势等方面拥有更高的主动权。

（一）绿色材料采购

绿色材料采购是绿色设计和绿色生产的先决条件和关键所在。绿色材料是指使用性能良好，在生产、消费使用乃至回收处理的全生命周期过程中能耗低、资源利用率高、无毒害，并对环境污染小，且容易回收处理、循环再利用的材料或材料制成品。绿色材料的选择要遵循下列几个原则：（1）优先考虑选用回收材料和可再生材料；（2）尽量选用耗能低、污染小的原材料；（3）尽量选择无毒无害、无辐射性的环境兼容性好的材料或零部件；（4）选择的材料应当易于回收处理、循环利用或者容易被降解；（5）在产品设计和生产制造过程中尽量减少材料使用的种类，以便简化材料的回收处理过程。[②]

---

① 本刊编辑部．三部门联合发布《企业绿色采购指南（试行）》［J］．中国环保产业，2015（1）：21.

② 阴旭光．制造业绿色供应链构建与评价研究［D］．西安：西安建筑科技大学，2012.

企业通过绿色采购，选择符合环境友好要求的供应商，并且在采购行为过程中尽量实现资源的循环再利用，降低原材料的使用和减少废弃物，采购成本的降低很大程度上取决于采购过程中对绿色化因素的评价和选择。源头企业的环境保护意识、绿色清洁生产理念、生产过程中污染控制的手段和管理能力、资源的利用效率等都可以形成供应商企业的绿色度指标。采购方选择通过环境认证的供应商或者产品来减少对环境的影响，优先选用友好的材料和零部件来代替有毒的材料，最大限度地生产环境输出友好型的产品，减少对人类生存环境的危害，最大限度地降低环境风险，也会大大降低中期产品处置的成本，提高产品的绿色指标，输出符合绿色标准的产品，避免国际贸易中绿色采购壁垒。

（二）供应商的管控

供应商的管控，是绿色采购的核心。绿色供应链中，供应商的管理对整个供应链的物流状况、资金流状况、产品成本、环境改善成本等产生直接影响，加强供应商的环境问题管理是企业可持续发展理论在采购上的表现，也是绿色供应链管理能否成功实施的关键因素，同时也体现了企业的社会责任。在产品生命周期过程中，供应商对于环境问题的重视程度以及所采购的原材料是否环保，都对产品后续阶段降低环境污染程度、节约成本等起着举足轻重的作用。

1. 选择供应商

在选择供应商时，除考察价格、质量、订货期等因素外，更加注重供应商提供的原材料或者服务是否满足环保的要求。阴旭光从资质和形象、产品和服务、买卖方关系三个维度提出了一般制造型企业的绿色供应商的选择与评判指标。[1] 邢树将绿色供应链管理下供应商评价指标体系的一级指标确定为绿色度、产品满意度、发展与创新力、服务能力四大因素，并且进一步细化到环境目标达标程度、资源回收利用程度、能源消耗程度、环保资金投入率、品种多样性、价格、质量、利润增长率、资产负债率、研发投入率、技术人员比例、顾客服务投诉率、客户投诉满意处理率、及时交货率、信息共享度15个二级指标。[2]

2. 将供应商融入环境管理过程

在绿色供应链管理体系中，通过培训与技术支持、合作研究开发、合作创

---

① 阴旭光. 制造业绿色供应链构建与评价研究 [D]. 西安：西安建筑科技大学，2012.

② 邢树. 基于绿色供应链管理的供应商选择研究 [D]. 兰州：甘肃政法学院，2015.

新等方式将供应商融入供应链环境管理过程中是目前绿色供应链管理节点企业战略伙伴合作关系的主要方式。

（1）环境管理技术支持与培训。拥有较强环境管理意识与能力的绿色供应链管理核心企业，采取环境管理技术支持与培训的手段来提高其所拥有的中小型供应商的环境管理水平，从而达到提高供应链绿色化水平的目的。这种方式一方面使中小供应商在不大幅增加经营成本与风险的同时得到了环境保护方面的技术与经验，另一方面也促进了大公司与其供应商之间更加充分地合作与交流。

（2）绿色采购过程中的合作研究与开发。在供应链核心企业与其供应商合作研究与开发过程中，制造商可以根据产品需求促使供应商改进其原材料与包装材料的应用，同时供应商也能够根据自己拥有的原材料与包装材料性质帮助制造商改进其产品设计与生产工艺，从而减少不必要的工作及成本。

（3）制造商与供应商合作关系的改进。绿色供应链管理节点企业形成利益共同体，为提高整条供应链的环境管理能力而共同努力。绿色供应链管理需要供应商为其下游企业提供的是一种服务过程而非仅仅是产品本身，有利于有针对性地处理问题，节约运营成本。

二、绿色设计

在绿色供应链管理活动中，绿色设计贯穿于产品生命周期全过程，综合权衡功能、质量、开发周期和成本，优化各类要素有利于在实现经济效益的同时最大限度地降低环境污染。在产品生命周期的设计阶段，既要考虑产品本身的质量、成本、利润、功能、开发时间以及客户的需求与偏好等问题，又要充分考虑产品与资源、能源以及环境的相互关系，尽量优化有关设计环节，使产品具有低能耗、低污染、易拆卸与易回收等优点。① 绿色设计从可持续发展的角度出发综合考虑产品加工制造、分销零售、消费使用、回收处理再利用等阶段与环境的相容问题，强调从源头上预防、降低甚至是消除产品在整个生命周期过程中给环境带来的负效益，力求做到无污染、无废物产生。

标准化设计、模块化设计、可回收设计以及 3D 建模技术、虚拟现实技术等的开发与应用，极大地改变了传统的产品设计方式，使绿色设计正逐步由设想

---

① 阴旭光 . 制造业绿色供应链构建与评价研究［D］. 西安：西安建筑科技大学，2012.

成为现实。标准化设计是面向采用共性条件的通用产品的一种设计方式，适用于技术成熟并且市场容量充裕的产品设计。标准化设计可以减少不必要的重复劳动，节约材料，提高设计效率与经济效益，并且有利于新技术的推广与采用。模块化设计将产品的某些要素组合在一起构成具有通用性的模块，进而生产出多种不同功能、不同性能的系列产品。模块化设计具有相对独立性、互换性、通用性等特征，通过模块化设计生产的产品具有装配、拆卸与维护便利，利于回收处理及循环利用等特点。可回收设计是通过回收设计开发的产品，在其生命周期末端回收处理阶段尽可能做到零部件重复再利用，使其大部分材料进入再使用、再加工等循环再利用环节，减少废物产生量。3D 建模技术、虚拟现实技术等使人们摆脱了对实物设计样板的依赖，在速度更快，成本更低的同时更好地完成产品设计。通过绿色设计生产的产品，在后续的加工制造、包装运输、分销零售、消费使用以及回收处理等各个阶段都能做到环境污染最小甚至是无污染。

三、绿色生产

绿色生产指在生产过程中综合考虑原材料投入、机械设备使用、人员操作以及环境要素等各因素，提高生产效率，降低生产过程中次品产生率，减少废弃物的产生，保证产品资源和能源利用率最高，环境危害最小。绿色生产要求整个流程都融入对节约能源、环境友好的考虑，这样做的主要目的和意义是降低产品的废置成本，延长产品的使用寿命。绿色生产系统在精益制造、柔性加工、准时生产的基础上融合绿色设计、绿色工艺、清洁生产等内容，形成"低能耗、低污染、高产出"的生产模式。产品设计流程必须考虑产品中使用的所有材料是否有害环境。环保设计的理念在于将材料重复使用率、成本因素和可降解因素综合考虑融入产品设计。

绿色工艺是指产品制造过程要根据绿色设计要求以及原材料与制造系统的实际情况，规划和实施一套资源和能源消耗少、原材料浪费少、制造设备利用充分、人员工作效率高、对环境造成破坏小、经济、环保、高效的工艺路线和工艺流程。绿色工艺注重计算机数据库、信息科学技术以及其他一些新技术的应用，从而提高制造系统的信息共享程度、反应速度和环保程度。绿色工艺要求企业对原材料实行就地取材、就地利用的模式，减少原材料运输过程中的浪费及对环境造成的污染；减少不可再生资源的使用，逐步增大可再生资源和替代材料的使用；在加工制造过程中做好副产品再利用以及废弃物回收处理工作，争取做到各种物料的循环再利用；优化系统和人员配置，提高制造系统运行效率。

清洁生产要求制造企业在产品生产、包装运输以及服务过程中，持续实施整体预防的环境管理战略，以减少该过程对人类健康和生态环境可能带来的危害与风险。在生产过程中，清洁生产要求企业对原材料和能源进行综合利用、杜绝浪费，减少原材料、能源、中间产品以及废弃物的有毒有害性；对于产品，则要求企业从原材料选用到最终产品处置整个生命周期过程中，尽可能将对环境的不利影响降到最低；要将环境因素与环境保护意识纳入企业所提供服务的过程中，减少不必要的资源浪费与环境破坏。

四、绿色物流

绿色物流是指在产品运输过程中，综合考虑产品在包装、运输以及仓储过程的能源消耗、资源利用、环境保护等方面的问题，制订合理的物流方案，增加环保以及资源有效利用的因素，实现绿色包装、绿色运输和绿色仓储等。

（一）绿色包装

绿色包装，是在包装规划设计与具体实施过程中考虑节约资源、保护环境、方便使用等问题的产品包装。[①] 传统包装材料如纸或纸板、塑料、泡沫塑料等的生产、使用和废弃处置一定程度上会污染环境，不加以改变将会造成严重的资源浪费和环境污染。其中，纸或纸板包装物以木材为主要原材料，受加工工艺与技术限制，会消耗大量原木木材，导致人们无节制地砍伐森林，造成植被破坏、水土流失等问题加重。塑料和泡沫塑料等包装材料具有不可或不易降解性，产生的"白色垃圾"自然分解时间需要几百甚至是上千年，在后续的填埋或焚烧处理中都会耗费大量的人力和财力，而且收效并不理想，会给生态环境带来巨大的破坏。企业应尽量选择纸质、可降解塑料或是其他新型包装材料，并且要选择再使用、再循环价值大，易于回收处理的包装材料。在产品包装规划设计的时候要考虑包装物利用效率、回收处理以及循环再利用等问题。包装物采

---

① 阴旭光. 制造业绿色供应链构建与评价研究 [D]. 西安：西安建筑科技大学，2012.

用可拆卸结构设计，提高包装物的重复使用效率，包装物的标识文字和图案要注明包装物的使用方法、材料选用以及回收处理方式等，提高包装物使用的便利性，并且便于包装废弃物在回收处理过程中能够有效地转化为可应用于其他领域的新材料，节约资源且减少环境污染，提高包装材料的循环利用效率。

（二）绿色运输

绿色运输是以降低物料和产品损耗、节约能源、减少尾气排放和噪声污染等为特征的现代化运输形式。通过选择合理的交通工具和运输路线、避免重复运输和迂回运输、使用清洁燃料、防止运输过程的货损和泄漏等手段来实现节能高效、减少环境破坏和污染的目标。利用运输工具的优点统筹规划出最佳方案，与具有绿色能力和声誉的第三方物流企业进行合作，加强对运输工具的定时检测和保养，减少环境污染。新能源运输车辆具有政策、成本、技术等优势，用新能源车辆代替传统油耗车辆，既能够节约物流运输成本，也能够实现绿色环保的物流运输。在运输过程中，通过各种搭配最合理、路线选择最优的运输方式，在整体上减少运输过程的能源浪费以及环境污染，实现最优化和高效化运输。另外，还要注重运输路线与运输时间段的选择，统筹规划运输路线，使车辆达到高效利用率，如设计最优路线，使主干线输送效率达到最优；选择最优的运输方式，充分利用时间和空间的协调性，提高运输效率、节约能源、减少物料和产品损耗等。依靠现代化的信息网络，将分属不同企业间的物流资源通过信息化的网络系统连接起来进行统一管理、使用和调配，物料与产品的集散、物流服务等会在时间和空间上被放大，使物流资源得到充分有效的利用，提高运输系统乃至整个物流系统的运行效率。

（三）绿色仓储

绿色仓储，是在仓储过程中合理选择仓库位置，进行科学布局，并且根据存储的物料与产品的性质、特点、功能等采取相应的存储保管措施，以减少物资损耗、降低环境污染程度、节约运输和仓储成本，实现经济、合理、科学、绿色环保的仓储。加强物流仓储、运输、包装等环节的绿色设计，进而降低传统物流发展模式对环境与资源的损耗。在绿色仓储过程中，注重仓库地理位置的选择与布局可以使仓库得到充分利用，减少仓储成本，同时也能够有效地避免迂回运输和重复运输现象的出现，提高运输效率，降低仓储与运输成本。在仓储过程中，建立完备的物资信息档案，及时准确地掌握物资特性、存货量、需求量、供给量以及耗损量等情况，对产品和物料实施科学化的保养、维护等仓储管理，有助于延长物资的保鲜保质期、减少物资损耗、避免意外事件发生以及降低对社会环境和生态环境造成破坏的可能性。

五、绿色营销

绿色营销是将环境保护的理念融入企业营销活动中，围绕消费者绿色消费需求来进行营销的过程。绿色营销本质上就是把握客户的绿色消费需求，在环境保护理念的指引下开展企业的营销活动，从而最大限度地减少营销活动给环境带来的伤害。绿色营销旨在保持尽可能少的资源占有量的同时实现高水平的消费满意度。绿色营销的服务对象从目标客户人群扩大到全社会公民，这对营销服务的内容也有了更高的要求，企业需要在满足目标客户需求的同时，还要同时满足环境保护的需要和社会发展的要求，既要满足消费者的需求，同时又不能以损害社会利益和破坏生态环境为代价。通过一系列积极的宣传和激励措施，把顾客的消费需求和购买意愿引向节约资源与能源、对生态环境负面影响最小的绿色产品。

绿色营销包括分销渠道选择以及引导消费者购买绿色产品等内容。分销渠道主要包括生产商、取得产品或劳务所有权的中间商、帮助所有权转移的代理中间商、消费者等。企业营销推广方案需要做到不断创新，围绕环保、生态等内容进行宣传，将企业在环境保护方面做出的努力传达给消费者，增强消费者对于产品的认可。企业在绿色营销中，需要在营销推广方案设计方面更好地践行绿色营销的要求，营销推广方案的着力点更多地放在产品的无污染生产、产品的无公害等方面，从而让消费者对于企业在产品生产销售中的环保努力有更多的认同。通过积极的绿色产品宣传措施与绿色消费引导手段，让消费者充分了解企业在产品的绿色采购、绿色设计、绿色生产以及绿色销售方面做出的努力，同时让消费者明白消费绿色产品将会给社会和人类生存环境带来的益处，从而妥善地处理好消费者需求与社会、环境需求之间的关系。

六、绿色消费

绿色消费即自然、和谐、健康的新型消费方式，其本质特征可以概括为节约资源不过度消耗、污染减少环境友好、重复使用可回收、分类循环可再生、保护环境万物共存。① 绿色消费正在深刻影响消费者的消费理念和生活行为。作为一种更高层次的理性消费，绿色消费不仅仅是消费绿色产品，还包括能源的高效利用、废弃物的回收利用、对生存环境的保护等。消费者对于产品的要求从仅仅满足个人需要转为选择绿色产品、提升健康生活。无论是消费者还是企业，都要考虑到消费活动对环境的影响并且尽量减少负面影响，在保证公众需求、安全和健康的同时，不能影响后代满足的生存、安全和健康的能力。绿色消费可以引导人们在消费观念和行为上追求保护自然、科学、文明、健康的消费方式，促进生态环境的改善。

在推广和实施绿色消费的过程中，政府、企业和消费者要共同努力推进绿色消费、环保消费和健康消费。政府要不断推进可持续发展观念，将绿色消费文化理念植入消费宣传媒介，引导公众树立勤俭节约的消费观，倡导在消费时选择有助于公众健康或对生态环境无污染的绿色产品，营造出以适度消费、合理消费、高质量消费和可持续性消费为特征的绿色消费潮流。同时不断建立健全绿色消费政策、制度、措施与考核等体系，促进个人、企业、市场绿色消费的稳定发展。企业通过协调各方关系进行绿色消费推广，在全社会构建起注重资源和能源的节约与重复利用、减少生态环境的破坏和污染、具有可持续性的绿色消费模式。消费者转变消费观念，将追求健康、崇尚自然、节约资源和能源、注重环保的可持续消费观念变成流行风尚，主动选择绿色产品、适度消费、垃圾分类处理和废弃物资源化再利用，在产品使用过程中注重对垃圾的妥善处理，减少环境污染。

七、绿色回收

绿色回收是指采用现代化的规划与管理方式，通过员工培训、改善人员与机械设备管理等手段，提高系统的环境保护意识与节约资源、能源的能力，从而使企业在提高产品产出率的同时，提高系统在产品生命周期全过程中的物料和能量的回收效率，减少废弃物的产生，保护社会和生态环境。绿色回收的物料，一部分经过清洁、翻新等处理被继续应用于对其性能要求低的领域；一部分经过转化将以再生材料或辅助材料的形式进入加工系统，进行循环再利用；

---

① 唐毓. 消费者绿色消费行为影响因素研究［J］. 中国集体经济，2021（27）：59-60.

剩下的没有利用价值的部分也要进行焚烧、填埋等妥善处理，避免其对环境造成破坏，从而真正实现绿色供应链管理物料的闭路循环。

绿色回收处理流程可以分为三部分，一是建立合理的回收渠道，方便用户将废弃物料或废旧产品送入回收系统；二是对回收的物料和产品进行科学合理的处理，避免二次环境污染；三是协调各方关系，解决绿色回收系统运转资金问题。政府及其职能部门要加强相关鼓励性政策和法律法规的制定和实施，强化政府对绿色回收和市场的监督与规范作用。作为供应链管理核心企业的制造业，有必要在管理经验、技术手段和经济上给予其上下游企业以支持，提高这些企业开展绿色回收活动的自主性和积极性，最重要的是提高企业实施绿色回收的能力，从而实现整体供应链绿色回收效率的增强。随着政府和企业对于绿色回收活动宣传力度的加大，以及相关政策和法律法规的制定和实施，消费者也改变其消费观念，逐渐加强绿色消费和绿色回收意识，积极配合和有效促进绿色回收的发展。

第三节　绿色供应链管理的实施

绿色供应链由多个企业组成，这些企业大都是独立的经济实体，具有从事经营和管理的自主权力，在某种程度上增加了绿色供应链不确定性的风险。对绿色供应链管理进行绩效评价是对供应链运营效率、资源利用率以及环境保护等方面的考核和激励。绿色供应链管理的实施可以视为企业与上游供应商、下游顾客的协同合作。从原材料的挑选、产品生产、营销、包装与运输、仓储、售后服务、回收再利用的全过程实现真正意义上的绿色，每一个环节、每一个节点都致力于做到对环境的副作用最小、资源的利用率最高。

一、绿色供应链管理的绩效

绿色供应链是经济绩效、社会绩效与环境绩效协调一致的可持续发展供应链。绿色供应链绩效评价不仅应该关注供应链的核心企业和各成员企业的绩效和业绩，还应关注和重视供应链的社会效应，以及在传播绿色发展理念、引导绿色消费、践行绿色运作、保护环境等方面的表现。杨光勇把绿色供应链绩效评价指标体系划分为环境绩效、经济绩效、社会绩效三大类，其中，经济绩效是指供应链的经济收益，可看成可持续发展供应链的供应端；社会绩效是指与消费者健康收益直接相关的绩效，即非环境绩效，可看成可持续发展供应链的需求端；环境绩效是指与消费者健康收益不存在直接关系的其他所有绩效。① 郑浩然以平衡计分卡理论为依据，将经济绩效划分为财务状况、客户服务、业务流程和学习与创新4个二级指标；以企业社会责任理论为依据将社会绩效划分为对股东的责任、对债权人的责任、对员工的责任、对政府的责任和对消费者的责任5个二级指标；以绿色供应链绩效评价理论为依据，将环境绩效划分为资源利用、可回收性、环境影响和环境声誉4个二级指标。② 张爱雪从财务价值、客户价值、内部业务流程、创新与发展以及绿色度5个维度构建了绿色供应链绩效评价的指标。③ 绿色供应链国家标准《绿色制造—制造企业绿色供应链管理导则》以及绿色工厂评价国家标准《绿色工厂评价通则》，分别从环境绩效、运营绩效、经济效益三方面，开展制造企业绿色供应链管理绩效评价指标研究，从而构建完整的绩效评价指标体系。④

（一）经济绩效

经济绩效是指绿色供应链管理通过缩减现有供应链管理过程中出现的冗余，提高资源的利用率、降低材料浪费率，在某种程度上节约了成本。经济绩效指标最能直观地反映绿色供应链上处在每个环节上的企业效益，也是促进绿色供应链进步的关键力量。按照平衡计分卡的思路，可以从财务状况、客户服务、业务流程、学习与创新4个维度构建经济绩效指标。

财务状况维度反映了绿色供应链的财务收益状况、资产运营状况和发展能力状况，主要通过供应链总资产报酬率、供应链总资产周转率、供应链利润增

① 杨光勇，计国君. 构建基于三重底线的绿色供应链：欧盟与美国的环境规制比较 [J]. 中国工业经济，2011（2）：120-130.

② 郑浩然. 绿色供应链绩效评价指标体系研究 [D]. 湘潭：湖南科技大学，2016.

③ 张爱雪. 基于模糊层次分析法的绿色供应链绩效评价研究 [D]. 昆明：昆明理工大学，2019.

④ 中华人民共和国国家质量监督检验检疫总局，中国国家标准化管理委员会. 绿色制造：制造企业绿色供应链管理导则 [S/A]. 全国标准信息公共服务平台，2017-05-12；国家市场监督管理总局，中国国家标准化管理委员会. 绿色工厂评价通则 [S/OL]. 中国政府网，2018-05-14.

长率、销售增长率、供应链总运营成本等指标来衡量。

客户服务维度不仅反映绿色供应链的持续改进，还是促进整个行业良好发展的要素。将客户的利益放在首位是企业追求的目标之一，理解客户的需要、满足客户的需要也是体现绿色供应链经济绩效的途径之一。主要通过客户满意度、客户市场占有率、订单完成率、客户忠诚度等指标来衡量。

业务流程维度最为直观地反映绿色供应链各个环节可能出现的错误和问题。业务流程在供应链体系属于闭环操作，能扩张延伸到供应链的每一个环节。业务流程的优劣直接影响企业对内的经济效益，同时影响企业对外的融资、规模的扩张和企业的形象。业务流程维度主要通过产销率、产需率、生产附加值率、流转时间效率、供应链柔性、信息共享率等指标来衡量。

学习与创新能力维度体现了绿色供应链的增长潜力。创新能力的提高可以增强供应链企业开发能力，提升供应链企业现有流程运作效率，将有利于整合内外部资源，在全球竞争中占据强有力的优势。学习与创新能力维度主要通过研究与开发的投入回报率、新产品销售收入比率等指标来衡量。

（二）社会绩效

企业社会责任理论要求企业不仅要有职业道德，还要遵守法律法规；不但要争取更多利益，还要为社会谋得福利；不但要加大力度生产，还要保证生产的安全性、环保性；不但要维护自身权益，还要将消费者权益放在重要位置；等等。社会绩效综合考虑了供应链的社会成本，即由绿色产品生产、环境保护、产品的回收以及资源再利用、履行社会责任所带来的供应链的额外成本耗费。从企业社会责任理论的角度来看，社会绩效主要从对股东的责任、对债权人的责任、对员工的责任、对政府的责任、对消费者的责任 5 方面进行评价。

对股东的责任。企业应严格遵守有关法律规定，对股东的资金安全和收益负责，力争给股东以丰厚的投资回报。企业有责任向股东提供真实、可靠的经营和投资方面的信息，不得欺骗投资者。对股东的责任可以通过每股收益、每股净资产、净资产收益率等指标来衡量。

对债权人的责任。企业对债权人应当严格遵守合约，努力做到不轻易约定，约定了以后不轻易损毁合作关系。在时间上不延迟，在数量上不作假，在利益面前不虚伪，在承诺中不夸大，有信誉、有信用。对债权人的责任可以通过流动比率、速动比率、资产负债率等指标来衡量。

对员工的责任。企业的社会责任感体现在员工的福利、安全和培训员工的财务资源上。企业愿意承担更多的责任，在业界收获较好的声誉，就会有更多的人才和资源流入该企业。对员工的责任可以通过员工收入提高率、员工福利与社保提取率、员工人均年教育经费率、职业健康与安全的投入水平等指标来衡量。

对政府的责任。企业对政府承担的社会责任，除按时按量纳税之外，还要支持政府各个职能部门办事章程，多做公益、多参加慈善活动，严格遵守规章制度，有效改善企业员工的社会保障等。对政府责任可以通过社会贡献率、社会积累率、社会负担系数等指标来衡量。

对消费者的责任。消费者是企业服务的对象，是企业接触范围最广、数量最多、地位最为重要、方式最直接、影响最大的利益群体，企业需要对消费者尽量做到信息公开，给予消费者自主选择的权力，提供质量合格的产品，不做虚假宣传，平等、公平对待，等价交换，合理售后。对消费者的责任可以通过产品返修率、消费者投诉率、产品价格率、准时交货率、产品售后服务质量、广告真实性等指标来衡量。

（三）环境绩效

绿色供应链重视利益相关者，将消费者、员工也同样放在重要位置加以综合对企业做出评价，更重要的是重视环境保护。环境日趋恶化所产生的严重影响是企业无法回避的现实，绿色供应链中必须加大力度关注环境绩效。通过合理利用资源、节约能源、合理回收与利用废弃物，以达到对环境的负影响最小。绿色供应链管理的环境绩效主要从资源利用率、资源回收利用率、环境影响度及环境声誉4方面进行评价。

资源利用率是衡量绿色供应链对供应链系统内部资源使用比例的指标，不管是从成本控制的角度，还是从资源充分利用、减少资源浪费的角度，都希望资源利用率高，减少资源消耗和浪费，实现供应链的绿色化，提高供应链的绿色化程度。

资源回收利用率。绿色环保的一个重要理念和途径就是变废为宝，将废弃物进行回收利用或是循环使用，发展循环经济，减少废弃物对外部环境的伤害，同时又可以缓解当前资源和能源的枯竭的现状。

环境影响度。供应链运作需要消耗各种资源，同时产生各种废弃物，对外部环境造成直接的影响，这是绿色供应链绩效评价中最直接和重要的指标之一。以绿色供应链系统对外部环境排放的"三废"（固体废弃物、液体废弃物和气体废弃物）的总量为环境影响度的衡量与计算指标，该项指标为负向指标。

环境声誉。随着消费者环保意识的日益增强，消费者对具有环保标志的产品和服务具有较强的信任感和较高的满意度，在绿色和环境保护方面做得比较突出的供应链将会受到消费者青睐，其产品与服务的声誉和品牌影响度也将受到正面影响。

绿色供应链绩效评价旨在确保供应链的良好运行，其出发点也是建立在减少对环境的损害的基础上，对整个绿色供应链的废弃物和能量环境排放进行评估，找出问题，寻求最佳决策方案。绿色供应链管理绩效的评价内容涉及四方面。① 首先，绿色供应链内各企业的评价。绿色供应链是由各企业构成的链内节点的网络关系。从供应链的整体角度出发，掌握企业的自身特点对业绩的评估是绿色供应系统评估的主要组成。其次，每个企业在绿色供应链系统中的合作联系评估。利用客户满意程度来对供应链的上下游企业间关系的好坏进行评估。绿色供应链上下游企业之间的战略联盟是长期存在的，这种联盟关系能够保障长期可靠、稳定的物流渠道，从而提高绿色供应链上的增长效益。再次，绿色供应链内各企业的激励关系评价。激励关系是围绕供应链内部和供应链背景而言的，核心企业实施绿色供应链对其他非核心企业的供应链管理的影响是有激励作用的，供应链上游对下游有激励作用，中游对下游也有激励作用，各个承载主体之间也会存在这种关系。最后，整个绿色供应链综合绩效评价。综合绩效评价以整个绿色供应链为评价对象，而不局限于节点企业，可以对整个绿色供应链运行状况进行全面了解，为绿色供应链本身找出问题、提出解决策略提供重要依据，从而保证绿色供应链的健康发展。

二、绿色供应链管理的风险

绿色供应链是多环节的复杂系统，其运作过程中难免出现各种风险。绿色供应链的风险是指由于供应链中各种不确定的因素而使其自身具有脆弱性，导致供应链机能失调乃至中断，企业的实际收益与预期有所差异，从而使企业存在遭受损失的可能性。绿色供应链的风险可以从外部环境风险、内部流程风险

① 郑浩然. 绿色供应链绩效评价指标体系研究 [D]. 湘潭：湖南科技大学，2016.

和企业合作风险三方面分析。

（一）外部环境风险

绿色供应链的外部环境风险是指由企业外部环境因素引起的，对绿色供应链各节点企业产生损失的风险，主要有环境风险、环保法律政策风险、经济风险等三方面。[①] 环境风险包括自然环境和意外事故等风险。台风、地震、洪涝和沙尘暴等自然灾害的发生具有不确定性，这一因素增加了绿色供应链中断的可能性。意外事故是指企业员工以及相关人员在生产产品、运输配送以及生活等活动中发生的未预料到的事件。这些意外事件的发生对绿色供应链运营带来的毁坏性是企业不能提前预测的。

环保法律政策风险。国家颁布新的环保法律政策以及对现有法律政策的进一步修订、完善，可能影响企业的正常经营。虽然这些环保法律法规政策在一定程度上调动了企业参与绿色供应链管理的积极性，加强了国家对市场中的企业绿色发展的监督和管理，但环保法律法规政策在制定、修改过程中存在的不确定性因素，有可能给绿色供应链带来不确定的风险。

经济风险包含经济周期风险和汇率风险。经济增长率比较频繁的波动会抑制经济的发展。经济在周期内的上下波动，都会在不同程度对企业产品生产及市场消费产生影响，从而导致绿色供应链没有达到预期效果。汇率变化的不确定性也可能造成企业的损失。汇率波动不可避免地对企业的成本产生影响，造成企业的资金流失以及不能实现绿色供应链的预期目标。

（二）内部流程风险

内部流程风险是绿色供应链企业本身的风险，包含了企业绿色战略计划风险、零部件采购风险、绿色制造过程风险、绿色营销环节风险以及绿色配送风险等。

企业绿色战略计划风险。绿色战略计划的不准确、计划缺乏长远敏捷性和时效性会影响绿色战略计划。如果供应链各节点企业的战略目标没有达成一致或者企业战略投资的失败都会影响企业战略目标的实现。如果企业的绿色战略决策出现失误，则会导致企业战略投资失败，资金链出现问题，进而影响绿色

---

① 张东英.G公司绿色供应链风险管理研究［D］.哈尔滨：哈尔滨理工大学，2019.

供应链的运作。

零部件采购风险。绿色供应链上游供应商以及供应商的供应商，是保证生产连续性的基础。零部件的采购价格、是否符合环保标准、可回收性、采购质量、交货延迟等因素会对绿色供应链产生影响。在进行绿色环保零部件的采购时，往往会选择可以回收再利用的高价格环保零部件，这使企业采购成本过高而丧失市场竞争力，降低企业产品的出售率，给企业带来经济损失，从而影响整条绿色供应链的效益。

绿色制造过程风险。制造过程作为绿色供应链的核心环节，对生产的产品是否满足用户的环保需求具有决定性的作用。绿色设计不合理、绿色产品生产成本过高、新引进流水线设备调试、生产人员岗位调配、产品质量等是影响绿色供应链的风险因素。若企业对绿色产品成本或库存控制不合理，将会对正常生产活动和连续性的产品供应产生不利影响，进而对整个绿色供应链正常运营造成严重的破坏。

绿色营销环节风险。市场信息反馈、市场意识环境、关键人员离职等是影响绿色供应链的主要风险因素。在多样化的消费需求环境下，销售商必须及时反馈销售情况，才能让企业在获取实际销售情况的基础上，合理规划用于产品生产的资金和资源，提高利用效率。消费者的绿色消费意识淡薄以及对绿色产品的认可度比较低会影响产品的销售数量，进而影响经济效益以及绿色供应链的绩效。

绿色配送风险。绿色配送流程需要考虑需求波动、物流环境、协同能力与人员管理及产品召回等因素。在配送流程中，销售市场的波动是绿色配送风险主要的风险来源。绿色产品的价格相对较高和在激烈的市场竞争中往往追求经济效益，使绿色产品企业占据下风。如果选择的绿色节能型配送工具或者配送体系设计不科学，可能导致产品不能及时的送达，容易因产品缺货而带来经济损失。操作人员的责任心、业务水平以及对企业的忠诚度低，易导致产品在装卸或者流通加工中破损或达不到预期价值。

（三）企业合作风险

绿色供应链各节点企业在合作过程中如果彼此缺乏沟通或者传递信息不通畅会造成各节点企业产生合作风险。合作伙伴关系、信息风险是影响绿色供应链企业合作的主要风险因素。

合作伙伴关系风险。供应链上的核心企业与其合作伙伴的关系是在自身利益驱动的基础上建立和维持的。合作企业间相互不信任可能使绿色供应链达不到预期目标。如果核心企业只追求自身的利益最大化，合作企业没有得到自己预期的利益，合作企业就会认为利益分配不合理，从而在合作过程中故意不合作或消极懈怠，导致绿色供应链的运作效率降低。

信息风险。绿色供应链信息风险分为两大类，一是由信息本身的不确定性引起的风险；二是信息在传递过程中发生扭曲引起的风险。绿色供应链各节点企业依据自身掌握的信息来制订企业战略计划。如果企业对信息不能充分、准确地共享，很可能导致管理人员的决策失误，进而发生质量不合格、延迟交货、库存积压、产品报废等问题，造成绿色供应链上资源浪费以及整个供应链运作效率低下，且增加企业成本，最终可能导致绿色供应链的破裂。

三、绿色供应链管理的策略

为实现经济效益、社会效益和环境效益，提高绿色供应链的竞争力，企业必须实施环境管理，将环境管理整合到供应链管理中来，实现整条供应链的"绿色化"，从本质上规避绿色供应链存在的不确定性风险。

（一）提高绿色供应链的运营效率

首先，重视柔性化设计，提高绿色供应链的弹性。需求波动幅度对绿色供应链正常运行影响比较大，为将风险影响控制到最低，应加强柔性化设计，维持绿色供应链的弹性，满足消费者的不同需求。在合同设计中保持产品的生产和设计柔性化，及时传递供给和需求的信息，根据不同产品以及客户的服务水平等标准来保持一定合理的产品库存量，以消除外界环境不确定性的影响，在注重效率的同时仍应保持供应链适度弹性。当市场中的需求超出预定的额度时，能够及时地生产出增加的生产量，避免因缺货而导致绿色供应链运行效率的降低。

其次，加强绿色环保技术和设施的应用。为了更好地治理环境污染和处理工业废弃物，符合绿色、可持续发展的方针，可以对原有设备进行改造或技术创新，使生产更清洁、对资源能源的利用效率更高、环境污染达到最小，同时也降低因处理企业三废产生的各项费用，从而提高绿色生产水平，落实绿色发展的战略。① 绿色技术水平、环保设备的运行是绿色供应链的高风险因素，应加强绿色技术的开发并合理地利用绿色技术，在引进或开发中适当调整其技术难度，做好工作培训，减少技术使用不当以及创新不足等一系列的问题。

最后，加强绿色技术人才的培养。绿色技术水平、绿色设计人才属于高风险等级因素。为实现绿色供应链的平稳运行，加强对其风险的控制，企业应加强对人才的培养，定期开展有关绿色供应链相关管理技能的培训，使员工充分发挥自身的才能，做到学有所用。拓宽人才培养渠道，开展各项绿色供应链风险管理教育，加强绿色供应链风险管理意识，以人才引领绿色可持续性发展。

（二）建立绿色供应链战略合作关系

通过建立战略合作关系，充分利用合作伙伴各自的核心资源，从而实现优势互补、信息共享。最大限度地发掘绿色供应链的整体效能，才能够适应新的环境变化且在市场竞争中保持优势。

首先，优化绿色供应链合作伙伴选择，建立长期的战略合作伙伴关系。一方面，充分利用各自的互补性以发挥合作竞争优势，另一方面，考虑伙伴的合作成本与敏捷性，以提高绿色供应链的协同性和运作效率。核心企业要加强对供应链节点企业的风险管理，向节点企业提供技术和管理上的支持，不断提高节点企业的生产和管理水平，降低节点企业自身的不确定性，并通过对节点企业风险的识别与判断，进行风险调整和优化，大大加强整个绿色供应链的风险控制。

其次，建立有效的绩效评价和激励机制。除对企业内外部运作的基本评价之外，应共同制订相应的风险规避以及应急计划，给予有效的绿色技术方法和风险管理支持，也可以通过绿色环境考评对表现突出的合作伙伴给予一定量的奖励。另外，还需关注对外部供应链的测控，并且注重产品是否符合绿色环保指标等。完善利润分配机制，使合作伙伴企业间进行公平合理的分配，充分调动合作伙伴企业的积极性，优化绿色供应链的运行环境。

最后，建立信任机制。签订长期的供货合同，解决合作伙伴之间的交易成本以及代理混乱等问题。定期开展有效的企业交流活动，加强合作伙伴对生产

---

① 张东英 . G 公司绿色供应链风险管理研究 ［D］. 哈尔滨：哈尔滨理工大学，2019.

进度以及库存等生产运作状况的了解，增强企业合作的意愿，使绿色供应链更具灵活性，降低合作关系的各种风险。加大环保和绿色发展理念的宣传力度，提高对资源的优化利用效率，与合作伙伴确立共同的绿色供应链价值观，减少各节点企业间的文化冲突，并在价值观相同的基础上探讨、制定绿色供应链上各节点企业的各项战略目标，提高绿色供应链风险意识。

(三) 加强信息共享力度

首先，完善网络信息系统平台，实现绿色供应链内的信息共享。充分利用网络优势，将环境信息与其他信息有机集成，实现企业内部的数据对接，以及合作伙伴之间的信息分享，进而降低绿色供应链的风险。加强行业内或与政府等相关组织的合作，充分利用网络技术，构建包括国内外绿色生产技术、绿色运输、绿色材料、绿色管理技术等资源数据库在内的支持本行业绿色供应链的网络化信息系统平台，在供应链成员间充分实现绿色信息共享，为绿色供应链管理的有效实施奠定基础。

其次，提高信息的监督管理，加强网络基础设施安全。为避免信息在供应链运作环境中传递失真等一系列问题，确保绿色供应链的网络数据完整与安全，应加强对信息的有效监督和管理。建立有效的惩罚机制，发现绿色供应链上企业成员故意提交错误的信息，则严厉惩处，从而避免企业成员抱有侥幸心理的情况。对采购订单建立到采购信息修改的全过程进行监控，确保信息源的准确无误，增强信息传递的透明度，降低绿色供应链风险。

(四) 构建风险预警与应急机制

建立相应的预警系统与应急系统。对企业存在的绿色供应链风险进行识别、评价与管理，从而促进整条供应链有效平稳地持续运行，实现供应链绿色合作企业间利益共享、风险共担。对于一些破坏性大的事件，可预先制定应变措施，制定应对突发事件的工作流程。同时，要建立一整套预警评价指标体系，应急系统及时对紧急、突发的事件进行应急处理，以避免给供应链企业之间带来严重后果。

将有专业技能知识的人员进行组合，成立风险应急处理小组。小组成员应该具备相应的知识和应对对策，针对一些偶然发生、对企业破坏极大的风险状况，需提前制订风险应对方案。应急小组应加强与供应链各节点企业相关人员的沟通交流，减少各种企业文化间的差异性，营造互利、互惠和互助的氛围，以更好地处理与其他企业间潜藏的风险隐患，提前做好针对风险的预测和应对措施。

第八章

环境规制与工业绿色发展

合理制定环境规制政策是一个国家或地区可持续发展的关键。环境规制通过影响技术进步与生产成本两方面作用于工业绿色发展。环境规制能够刺激企业进行 R&D 投资，增强企业节能减排技术以及工艺创新的动力，降低非期望产出，同时环境规制还能通过市场淘汰机制改变低效率、高污染企业的区位选择，提高工业绿色发展水平。另外，环境规制会增加企业污染治理成本和环境服从成本，间接地对企业绿色生产率产生抑制作用，可能会阻碍企业新产品与新技术研发。

第一节 环境规制的内涵

一、环境规制的概念

环境规制是为了解决市场失灵情况下环境污染所产生的负外部性问题，满足人们对改善环境的需要而产生的。环境规制可视为政府职能部门为预防和控制污染、保护生态环境而对市场经济活动采取的一系列干预或约束行为，是政府实施环境管理的主要手段，主要包括许可证制度、环境禁令等规制工具。在政府行政手段的基础上，环境规制向市场机制下拓展的经济手段，既包括政府"有形的手"，对环境污染进行直接和间接的干预，又包括市场"无形的手"，通过市场机制对环境资源进行调整和治理。随着人们环境保护意识的增强，相对于政府强制的行政手段，以及市场机制下的间接规制和调控等显性环境规制，一些依赖于经济社会主体的环保意识和环保素养的隐性环境规制也逐渐受到关注，隐形的环境规制主要是指自愿型环境规制。[①] 例如，社会舆论对环境污染事件披露的透明度和社会公众对环境污染状况的关注度，以无形的方式给相关政府和排污企业带来了巨大的压力，而这种无形压力就是"非正式性"环境规制的一种重要表现形式，越来越受到人们的普遍关注。

环境规制的表现形式包括环境制度、环境保护政策、环境检查和监测、环境信息公开、环境标准、环境法律法规、环境税费、环保补贴、排污权交易、生态补偿机制等内容。因此，与环境规制有关的环境法律、法令、条例、规划、计划、管理办法与措施等可视为环境规制政策，它是政府在特定时期为保护环境而规定的行为准则。本质上看，环境规制政策是可持续发展战略和环境保护战略的具体化，是诱导、约束、协调环境规制对象的观念和行为的准则，是实现可持续发展战略目标的定向管理手段。[②] 环境规制的主旨并不是完全消除环境污染或者完全停止经济增长，而是在生态环境的承载力范围内，寻求经济增长与环境质量兼容的发展模式。[③] 因此，合理制定环境规制政策是一个国家或地区可持续发展的关键。

综上所述，环境规制是为了实现环境保护与经济社会的可持续发展，由社会、组织、企业及个人等共同参与的，通过制定并实施有益于环境治理和保护的一切有形或无形的规章制度，是针对导致环境污染的组织或个人的活动进行的一种约束和调控。政府在实施环境规制时，既要考虑对污染者的行为约束，也要考虑对一般社会公众乃至环保主义者的影响。

二、环境规制的类型

按照规制作用对象的不同，环境规制通常分为三类，一是直接经济干预，如价格管制、产权管制和合同规定限制等；二是生产者决策约束，即通过影响企业行为决策，加强供给层面的硬性制约，如生产工艺规定、"三废"（废水、废气、固体废物）排放规定和产品的环保、质量、耐用性和安全性等特性规定；三是消费者行为约束，即通过影响消费者的行为决策，从需求层面加强限制。

按照规制程度，环境规制可分为正式环境规制和非正式环境规制，前者又

---

① 胡威. 环境规制与碳生产率变动 [D]. 武汉：武汉大学，2016.
② 张天悦. 环境规制的绿色创新激励研究 [D]. 北京：中国社会科学院研究生院，2014.
③ 李慧君. 中国工业经济的绿色转型 [D]. 武汉：华中科技大学，2018.

按照对企业行为约束方式的不同，分为命令控制型和市场激励型。基于政府行为的不同，分为命令控制型、市场激励型、信息披露型、自愿规范型和商业—政府合作型。从国际贸易的角度，分为出口国环境规制、进口国环境规制和多边环境规制。根据管制执行的严格程度，分为障碍式规制与合作式规制。基于环境规制含义的界定，分为显性环境规制和隐性环境规制，其中，前者指以环境保护为目标，以个人和组织为规制对象，以各种有形的法律、规定或协议为存在形式的一种约束力量；后者指内在于个体的、无形的环保观念、环保意识和环境认知等自主约束。

按照政策实施途径与方式，可将环境规制政策分为四种。利用市场，包括环境税费、环境补贴、市场债券、押金返还制度等；建立市场，包括完善产权制度、私有化和权力分散、排污权交易、国际补偿制度等；利用环境法规，包括环境法、标准、禁令、许可证和配额等；社会动员，针对公众或组织，包括宣传、教育等形式。

根据政策作用方式和性质的差异，可将环境规制政策分为直接规制、间接规制和自我规制三类。直接规制政策指在国家法律体系的支撑下，通过制定和实施各类环境法律法规以实现环境保护的政策手段。间接规制政策则基于市场的自主调节方式，以"资源有偿使用""污染者付费"等为原则将资源开发和环境保护纳入市场经济体系。自我规制政策主要指为鼓励社会公众、非政府组织和企业参与环境保护行动而采取的宣传、教育与培训、合作与交流等手段。

按照政策作用范围的大小，将环境规制政策从行业层面、全局层面、区域层面以及国家层面进行划分。① 此外，经济合作与发展组织（OECD）按照其对技术创新的影响，将环境规制政策分为基于绩效的管制、基于过程的管制、差别管制、经济手段、标准性管制、自愿行动类管制、法规和指引、第三方认证以及教育计划、信息公开九类。

第二节　环境规制的必要性

关于环境规制与企业竞争力的关系，学术界一直存在两种对立的观点。一

---

① 张天悦. 环境规制的绿色创新激励研究［D］. 北京：中国社会科学院，2014.

种是认为规制政策会增加企业的生产成本进而削弱其市场竞争力，使企业利益与社会利益难以兼顾的零和观点；另一种基于动态角度指出，企业在规制政策的引导下进行绿色创新并最终实现高利润与"绿色生产"的双赢格局，即波特假说。

一、基于零和观点的新古典经济学

传统的新古典经济学认为，环境保护与经济增长之间存在一种隐含的抵消关系，严格的环境规制产生的社会效益会增加企业的私人成本从而降低其竞争力，并最终影响一国的国际竞争力。环境保护迫使企业增加在设备、生产和管理上的投入和约束，使负面环境影响的承担者由原先的社会公众转为产生污染的企业或消费者，这种外部环境成本的内部化无疑将提高企业的生产成本，继而降低产出水平和竞争优势。这一过程主要源于环境规制政策的两个效应，即挤出效应和约束效应。环境政策或者规定在污染排放上达到标准或一定限额，或者规定生产工艺及产品符合环保要求，为此企业需要增加与环保相关的人力、物力和财力投入。通常情况下，用于环境保护的投资效率低于其他方面的投资效率，因此当资金有限时，新增的环保投资就对其他投资形成挤出效应，导致企业整体收益的降低。同时，环境政策会对企业的生产决策与管理行为带来新的约束，可能导致生产决策范围的缩小或管理难度的增大，造成环境政策的约束效应。可见，环境政策增加的成本包括两方面，一是直接用于环境保护的投资，如购买污染控制设备或技术、设备操作和管理的人员费用、缴纳造成环境损害的污染税费等；二是间接导致的管理费用，一系列污染控制减排措施增加了生产工艺的复杂性和管理难度，使相应的管理费用也在不断上升。

强制性的污染控制措施会妨碍企业技术创新和生产率的提高。管理者对环境政策的过多关注和遵从，可能会影响企业的竞争战略和长远发展。此外，实施环境规制带来的其他消极影响还包括：（1）导致企业竞争力下降。企业为遵守环境规制致使其产品价格上涨，市场份额和竞争优势也在逐步减少。（2）推动污染行业的区域转移。受成本驱动的影响，企业会倾向于从环境规制较为严格的国家或地区转移至相对宽松的国家或地区，进而形成以环境敏感型产业为代表的相关产业区域性转移。（3）影响相关企业的区位选择。企业兼顾环境效益导致边际成本变化，还会影响企业的区位决策，较高的环境标准将削减所在地区的投资吸引力。

二、基于双赢观点的波特假说

美国哈佛大学教授 M. 波特（Michael E. Porter）于 1991 年提出了著名的"波特假说"，完全颠覆了传统新古典经济学关于环境保护问题的理论框架。[①] 波特和其合作者范得林德（van der Linde）通过案例研究指出，更加严格但设计恰当的环境规制（特别是基于市场的环境政策如税收、污染排放许可等）能够激励创新并能部分甚至完全抵消遵循环境规制的成本，使厂商在国际市场上更具竞争优势，这被称为"波特假说"。

1995 年，波特与范得林德又针对环境保护通过创新以提升竞争力的运作机制进行深入研究，进一步完善了上述假说。[②] 他们指出，严格的环境规制能够刺激绿色技术创新并提高企业改进效率，继而加快创新活动和经济增长，因此环境规制可以使企业同时实现产品高利润和"绿色生产"的双赢局面。严厉的环境政策将是发展中国家获取未来竞争优势的重要途径之一。

波特认为，适当的环境规制可以激励企业创新行为，并对企业的生产成本产生创新补偿效应，弥补生产成本增加带来的损失，甚至可以产生净收益。环境规制对企业技术创新至少存在多方面的影响，例如，提高生产废弃物利用效率的潜在创新；降低环境风险来增加企业技术创新投资的意愿；作为企业技术创新的动力来源；为新技术的验证和学习过渡提供必要缓冲期；创新补偿效应短期不一定有效；环境规制信息交流导致谋求更低的生产成本。在环境规制的约束下，企业为了消化其内部的环境成本，必须积极改变原有生产方式，并探索更加具有竞争优势的绿色生产。因此，科学合理的环境政策可以激发企业的创新效益，不仅可以在一定程度上抵消新增的环境成本，还可以较其他企业获得更多的竞争优势，如创新优势、效率优势、先发优势和整合优势等。

自波特提出这一假说后，又有很多学者基于不同视角对其进行了解释和修正。综合来看，波特假说的主要内容表现为以下四方面。

---

① PORTER M E. America's green strategy [J]. Scientific American, 1991, 264 (4): 168-264.

② PORTER M E, LINDE C V D. Toward a new-conception of the environment competitiveness relationship [J]. The Journal of Economic Perspectives, 1995 (4): 97-118.

（一）环境保护和竞争力提升可以实现共赢

波特等学者指出，环境保护与经济增长并不一定存在冲突，竞争力提升与环境政策并没有直接联系。一方面，企业的环境成本在总成本中的占比很低，几乎不会对企业竞争力造成负面影响；另一方面，持续的创新能力和效率改进比单纯追求低生产成本具有更长久和稳定的竞争优势，而环境规制可以使企业意识到资源利用效率不高并为其指明技术改进方向。因此，适宜的环境政策不仅加强了环境保护，还有助于国家竞争力的提升。

（二）注重环境政策对于创新和效率改进的动态影响

不可否认，企业为了遵守环境规制、加强污染防治，短期内肯定会由于环境税费、购置治污设备等造成环境成本的增加，进而导致市场竞争力下降。特别是在国际市场中，由于各国执行的环境标准差异较大，那些污染密集型产业会因短期的成本变动而失去竞争优势。但从长期来看，这种成本上升的负面影响将会随着企业的创新活动和效率改进而逐渐抵消，而且还会由于符合绿色生产和绿色消费理念而形成新的更具发展潜力的竞争优势。环境规制的实施可以有效激发企业在减少原材料投入、能源消耗和污染物排放等环节的工艺改进和技术创新，以改善产品质量、降低生产成本、强化环保理念，最终形成环境保护与竞争力提升的双赢局面。

（三）政府是推动企业绿色创新的重要主体

首先，政府通过出台各类环境政策，能够帮助企业明确市场潜在空间或机会，提升企业对环境保护方面的投资热情。其次，政府能够为企业的绿色创新提供保障，有利于降低环保投资的不确定性。各类环境政策的出台与实施，不仅保证了政策与制度环境的稳定性，还能使企业从宏观层面对其创新活动和效率改进做出判断，从而降低环境技术研发的不确定性。最后，环境政策还会使企业形成一种先发优势。随着低污染、低能耗的绿色产品越来越受到市场的欢迎，相关的生产企业通过这种绿色创新而不断开辟新市场。此外，作为一种外界刺激因素和信号，环境政策还能改变传统的竞争环境。

（四）适当的环境政策有助于推动绿色创新

波特认为，那些标准较低或设计不够严格的环境政策，不仅难以激发绿色创新活动，反而只会增加企业的生产成本。相反，经过合理设计且具有一定严格性的环境政策将极大激励企业的创新行为，并在长期内发挥创新补偿效应，使其净成本不断下降，最终形成一定的市场竞争优势。要激发企业技术创新意愿，环境规制政策必须具备三方面的特征。第一，为技术创新行为的发生创造可能性；第二，环境规制强度持续性地提高；第三，环境规制过程尽可能为不确定性留有空间。①

三、环境规制对经济增长的影响

关于环境规制对经济增长的影响，有两种不同看法。一是"遵循成本"效应，即企业为遵守环境规制，会分配部分经费去治理环境污染，从而加重企业的成本负担，无法实行经济效益最大化战略，从而削弱企业的创新力和竞争力。另一种是"创新补偿"效应，即强调经济增长是一个动态过程，在短期内，环境规制会占用一定的生产资源用于环境治理，造成一定的经济损失。然而在长期内，严格且合理的环境规制一方面会直接激励企业主动提高生产效率，改善生产技术，从而实现节能减排目标；另一方面，也会促使市场优化资源配置，升级产业结构，从而转变经济增长方式向集约式发展，最终实现环境质量与经济增长的双赢。无论是"遵循成本"还是"创新补偿"，有一点共识，即环境规制已经成为各国既定的发展战略，且随着日益严重的环境问题，环境规制力度在不断加大，环境规制工具也在不断丰富。

当环境规制的"创新补偿"效应大于"遵循成本"效应时，企业能有效通过促进技术进步来推动工业绿色转型的进程。具体体现在三方面，一是技术进步能实现对传统制造工艺、设备等的改进和更新，极大地减少企业的污染治理成本；二是政府对积极进行污染治理的企业提供大量的政策支持，包括国家制度倾斜、融资税收优惠政策以及相应的补贴政策；三是随着公众环保意识的逐渐增强，大部分消费者更偏好于购买环境友好产品以保证健康的生活质量，企业为满足消费者需求会通过增加研发资金投入、引进高技术人才等促进技术进

---

① 张天悦. 环境规制的绿色创新激励研究［D］. 北京：中国社会科学院，2014.

步的方式加快工业绿色转型进程。

当环境规制处于较低水平时，较弱的环境规制强度使企业在污染排放过程中产生的环境支付成本占企业总生产成本的比例较低，企业缺乏为降低环境污染而进行生产与排污技术革新的动力。同时，企业为了获取数量型增长，往往会将部分绿色技术创新经费用于扩大生产规模，势必削弱企业的绿色创新研发力度，此时环境规制的"创新补偿"效应较低，难以有效促进工业绿色发展水平的提高。随着环境规制强度的不断提高，治污成本在企业总成本中所占的比例逐渐增大，企业不得不考虑通过管理制度与绿色技术创新来达到节能减排的目的。而且，严格的环境规制造成的高生产成本会淘汰部分高耗能企业，特别是小微企业，低耗能高收益企业市场集中度进一步提高，节能减排以及绿色技术创新成果显著，从而提高工业绿色发展水平。

第三节　环境规制工具

环境规制是面对环境污染，政府适应经济社会发展要求和民众对美好生活的诉求，在"市场失灵"的情况下，使用政策工具来对污染产业进行约束和管制。政策工具可以理解为制度规则的组合或具体的制度安排。环境规制工具是为了解决环境问题、实现环境规制目标的一系列制度规则或安排。如何合理制定环境规制、实现环境质量与经济增长双赢成为当前可持续发展研究的关键。

一、环境规制工具的类型

参考经济合作与发展组织（OECD）的分类方法，按照激励手段与方式划分，用于绿色创新激励的环境规制工具大致分为命令控制类（CAC）、经济与市场导向类（MBI）和自愿协议与信息工具类（IBR）三种类型，分别涉及政府、企业与公众三个维度，可以较为全面地反映环境规制内涵。[①] 这三种环境规制工具类型发挥作用的主体并不相同，作用于工业绿色发展的影响渠道也存在差异，因此在执行规则、强制性、作用时间与效果上就会不同，从而影响企业的排污动机以及绿色创新的积极性，进一步影响工业绿色发展。

---

① 张天悦. 环境规制的绿色创新激励研究［D］. 北京：中国社会科学院，2014.

（一）命令控制型工具

命令控制型（CAC，Command and Control）政策是指各级行政部门为控制和预防环境污染，依据相关法律法规和制度标准对生产主体的环境行为进行管制。这类政策以环境政策、法律制度为主体，具有一定的强制性、严格性和普遍性，但经济效率不高且难以持续改进，具体手段包括市场准入、产品禁令、标准、排污许可和配额、工艺管制、环境和技术管理等。

市场准入，即特定市场主体或消费产品进入市场的程度许可。一方面，针对那些对环境和人体健康产生重要影响的产品，例如药品、保健品、杀虫剂和有毒化学品的市场准入制度已被广泛应用。另一方面，针对某些生产企业，项目必须经过环保部门审核，达到环境影响评价标准才可批准。市场准入制度强调了企业或产品入市前的技术积累和环保性能，有利于强化技术创新的深度，提升产品的环境和技术质量。

产品禁令，即严格禁止对环境和人体健康有重大危害的产品进入市场，这是所有环境规制工具中强制性最高的。主要针对在生产或使用过程中产生极大环境和健康危害的有毒有害化学品。被禁止的产品通常具有成熟的市场形态，由于该产品的技术或工艺已基本成熟，禁令将会带来较大的经济风险和技术风险，但也会引致不同程度的技术变革，或是现有产品与工艺的替代，或是工艺流程的渐进性创新，甚至是产业结构的根本性创新。

标准，主要有三类。第一，技术规范或标准，当市场上存在多种环境技术或产品的激烈竞争时，技术规范能够使符合规范的技术或产品获得更高的市场占有率，并刺激其他竞争者基于当前技术规范进行新一轮创新。第二，排放绩效标准，主要针对排放废水、废气、废渣的"三废"部门，通过严格的环境绩效标准刺激排污企业的环保技术需求，同时由于未对达标技术做出限制，企业具有很大灵活性，因此能够有效推进绿色创新。第三，产品标准，是在一定时期内和一定范围内具有约束力的产品技术准则，是产品生产、质量检验、选购验收、使用维护和洽谈贸易的技术依据。

排污许可，用于检查工业技术状况和环境法规的执行情况，鼓励公众监督企业的污染排放，促进受环境影响的相关主体参与决策过程。排污许可通常针对废水、废气和固体废弃物的排放。当自身技术水平无法满足许可要求时，企业只有通过引进或自主创新获得先进技术才能重新得到许可。与此同时，排污许可的决策过程会对其执行效果和激励作用产生重要影响。

生产工艺管制，即对有关生产的工艺流程、设备机器、操作程序等做出严格规定，例如有毒有害化学品的生产过程等。与技术规范相同，这种管制有利于符合规范的工艺或技术的扩散和全面应用。

环境和技术管理，主要包括环境法律法规体系、环境管理体系、技术认证体系、检测体系和管理手段等。

（二）市场导向型工具

市场导向型（MBI，Market-Based Instrument）政策按照环境资源有偿使用和"污染者付费"等原则，侧重于利用市场机制和经济手段来影响市场主体行为，有利于提高效率和灵活性。MBI强调了外部环境成本的内部化，因此是依靠"内部约束"的方式迫使生产者和消费者基于环境要求进行利益调整，形成针对绿色技术创新和资源可持续利用的激励机制。具体政策工具上，可分为创建市场和利用市场两方面。创建市场的有排污权交易、补偿制度等；利用市场则包括环境税费、押金返还制度和专项补贴等。

排污权交易，即排污企业通过环境管制部门获得以排污许可证、排污配额等为表现形式的排污权，并根据一定的市场规则在指定区域内与其他排污者进行拍卖、销售、出租或馈赠等交易，是一种新型的环境规制工具。作为重要的污染控制经济手段，它在规定的污染排放或削减总量控制区域内，节约排污达标总费用，并在整个排污权交易范围内以最小费用实现既定环境目标。

环境补贴，即政府对因执行环境标准而导致治污成本升高的企业进行财政补助，是一种逆向的环境收费。若将环境质量视为商品，环境补贴就是政府为购买这一商品而向企业支付的价格，其形式主要有补助金、环境基金、部门基金、专项基金、长期低息或无息贷款、加速折旧、减免税收等。

环境税费，即对排污者因污染物排放引起的外部环境损失和有关环境容量资源消耗所规定的经济补偿和支付。相比环境政策法规，这一手段能够确立一定的污染削减水平，但这也对收费标准的设计提出较高要求。

押金返还制度，即消费者在购买产品时预先支付一定数量的押金，在消费完毕退回废品时得以返还。这种制度对环境友好行为给予经济效益，对环境破坏行为增加经济成本，体现了污染者付费原则。

（三）信息传递型工具

信息传递型（IBR，Information-Based Remedies）政策主要通过宣传、教育、合作与交流等方式，鼓励公众、非政府组织和企业参与绿色创新。这类政策相对前两类具有更强的导向性、公开性和广泛性。信息传递型工具以公众参与环境保护为基本思路，强调在设计、监督、实施等管理环节加强透明度和公开度，并赋予公众一定的管理权利。

信息披露，即环境管制部门利用各类传播媒介公布环境绩效和环境检测结果，向公众告知有关经济社会活动的环境影响和环境法规的执行情况，旨在鼓励公众监督企业的环境行为，推动企业开展绿色创新。这一制度有效解决了市场信息失灵和信息不对称的问题，为政府加强环境保护提供了有力工具。

自愿协议，即环境管制部门与企业进行协商，就环境改善程度和范围达成一致协议，其中企业承诺减少其产品或生产活动对环境造成的负面影响，自愿进行环境管理创新，但该制度仅能激发渐进式绿色创新，对于根本性创新却很难推进。政策制定者必须同时利用协议手段和引导创新方向，才能有效刺激绿色创新需求。自愿协议也可能导致企业的搭便车行为或消极应对，这对协议的强制力提出一定要求。

技术条约，即政府和企业或企业之间就达到某种技术水平或采用某项技术达成协议。较为常见的是产学研合作的形式，即按照"利益共享、风险共担、优势互补、共同发展"的原则，分别由生产企业、大专院校和科研院所发挥其在技术创新不同阶段的资源优势，通过技术合作进行一系列的创新活动。技术条约带有一定强制性，既能防止自愿协议中的搭便车现象，又能激发企业进行绿色创新或采用新的技术。

网络构建，即在技术提供者、使用者和研究机构之间建立一种多向沟通渠道。通过这种网络，信息交流速度和共享程度得以保障，参与各方能够及时调整技术的实用性和可行性，从而加强合作与联系。网络构建可以同时推进技术的创新和扩散，如丹麦的清洁技术发展计划不仅推动了企业的技术创新和清洁技术的发展，还有助于企业寻找更有效的环境技术解决方案。

环境标志，即由环保机构依据一定的环境标准向有关生产企业颁发证书或某种环境标识，以证明其产品的生产使用及处置等环节均符合环保要求，属于环境友好型产品。环境标志能够引导消费者进行绿色消费，刺激企业开展绿色创新以达到相应的技术和质量要求，并有助于绿色产品市场的建立。

二、环境规制工具的选择

环境规制工具的选择及实施是连接环境目标和环境改进效果的核心环节，决定了环境规制的有效性与实用性。每种环境规制工具在实施过程中都存在一定程度的缺陷，这就要求相关部门在实施环境规制过程中，对各类环境规制工具进行灵活结合，达到最优环境规制强度。命令控制型环境规制通过立法或者行政处罚提高工业企业环境准入门槛，建立环境负面清单，限制重污染工业企业的进入，减少工业企业污染排放，提高资源利用效率，进而提高工业绿色发展水平，具有强制性的特点。市场导向型环境规制主要通过市场的作用，让企业在排污成本与收益之间进行自主选择，决定企业的生产技术水平和排污量，通过价格信号激发企业进行排污技术升级的积极性，实现工业环境效益的最大化。信息传递型环境规制有利于行为主体自发参与和监督环境问题的解决情况，确保环境规制体系运作的有效性和完整性，核心在于通过公众参与、积极反映自身环保诉求来降低政府环境规制成本，具有较强的自愿性特点。但是，信息传递型环境规制离不开政府法律政策的引导以及有关技术标准和监督管理体系的完善，而且这种规制工具发挥作用的时滞性也较强。

环境规制工具的选择是多重因素作用权衡的结果。除了工具的自身特性，不同的政策实施背景如环境问题、技术条件、产业结构、企业特征、制度建设等也对政策的运用提出要求。在解决特定环境问题的过程中，除了要充分体现不同规制工具的自身特性，还要综合考虑来自政府、市场、企业内部等层面的多重因素影响。[①] 同时，环境规制在具体实施时的稳定性、灵活性、严格程度等特征也会影响其绿色创新效应的发挥。这些因素虽然各有侧重，但又相互联系，相互促进，共同影响环境规制工具的选择和组合。

（一）政府层面的影响

政府层面代表相关制度因素的要求和限制。一是环境规制目标。规制工具的优化选择应当始终围绕所确定的政策目标，任何不利于实现环境规制目标的规制工具都要尽量避免。二是环境管理体制。环境管理体制是规制工具选择的

---

① 张天悦. 环境规制的绿色创新激励研究 [D]. 北京：中国社会科学院，2014.

重要参考。只有与现行管理体制相适应的规制工具，才能有效发挥其影响，而健全的管理体制将有助于环境规制工具的有效实施。三是基本法律保障。环境保护法规能够为具体的环境规制手段提供法律依据，也是行政管理部门制定、执行环境规制的主要动力。充分的法律保障是影响环境规制工具选择的核心因素。四是环境监管能力。直接对环境破坏和资源损害行为进行有效监督和惩处是保障命令控制型工具实施的重要前提。

（二）市场层面的影响

市场层面代表经济、社会、生态等主客观环境的发展基础和内在要求。一是经济社会发展水平。经济实力雄厚、社会和谐发展都是孕育新型规制工具的基础保障，也有利于市场型和信息传递型等工具发挥特性。二是环境状况。当前的资源环境现状是环境规章制定与实施的参照前提，选择的规制工具必须与生态环境现状相适应。三是市场竞争。不同的市场竞争结构和信息完备性决定了不同规制工具的优劣，而竞争激烈程度也会影响市场型工具的选择。四是社会需求。包括社会对资源环境的保护需求、对绿色技术的创新需求、对环保产品和服务的消费需求等，这种基于环境友好型的需求导向反映了公众参与水平。五是沟通媒介。沟通渠道是否多样化也是规制工具选择的主要依据之一。

（三）企业层面的影响

企业层面代表企业内部相关特性的要求，对规制工具选择的影响主要体现为企业对不同环境规制的响应。一是企业类型，企业所在部门及其技术成熟度、企业的发展阶段、规模、排污类型、企业在产业链中所处位置等因素都是选择规制工具时需要考虑的因素。二是技术积累，企业对于效率改进和技术创新的态度很大程度上源于其技术积累水平。技术水平较高的企业在应对不同的环境规制工具时更为灵敏。三是创新偏好，企业在产品创新或工艺创新、技术创新或技术扩散、激进式创新或渐进式创新以及主动创新或被动创新等方面的倾向都会影响环境规制工具的选择。四是环保意识，环保理念是企业主动遵守环境规制、开展绿色技术创新的重要前提之一。五是社会形象，企业为了维护自身的社会形象通常也会积极采用新型环境规制工具，以提高社会影响力和综合竞争力。

（四）规制工具的组合应用

环境规制工具在兼顾环境绩效和经济效益的基础上，最大限度地解决某一特定环境问题。环境规制的最终目标是实现经济与环境的协调发展，因此环境规制政策的制定与环境规制工具的选择要满足两个基本条件。第一，控制环境污染在生态系统可承受范围之内，实现环境绩效的改善；第二，在环境改善的基础上兼顾经济增长，实现经济绩效的提高。无论政府施行哪种环境规制工具，其基本目的都是将环境污染成本内部化，从而实现社会福利最大化。

政府在环境规制政策制定中，既要适度加大环境规制强度，又要合理选择环境规制类型，综合采用多种环境规制手段，充分发挥各种环境规制工具的优势并实现环境规制工具之间的协同与互补。从发达国家环境规制经验来看，规制工具组合的实施效果明显优于单个政策。对不同环境规制工具进行组合优化，有利于突破单一手段、单一领域的限制，以"多对多"的施策方式促进共同环境目标的实现。环境规制工具组合，即面向特定的环境治理或生态改善目标，科学选择多个环境规制工具作为实施手段，从而在经济、社会和环境的可持续发展中发挥出最佳效益。

三、中国的环境规制政策

中国是发展中国家，在环保方面虽起步相对较晚但重视程度高，已初步形成了比较完善的环境规制政策体系（见表8-1）。近年来，中国不断加大环境督查力度，提高环境规制强度，以实现环境污染的改善，力图以环境规制倒逼工业绿色转型。面对环境污染和资源短缺的约束，中国强化环境保护，相继出台了以《中华人民共和国环境保护税法》为基础，以《中华人民共和国清洁生产促进法》《中华人民共和国水污染防治法》《中华人民共和国大气污染防治法》《中华人民共和国土壤污染防治法》《中华人民共和国固体废物污染环境防治法》等污染防治立法和《中华人民共和国节约能源法》《中华人民共和国水法》等能源资源保护立法为主体，以《中华人民共和国环境保护税法》《中华人民共和国资源税法》等为配套的法律框架，调控领域涵盖从设计、采购、生产、运输、存储、销售、使用、报废处理到再利用的工业生产全过程，对于推动工业绿色发展起到了积极促进作用。

表 8-1 中国生态环境保护相关法律法规

法律名称	颁布时间	法规名称	颁布时间
《中华人民共和国森林法》	1984（2019 年修订）	《中华人民共和国海洋倾废管理条例》	1985 年（2011 年、2017 年二次修订）
《中华人民共和国水污染防治法》	1984（2008 年修订）	《中华人民共和国民用核设施安全监督管理条例》	1986 年
《中华人民共和国土地管理法》	1986（1998 年修订）	《防止拆船污染环境管理条例》	1988 年（2016 年、2017 年二次修订）
《中华人民共和国水法》	1988（2002 年修订）	《放射性药品管理办法》	1989 年（2011 年、2017 年、2022 年三次修订）
《中华人民共和国环境保护法》	1989 年（2014 年修订）	《中华人民共和国防治海岸工程建设项目污染损害海洋环境管理条例》	1990 年（2007 年、2017 年、2018 年三次修订）
《中华人民共和国环境噪声污染防治法》	1996 年	《中华人民共和国防治陆源污染物污染损害海洋环境管理条例》	1990 年
《中华人民共和国矿产资源法》	1996 年（1996 年、2009 年二次修正）	《核电厂核事故应急管理条例》	1993 年（2011 年修订）
《中华人民共和国煤炭法》	1996 年（2009 年、2011 年、2013 年、2016 年四次修正）	《中华人民共和国自然保护区条例》	1994 年（2011 年、2017 年二次修订）
《中华人民共和国大气污染防治法》	1987 年（2000 年、2015 年二次修订）		
《中华人民共和国渔业法》	1986 年（2000 年、2004 年、2009 年、2013 年四次修正）	《建设项目环境保护管理条例》	1998 年（2017 年修订）

续表

法律名称	颁布时间	法规名称	颁布时间
《中华人民共和国海洋环境保护法》	1982年（2013年、2016年、2017年三次修订）	《危险化学品安全管理条例》	2011年（2013年修订）
《中华人民共和国草原法》	1985年（2009年、2013年、2021年三次修正）	《医疗废物管理条例》	2003年（2011年修订）
《中华人民共和国防沙治沙法》	2001年（2018年修正）	《危险废物经营许可证管理办法》	2004年（2013年、2016年二次修订）
《中华人民共和国海域使用管理法》	2001年	《放射性同位素与射线装置安全和防护条例》	2005年（2014年、2019年二次修订）
《中华人民共和国放射性污染防治法》	2003年	《民用核安全设备监督管理条例》	2007年（2016年、2019年二次修订）
《中华人民共和国环境影响评价法》	2002年（2016年修正）	《全国污染源普查条例》	2007年（2019年修订）
《中华人民共和国清洁生产促进法》	2002年（2012年修正）	《废弃电器电子产品回收处理管理条例》	2009年（2019年修订）
《中华人民共和国政府采购法》	2002年（2014年修正）	《规划环境影响评价条例》	2009年
《中华人民共和国中小企业促进法》	2002年（2017年修订）	《放射性物品运输安全管理条例》	2009年
《中华人民共和国固体废物污染环境防治法》	1995年（2004年、2020年修订）	《防治船舶污染海洋环境管理条例》	2009年（2013年7月、2013年12月、2014年、2016年、2017年、2018年六次修订）
《中华人民共和国可再生能源法》	2005年（2009年修正）	《消耗臭氧层物质管理条例》	2010年（2018年修订）

续表

法律名称	颁布时间	法规名称	颁布时间
《中华人民共和国节约能源法》	1997 年（2007 年修订）	《放射性废物安全管理条例》	2011 年
《中华人民共和国循环经济促进法》	2008 年（2018 年修正）	《畜禽规模养殖污染防治条例》	2013 年
《中华人民共和国水土保持法》	1991 年（2010 年修订）	《城镇排水与污水处理条例》	2013 年
《中华人民共和国环境保护税法》	2016 年	《中华人民共和国环境保护税法实施条例》	2017 年
《中华人民共和国核安全法》	2017 年	《排污许可管理条例》	2020 年
《中华人民共和国土壤污染防治法》	2018 年	《地下水管理条例》	2021 年
《中华人民共和国野生动物保护法》	1988 年（2016 年，2022 年二次修订）		
《中华人民共和国长江保护法》	2020 年		

资料来源于国家法律法规数据库等。

自 21 世纪 90 年代中期，中国将可持续发展作为指导国民经济和社会发展的总体战略，确立了"预防为主、防治结合""谁污染、谁治理""强化环境管理"等三大环境保护政策，环境政策体系日趋丰富，政策手段也更加灵活。按照政策的基本类型，中国的环境政策主要分为综合性环境政策、环境经济政策、环境管理政策、环境技术政策、环境产业政策、环境贸易政策、环境国际合作政策、环境保护规划和行业发展规划八大类，各类别又可进一步分为不同的环境政策类型。在管制方式上，中国逐步由以命令控制型为主的直接管制转变为直接管制与间接管制相结合。作为间接管制的主要类型，市场型和信息传递型工具正发挥着越来越重要的环境规制作用。在环境政策的制度实施过程中，政府从强力推动转变为合理引导，企业则从被动遵守转变为主动参与。此外，中国一直注重环境保护的宣传与教育，通过环境统计公报或年鉴、不同形式的环境宣传教育、城市环境整治考核、生态标志、环境友好企业、生态园林城市评选等多种形式，重点加强了环境影响评价的公共参与、环境信息公开的法治化，提高公众参与的积极性和广泛性。

第九章

绿色创新与工业绿色发展

工业绿色发展要求在资源能源利用率提高、污染物和碳排放减少、废弃物综合利用、发展模式绿色化转变的基础上达到可持续发展的总目标，而这些要求和目标都需要依靠绿色创新来实现。绿色创新是实现工业绿色发展的核心。绿色创新是提高工业生产率、能源利用效率和工业污染防御治理效率的重要驱动力，推动着工业绿色转型。

第一节　绿色创新的内涵

一、绿色创新的定义

绿色创新作为环境管理学概念，是布拉特-明克（Blattel-Mink）最早提出的。他认为绿色创新是引入环境绩效的创新，是企业在新产品和新系统开发以及新市场拓展的伊始就把生态环境理念加入企业的战略布局，综合考虑生态环境与经营的战略关系。① 他强调了企业在新产品、新技术、新市场、新系统开发和引进以及其他经营战略中纳入生态维度都属于绿色创新的范畴。中科院可持续发展战略研究组认为应该从四个阶段认识绿色创新，企业从末端治理到绿色工艺整合，再到绿色产品及其价值链的形成，到最终实现全行业的改造和升

---

① Blättel-Mink B. Innovation Towards Sustainable Economy——the Integration of Economy and Ecology in Companies [J]. Sustainable Development, 1998 (2)：49-58.

级。① 由此，绿色创新的发展可以理解为四个阶段，即传统工艺—绿色工艺创新—绿色产品创新及价值链的形成—产业业态的创新。

绿色创新是工业企业应对环境污染问题、摆脱资源消耗危机、推进工业升级、实现可持续发展的关键举措。从环境管理及创新管理等相关文献中可以发现，有很多与绿色创新相近的概念，如环境创新、可持续创新、生态创新。绿色创新等同于环境创新或环境绩效的改进，是一种既能为企业和顾客创造价值，又能明显减轻对环境的负面影响的新产品或新工艺。这些概念从不同角度描述了绿色创新的内涵，第一，以产品、流程、方式和服务为创新对象；第二，以满足市场需求或取得市场竞争力为导向；第三，以降低负面环境影响为结果；第四，以产品的整个生命周期为考察阶段；第五，以经济效益或生态效益为动机；第六，在企业层次建立创新标准或绿色标准。

"绿色创新"的定义有狭义和广义之分。狭义的绿色创新是指绿色技术创新，基于技术创新这一概念衍生出来的。绿色技术是能降低能源资源消耗、减少环境污染和改善生态的技术体系的统称。广义的绿色创新可以被解释为企业面对绿色问题做出的回应，不但包括绿色产品、工艺或技术创新，还包括与之相关的组织、管理、制度创新等。其中，绿色工艺创新包括末端治理工艺创新和清洁生产工艺创新；绿色产品创新可从三个阶段进行界定，即生产时利用尽量少的原料，使用时无害于消费者健康，用完后便于回收再利用且无害于生态环境。

二、绿色创新的类型

由于不同层面的作用范围、表现形式、动力机制等存在差异，绿色创新的分类可视为一个多尺度的复杂创新体系。② 工业企业的绿色创新可以分为四类，即绿色产品创新、绿色工艺流程创新、绿色管理创新和绿色营销创新。绿色产品创新旨在减少产品在整个生命周期中对环境的影响，引入新的或显著改进的产品，如技术组件和材料的改进，通过改进产品设计，使其消耗更少的资源而呈现同样大的价值，提升产品的附加值，延伸产业链，促进产业结构优化升级。

---

① 张钢，张小军. 国外绿色创新研究脉络梳理与展望［J］. 外国经济与管理，2011（8）：25-32.

② 张天悦. 环境规制的绿色创新激励研究［D］. 北京：中国社会科学院，2014.

绿色工艺流程创新旨在降低产品和服务的资源使用量，改变组织的运作过程和系统，降低生产单位成本，产生新的或显著改善的绿色产品，减少环境影响。绿色管理创新是指出于满足内部绿色管理效率的考虑，重新设计和完善现有运营、产品和服务的行动，使企业能够制定和重新设计符合环境标准的内部流程，通过支持必要的变革来减少行政和交易成本，提高工作场所的满意度，或者通过降低供应成本来提高企业绩效。绿色营销创新是指企业在整个营销过程中充分体现环保意识和社会意识，向消费者提供科学的、无污染的、有利于节约资源使用和符合良好社会道德准则的商品和服务，并采用无污染或少污染的生产和销售方式，引导并满足消费者有利于环境保护及身心健康的需求。

　　基于环境绩效角度的绿色创新分类。绿色创新的广泛性要求除技术经济领域的变革外，还包括政治制度乃至社会文化领域的变革，可体现为制度创新和社会创新。基于环境保护与可持续发展范式的演变，绿色创新包括末端生态创新、生产过程创新、产品生态创新和系统生态创新在内的分类体系。[1] 针对绿色创新的双重外部性、绿色创新结果的界定和度量、绿色创新的自觉性三方面的争议，李旭基于"动机—过程—结果"的框架将绿色创新分为三类。一类为资源节约型绿色创新，此类创新除提高效率和增加收益外，还因提高效率节约大量的资源；二类为环境友好型绿色创新，此类创新是为减少环境成本即环境的负外部性而进行的创新；三类为混合型绿色创新，即波特假设所指的既可以减少环境负面影响也可以提升企业竞争优势的创新。[2]

　　根据技术变化幅度，绿色创新可划分成渐进式绿色创新和跨越式绿色创新。其中，前者是指在原有技术上或产品的基础上进行局部改进，旨在减少资源消耗和保护环境；后者是对原有技术或产品进行突破性创新，以一种全新的技术或产品来取代原有技术或产品，从而达到资源环境永续的目标。根据创新价值链理论，绿色创新活动可划分成科技研发与成果商业化两个阶段，彼此间既相互联系，又存在明显差异。绿色科技研发阶段由研究、测试、试制等环节组成，是企业、高校和科研院所利用 R&D 人员与 R&D 经费投入进行技术研发的过程；绿色成果商业化阶段由制造、产业化、产品推广等环节组成，是以企业为主体

①　董颖，石磊. 生态创新的内涵、分类体系与研究进展 [J]. 生态学报，2010（9）：2465-2474.

②　李旭. 绿色创新相关研究的梳理与展望 [J]. 研究与发展管理，2015（2）：1-11.

的经济产出商业化过程。

三、绿色创新的运行机制

绿色创新是个复杂系统，强调各阶段、各主体及多目标之间的反馈和交互，因为它们是基于一系列的创新，因而被称作系统创新。雷费尔德等人（Rehfeld et. al）从演化经济学的角度出发，认为政策制度与技术经济之间存在复杂的相互作用，如基于技术经济的评估政策、满足污染控制社会需求的政策，二者在绿色创新机制中，环境法规和创新扶持政策发挥着重要作用。[①] 但这些规制并不是独立于技术之外的，政策规制和经济技术之间存在着一种复杂的相互作用，政策是基于技术经济的评估以及对污染控制政策的社会需求。构建绿色创新系统的核心是定位和纠正创新系统不同部分的"绿色错位"，主要表现在不同的政策和研究领域、金融机构、技术标准、市场信息标准等。[②]

从目标导向上，绿色创新是为了节约资源和原材料、减少废弃物排放以及防止生态污染。绿色创新的理念要求企业不能一味追求经济绩效的最大化，还应该自觉履行企业的社会责任，降低经济发展的负外部效应。从过程维度来看，绿色创新活动贯穿于整个创新系统的每一个环节，从绿色技术创新概念的产生、绿色技术开发到绿色产品的商业化等，绿色创新是采用现代科技进行企业产品和工艺绿色化的一系列创新子过程的总称。绿色创新在产品开发、制造、组织管理以及营销的全过程中研究开发新技术、新思想、新政策，以便减少资源和能源消耗、降低环境污染，为社会带来环境效益，并且帮助企业提高投入产出效率以增加经济效益。

从应用层面来看，绿色创新是围绕绿色技术而进行的一系列创新活动。从绿色创新的目标（避免或减少环境损害）、改进方式（新的或改良的）以及表现形态（工艺、技术、系统和产品）上看，绿色创新将生态学有机融入传统技术创新范式，并在技术创新的各个阶段，通过生态观念引导技术创新向有利于资源环境保护与改善的方向发展。它将生态保护置于首位，追求经济、社会、生态的综合效益最大化，进而实现企业、产业乃至整个社会或地区的可持续发

① REHFELD K M, RENNINGS K, ZIEGLER A. Integrated product policy and environmental product innovations: An empirical analysis [J]. Ecological Economics, 2007 (1): 91-100.

② 黄晓杏. 绿色创新的机理研究 [D]. 南昌：南昌大学，2016.

展。可见，绿色创新不仅限于单纯的技术范畴，在强调可持续发展、环境友好型技术、工艺、产业的研发与应用的同时，还强调了促进绿色技术成果转换与扩散的绿色市场的建立与完善，以及生产组织、经营管理、营销推广等以"绿色"为核心的制度创新。

企业实施绿色创新活动会受顾客、供应商等利益相关者对绿色需求的影响。在内部驱动因素方面，企业伦理、内部人员素质、知识存量、技术水平、研发投入以及内部管理水平等因素构成了企业绿色创新活动的基础。毕克新和刘刚结合创新系统和协同学的理论，以制造业系统为载体，提出了包含四个子机制的绿色创新系统，分别是绿色创新的形成机制、整合机制、扩散机制和长效机制，① 并根据绿色创新的不同发展阶段将其分为初创、形成、成长、成熟和转移五个时期，进一步根据创新类别分为绿色技术创新、产业创新和供应链创新三个层次，在此基础上，深入剖析了四个子机制在不同的创新层次和创新发展时期的相互关系和协同作用。

四、绿色创新的绩效

绿色创新绩效除包括传统创新绩效中的经济绩效和创新绩效两个维度外，还包含环境绩效维度。② 经济绩效和创新绩效维度主要表现为通过绿色创新提高资源和能源的利用效率来降低工业生产活动的成本，提高企业劳动生产率等；环境绩效维度表现为通过绿色创新有效地减少污染物的产生和排放，降低工业活动对生态环境的污染和威胁，促进生态环境的改善。

绿色创新的经济绩效包括产品的市场条件、要素、教育和培训体系、有形的基础设施、宏观经济政策和监管等方面。③ 具体包括：（1）能反映经济状况，物价稳定，汇率变动的整体经济形势及发展情况；（2）高效的有形及无形基础设施的可得性；（3）反映宏观经济政策、环境规制的政治因素等；（4）社会对经济主体的影响，如社会的稳定性、开放度、消费者的态度和对环境不利影响的社会忍受度等。生态创新者能获得直接经济效益和间接经济效益，直接经济

---

① 毕克新，刘刚．论中国制造业绿色创新系统运行机制的协同性 ［J］．学术交流，2015（3）：126-131.

② 韩晶．中国区域绿色创新效率研究 ［J］．财经问题研究，2012（11）：130-137.

③ René kemp，PEARSON P. Final report MEI Project about measuring eco-innovation ［J］.Measuring Eco-innovation project（MEI），2007：1-120.

效益包括商业销售、运作优势，更高的资源生产率和更好的物流节约成本，来自水、能源和材料的节约，以及废弃物减量、回收和重复利用等。间接经济效益包括更好的形象，与供应商、客户更好的关系，更高的职工满意度。① 创新活动的最终目的是获取利润，通过绿色工艺创新可以改善企业的经济绩效。创新绩效中的经济绩效主要体现在两方面。一方面，企业的绿色制造能力的提高、绿色技术、产品或服务占市场的比重以及绿色技术、产品或服务占总产值的比重的增加，这些是通过生产设备的绿色工艺创新来实现的；另一方面，污染物的产生和排放的降低、三废综合利用经费和环境污染治理经费支出的减少以及生产成本的减少。②

绿色创新的创新绩效是指创新活动本身所带来的公司的直接结构或性能的变化，大致可以划分为两类，一类是单一直接性的投入或产出指标，这类指标往往是客观性的指标，如 R&D 投入、专利申请数、论文发表数、新产品数量或新产品产值占销售额的比重等；第二类是不容易得到的相对主观的指标，这类指标往往从性能和结构两方面反映创新产出这种指标，相比于研发支出而言较难获取，但可能更容易反映创新产出的优劣表现。绿色创新作为一个复杂的系统工程，不仅需要研发部门的投入，也需要生产部门的投入，因此，绿色创新绩效应涵盖生产部门的产出部分。③ 产品创新的技术绩效可以从效果、效率和适应性三方面来评价。效果是指相对于竞争者而言，企业进行产品创新的成功率、销售增长率和产品的市场占有率等；效率是指销售产品的获利率和产品投资报酬率；适应性主要指新产品成功上市的概率和近几年（一般是 5 年）新产品销售额占总销售额的比率。④ 产品的创新绩效可以用财务绩效、市场的影响和机会窗口三方面的指标来衡量。财务绩效主要包括产品创新的利润目标和销售目标的达成效果、获利的满意程度以及和其他产品的获利率的比较情况；市场影响主要体现在公司产品在国内和国外市场中的占有率、新产品在公司总的销售额

---

① 董颖，石磊. 生态创新的内涵、分类体系与研究进展［J］. 生态学报，2010（9）：2465-2474.

② 毕克新，杨朝均，黄平. 中国绿色工艺创新绩效的地区差异及影响因素研究［J］. 中国工业经济，2013（10）：57-69.

③ 任耀，牛冲槐，牛彤，等. 绿色创新效率的理论模型与实证研究［J］. 管理世界，2014（7）：176-177.

④ 黄晓杏. 绿色创新的机理研究［D］. 南昌：南昌大学，2016.

所占比例、实际销售额与理想销售额的差距三方面的变化；机会窗口包括打开新市场和产品类型的程度。

关于绿色创新的环境绩效，除具有传统创新研发溢出的外部性特征之外，还存在生态环境的正外部性，即通过绿色产品或工艺创新可以实现污染物排放量减少和资源、能源消耗量降低，降低生产活动对生态环境的压力。环境绩效测量一般包括两类方法，分别是环境指标的直接测量和环境指标的货币化。前者主要包括原材料和能源投入量的减少、废弃物污染物产生或排放量的减少以及二氧化碳排放量的减少等，这些指标一般是标准的、易于量化的，可以通过加权比较得到指标的相对重要程度。后者把环境绩效整合到经济绩效中，例如，企业为了降低污染排放而购买的资本及设备，被称为污染减量成本及支出（PACE，Pollution Abatement Costs and Expenditures），这是传统观点认为环境绩效应包含的部分。然而，环境绩效具有系统性和复杂性的特点，PACE指标中存在主要缺陷，主要表现在对环境绩效的定义和测量较为简单。例如，没有详细考虑研发及其他发明活动的投入，以及能反映最终处理过程（技术）的投资，却无法反映清洁技术研发的投资部分，或没有直接的环境经济目标但结果却有益于环境的投资部分。

第二节　绿色创新对工业绿色发展的影响

工业绿色发展要求在资源能源利用率提高、污染物和碳排放减少、废弃物综合利用、发展模式绿色化转变的基础上达到可持续发展的总目标，这些要求和目标都需要依靠绿色创新来实现。绿色创新主要从三方面驱动工业的绿色发展。第一，绿色创新优化了生产要素配置，提升了要素利用效率，减少了废物排放；第二，绿色创新促进了工业产业结构变革，创造出更多经济附加值；第三，从市场需求来看，技术创新可以创造其中包含产品和劳务的新产业，新产出的出现又可满足新的需求。

一、绿色创新促进生产要素优化配置

技术创新对工业绿色化的直接作用机理是通过作用于劳动力和生产设备提

升人力资本和固定资产效率，并不依托市场的中介传导。技术创新优化了要素配置结构。从投入侧看，工业生产技术提升使单位工业要素投入生产更多的产品，即提升了土地、水和能源等基本要素的利用效率。从产出侧看，在要素利用效率提升时，生产单位产品的废弃物排放规模也相对减少，工业生产技术提升有利于废物排放降低。① 由此，工业生产技术提升有利于工业绿色化。在本质上，该过程是通过作用企业微观生产过程和生产函数实现的。在工业企业生产过程中，劳动力、资本、土地等各种生产要素在生产技术的约束下形成各种生产可能组合，而工业绿色化过程就是通过技术创新调整原有的生产可能组合，使资源消耗、废物排放与工业转型形成最优组合，以实现在相同的产出水平上资源消耗与废物排放的减少，或在资源消耗与废物排放不增加的前提下实现工业产出量的增加。全要素生产率的增长是经济增长的核心，技术创新产生的技术进步可以提高全要素生产率，进而提高产业的产出水平，使生产要素向该产业流动，促进产业规模扩张，进而改变了整个产业结构。值得注意的是，技术创新对工业全要素生产率的改进存在企业异质性和空间异质性。② 随着生产要素的配置和流动不合理的状况在一定程度上得到改善，当技术创新改变了不同产业的劳动生产率后，受不同产业之间生产要素相对收益变化的影响，生产要素会从生产效率低的部门流向生产效率高的部门，推动产业结构的升级。

二、绿色创新促进工业产业结构变革

技术创新通过作用于工业产业结构变革和演化来推进工业绿色化。技术创新对工业产业结构升级有多方面的影响，一是工业产业结构通过自我扬弃促进工业产业结构内部"优胜劣汰"与转型升级；二是工业产业结构通过外来刺激如研发经费和研发人员投入来影响工业产业结构升级，但这一过程是被动的和不连续的；三是创新效率通过工业产业生产是否达到生产可能性边界来影响工业产业结构升级。③ 技术创新对产业结构优化升级的促进作用，不仅体现在一二

---

① 韩立达，史敦友，张卫. 技术创新与工业绿色化：作用机理和实证检验 [J]. 经济问题探索，2020（5）：176-190.
② 程惠芳，陆嘉俊. 知识资本对工业企业全要素生产率影响的实证分析 [J]. 经济研究，2014（5）：174-187.
③ 付宏，毛蕴诗，宋来胜. 创新对产业结构高级化影响的实证研究：基于2000—2011年的省际面板数据 [J]. 中国工业经济，2013（9）：56-58.

三产业之间的结构优化与协调发展，而且体现在各层次产业内部结构也得到优化与协调发展。① 技术创新加快了工业结构调整。工业企业的技术创新可以分为部门内改进和跨部门变革两个阶段，部门内改进主要包括技术进步和产品创新两个方面，它们对于工业绿色转型的驱动主要表现在两方面，一是通过技术进步来实现工业清洁生产，进一步提高能源和资源效率，减少污染物、废弃物的排放；二是通过产品创新，即用更少的投入产出同样或同价值的产品，包括提高产品部件的性能、再生循环率、再利用性能等，从而实现资源能源的节约使用，进而减少中间生产过程的污染物和废弃物排放。跨部门变革主要包括产品替代和系统创新，它们对于工业绿色转型的驱动也主要表现在两方面。其一通过产品替代向社会提供更加绿色低碳的产品，从而改善能源结构和产业结构，驱动工业实现绿色转型；其二通过系统创新，追求工业企业组织和结构的变革，从产品经济转换为功能经济，极大改进整个产业的结构，推动工业向更高绿色水平的方向发展。

三、绿色创新产生新的市场需求

技术创新可以产生新的市场需求并以此来拉动产业结构的升级。技术创新创造了新的产业，其中包含产品和劳务，新产出的出现又可满足新的需求，可以使一部分潜在的市场需求转变为现实需求，因此各类需求结构对产业结构的升级产生拉动的作用。技术创新带来的生产率效应会引起市场需求的扩大，因为商品成本和销售价格的降低会提高消费者的实际收入和相关部门生产成本的下降。于是，围绕新技术的采用，经济中各个产业部门发生相应的更新和重新组合，那些产业需求弹性较大的产业，会因技术变革而扩大市场，刺激产业的扩张；另一些部门因技术变革导致产业内生产要素的流出和产业的收缩，进而被无情地淘汰或规模大大缩小。这就是熊彼特（Schumpeter）所说的"创造性毁灭"过程，也是产业结构的"优化升级"过程。不甘心被毁灭的企业必须在技术创新中寻找出路，这样新一轮又一轮的技术创新又可能引起新一轮又一轮的兴起与毁灭。发达国家的工业化过程从个别企业采用机器生产开始，到机器制造业的兴起、发展，再到工业体系的建立和整体经济的现代化，反映了创新

---

① 杨学军. 技术创新与中国工业绿色转型：理论、测算与实证分析［D］. 长沙：湖南大学，2014.

带动技术变革与产业结构优化升级的内在机制。

第三节 绿色供应链管理与绿色创新的关系

企业绿色供应链管理分为内部环境管理、生态设计、绿色采购、回收利用和消费者协作五类。① 绿色创新分为绿色产品创新和绿色流程创新，不只是单方面的技术创新，还包括了产品设计、物流、制造、销售、回收利用等过程。绿色创新中有重要的生产制造和零售环节，生产企业通过研发绿色产品、更新工艺流程等制造出对环境负面影响小的绿色产品；销售企业进行绿色营销创新来提高绿色产品的销量，包括绿色包装、开发新的营销渠道、进行绿色促销、获取绿色认证、树立绿色品牌等。

一、内部环境管理与绿色创新

内部环境管理是绿色供应链的重要一环，是实现绿色创新的基础，包括产品生命周期中与环境有关的全部活动。企业内部环境管理的关键就是将绿色环保融入企业的日常经营过程之中，将环境保护上升为体现企业战略与目标的重要决策，不断促进企业绿色创新。企业依赖并受制于环境，因此必须加强对环境的重视程度，只有将环保思维贯彻于企业文化，将环境管理融合进企业战略，才能降低风险，进行可持续发展。内部环境的有效管理离不开高层管理人员切实可行的支持，领导人员对环境问题的看法和态度将对绿色管理行为的下达与实施产生直接影响。企业中高层管理人员对绿色供应链管理的承诺支持有利于企业加强对环境管理重要性的认识，企业各部间的协作可以使内部环境管理更加有效，环保意识与环保技术在各个部门间顺畅传输，将促进企业产品和生产流程的改进。

二、生态设计与绿色创新

生态设计即在产品设计之初，就充分考虑环境因素，以降低产品生命周期

---

① 夏媛. 绿色供应链管理与绿色创新的关系研究 [J]. 技术与创新管理，2020（2）：148-153.

中每一阶段带来的环境影响。生态设计的提出和发展并非偶然，而是企业内外部各因素相互作用的共同结果。企业在产品和流程的设计过程中，融入降低能源和材料消耗、减少有害物质使用、提高产品可回收性和重复利用性的设计理念，有利于企业开发新的技术。从内部而言，生态设计迎合了降低成本的需要、提高企业形象和声誉的需要以及企业创新的需要，体现出管理人员的责任意识；就外部而言，自然环境的恶化，来自政府、市场和公众的三重压力，也使生态设计势在必行。为了实现资源利用最大化和环境污染最小化，企业可以选择无毒无害的绿色材料，始终将节能减排贯穿于设计流程，并且充分考虑材料的循环性与回收性。

三、绿色采购与绿色创新

作为绿色供应链的源头，绿色采购能够有效提高供应链企业的材料使用率，减少不必要的有害物质投入，降低后期环境治理成本，进而提高企业绩效，促进企业良好运营。在采购环节做到严格把控，起到良好的带动作用，为绿色供应链、企业整体的长远谋划奠定坚实的基础，还能不断激发绿色创新的实现，采购小组成员来自各部门，集思广益实现采购流程的创新、采购计划的创新、供应商伙伴关系的创新等。采购供应商的正确选择和有效管理属于绿色采购的核心环节，在很大程度上决定整个供应链的有效运行。设定严格细致的供应商绿色合作标准，有利于把控供货源头的质量；定时定期认证、考察供应商的绿色伙伴关系，有利于加强与供应商的互动沟通；主动要求供应商注重材料的选择，传达各利益相关者的环境诉求，有利于推动环保技术创新，促进共享利益的长期合作。

四、回收利用与绿色创新

循环利用是解决资源危机的有力武器，它顺应了转变经济发展模式的趋势，满足了可持续发展的要求。随着经济发展，制造业迅速壮大，废旧物资的产生量越来越多。很多企业由于对废物的处置不当，不仅污染了环境，还遭受了重大损失。事实上，废物往往是被闲置在错误位置上的资源，其本身依旧具有较大的再利用价值。传统意义上的"原料—产品—废物"线性模式已不再适应发展，取而代之的是"原料—产品—再生资源"循环模式。科技进步给回收利用带来动力与保障，开辟出新的资源使用方式。回收利用就是判断现有产品、零部件或者材料的回收价值，使有循环利用可能的废物再配置，以期减少浪费并得到更多的收益。回收利用的有效实施，不仅可以提高产品的循环利用率，还能够激发技术创新，不断更新设计理念，改进工艺流程。

五、消费者协作与绿色创新

企业与消费者之间不只是交易往来，还有负责与被负责、监督与被监督的义务关系。企业要对消费者负责，这种负责不仅体现在产品的质量、服务的品质上，还体现在满足消费者的环境诉求。消费者在享受优质产品的同时，越发感受到环境污染造成的负面影响，逐渐开始关注产品的生态与环保，企业也会随着顾客的环保意识增强而不断重视产品的改良。消费者要对企业进行监督，尤其是环境保护方面的监督。一方面，企业利润来源于消费，当消费者崇尚节约、拒绝浪费、崇尚绿色、拒绝污染时，企业也不得不转变战略进行绿色生产；另一方面，消费者可以主动申请参观企业绿色制作流程，自发了解企业使用的绿色技术、采取的绿色管理，对污染行为提出意见，对可取行为加以肯定。企业与消费者之间的协作有利于企业的绿色创新，有助于企业从消费者处获得信息，依据消费者的需求生产更加环保的产品，消费者的环保诉求引导了企业的绿色创新。企业与消费者之间的绿色协作，可以促进企业环境管理完善与环保技术升级。

第十章

绿色金融与工业绿色发展

绿色金融将金融业与环境保护结合起来，利用金融的资源配置和资金杠杆作用，通过银行贷款、债券发行、私募投资等金融工具引导社会资本流入节能环保、清洁能源、绿色建筑、绿色交通等绿色产业，为工业绿色转型升级提供稳定和持续的金融支持。通过金融创新构建完整、高效的绿色金融体系，合理有效配置资本，有助于实现发展经济与保护环境的平衡，推动工业绿色可持续发展。

第一节　绿色金融的内涵及工具

一、绿色金融的提出

绿色金融是伴随各国工业化的发展，综合考虑资源、能源与环境的协调发展，与金融本质和金融理论紧密结合而产生出来的一个重要概念。最早可以追溯到 1974 年德国成立的政策性"生态银行"，这是世界上第一家专门为与环境污染治理有关的项目进行资金支持的环境政策性银行。随后，各大国际金融组织纷纷开展此项业务。20 世纪 90 年代，随着《里约环境与发展宣言》《21 世纪议程》《关于森林问题的原则声明》《生物多样性公约》《联合国气候变化框架公约》《京都议定书》等国际性环保文件的相继签署，绿色金融的发展目标在全球金融业迅速传播。进入 21 世纪以后，《斯德哥尔摩公约》《哥本哈根协议》《2030 年可持续发展议程》《巴黎协议》等一系列公约、协议，进一步巩固和发展了世界各国之前取得的环保共识，全球要求进一步落实环保行动的呼声更加强烈，金融行业面临的环境约束更加严格，以绿色金融作为未来金融的发展目标成为行业共识。

绿色金融就是要在推进环境保护中寻求经济发展，目的在于实现经济与环境的和谐推进，可以说它是金融业发展的伟大创新。① 从"绿色发展"概念出现在"十五"计划纲要以来，我国相继出台了一系列政策，指导和帮助绿色金融的发展。2007 年至 2008 年，环境保护部会同央行、银保监会相继发布了《关于落实环保政策法规防范信贷风险的意见》《关于环境污染责任保险工作的指导意见》《关于加强上市公司环保监管工作的指导意见》，我国绿色金融发展开始有了"绿色信贷""绿色保险""绿色证券"和"碳市场"等具体的金融工具和市场。

中共十八大以来，中国绿色金融政策环境不断优化。2015 年 9 月，中共中央、国务院在《生态文明体制改革总体方案》中首次明确提出"建立绿色金融体系"。2016 年 3 月，"十三五"规划纲要明确提出"建立绿色金融体系，发展绿色信贷、绿色债券，设立绿色发展基金"，同年 8 月，由中国人民银行等七部委联合发布的《关于构建绿色金融体系的指导意见》则进一步明确了大力发展绿色信贷、推动证券市场支持绿色投资、发展绿色保险等八条目标，为我国绿色金融指出了较为明确的发展方向。2016 年召开的 G20 杭州峰会则将"绿色金融"定为会议的重要议题，显示出中国对可持续发展的重视达到了前所未有的高度。2017 年党的十九大报告明确指出"发展绿色金融""推进绿色发展"，绿色金融发展是推进经济绿色发展的主要路径之一，并强调要构建市场导向的绿色技术创新体系，发展绿色金融，壮大节能环保产业、清洁生产产业、清洁能源产业。党的十九届四中全会将发展绿色金融纳入生态文明制度体系，强调要紧紧抓住大好机遇，进一步加快绿色金融的发展步伐。2020 年 7 月，为进一步加强对绿色金融业务的激励约束，中国人民银行起草了《关于印发〈银行业存款类金融机构绿色金融业绩评价方案〉的通知（征求意见稿）》，向社会公开征求意见。②

---

① 刘文文，张畅. 我国绿色金融的现状与发展瓶颈：基于消费金融和科技金融视角的破局思路 [J]. 西南金融，2020（11）：35-45.

② 中国人民银行关于印发《银行业存款类金融机构绿色金融业绩评价方案》的通知 [A/OL]. 中国政府网，2021-05-27.

二、绿色金融的概念

绿色金融是经济社会可持续发展的杠杆。想要有效利用金融促进经济的绿色发展，关键是要有效解决经济社会可持续发展的金融支持。绿色金融以改善生态环境、应对气候变化、节约自然资源、支持可持续发展为目的，通过银行贷款、债券发行、私募投资等金融工具引导社会资本流入节能环保、清洁能源、绿色建筑、绿色交通等绿色产业的一系列投融资活动。

绿色金融是发展绿色产业的纽带，为绿色产业发展提供资金支持。绿色金融，又称为环境金融、可持续性金融，就是将金融业与环境保护结合起来，利用金融的资源配置和资金杠杆作用，引导和促进生产资源向绿色可持续的产业和绿色生产方式转移，实现发展经济与保护环境的平衡，保障经济的可持续发展。[①] 20 世纪 80 年代以来，国内外对绿色金融的内涵做了许多研究。2016 年 G20 绿色金融研究小组发布了《G20 绿色金融综合报告》，给出了绿色金融含义较为官方的表述："绿色金融是指能产生环境效益以支持可持续发展的投融资活动"。国内最早提出绿色金融概念的是高建良，他指出绿色金融的主要特点是政府的政策指导，金融机构要顺应环境保护的基本国策和可持续发展的安排，将金融资源更多地投入与环境目标不发生冲突的产业中，实现金融运营的可持续发展。[②] 目前，关于绿色金融概念的表述方式主要有三种。第一，银行等相关金融机构将主要生产绿色产品的企业列为优先扶持对象，在贷款发放、资质审核、利率优惠等方面给予政策倾斜；第二，银行等相关金融机构从可持续发展角度出发，积极承担相应的社会责任，减少过度投机行为，从而有效提高资金流通效率、促进经济社会可持续发展；第三，银行等相关金融机构为了加强环境保护，积极开发绿色信贷和绿色保险等相关产品。

综上所述，绿色金融是指金融部门以环境保护为目标，将经济发展过程中对于环境的破坏作为潜在的成本纳入投资决策中，并且在相关政策引导下以此引导社会资源投向环境友好、可持续发展领域的一种金融模式。绿色金融的概念涉及两个层面，首先从金融业自身的角度出发，绿色金融是指金融业自身的可持续发展，其次是指金融业如何促进经济社会的可持续发展，也就是将社会

---

① 巴曙松，杨春波，姚舜达. 中国绿色金融研究进展述评［J］. 金融发展研究，2018（6）：3-11.

② 高建良. "绿色金融"与金融可持续发展［J］. 金融理论与教学，1998（4）：20-22.

资金向节约资源技术开发和生态环境保护产业转移。

三、绿色金融的主要工具

绿色金融是在国家各项政策指导下，借助于信贷、债券、保险等业务推动社会资金流向绿色环保项目的一系列经济活动的总称。绿色金融从环保角度对金融业的经营理念、业务流程和管理方式进行调整，使用多样化的金融工具保护环境，是金融理论的创新和金融实践的探索。绿色金融手段通过两方面助推工业绿色转型，一是对初创的绿色企业提供资金支持，促进初创型绿色企业的成长，同时也鼓励创业者向绿色产业发展；二是为现有企业的绿色转型提供资金支持，不仅促进节能环保企业发展，而且还遏制非绿色传统企业的发展，使难以转型的企业退出市场，倒逼现有企业实现绿色发展。

在实践中，绿色金融工具主要包括四方面。一是发展绿色信贷。由商业银行等金融机构向符合授信条件的绿色环保企业提供一定额度的贷款，同时，降低高污染、高耗能企业的授信额度甚至取消贷款支持。二是发行绿色债券。通过发行绿色债券体现绿色发展战略，所筹集的资金专门用于绿色环保项目，促进环境保护和经济协调发展。三是建立绿色保险制度。将生态环境保护理念纳入保险业之中，明确企业在经营过程中应当承担的环境保护责任，通过要求企业依据经营活动对环境带来的影响缴纳环境污染责任险等推动经济绿色转型，通过设立特色绿色保险产品等促进绿色产业发展。四是绿色产业投资基金。[①] 设立绿色基金，为绿色环保产业保障提供资金支持，缓解环保产业资金供给不足的问题，并加快环保产业的发展速度。

绿色信贷将绿色产业作为重点扶持对象，在信贷投放和利率等方面给予优先和倾斜政策，通过提升信贷比例和规模支持新能源、节能环保等战略性新兴产业发展。通过引导资金流向，对绿色新兴企业加大资金支持，从而实现短期内资金在绿色工业的大规模集中，进而促进绿色工业的迅速发展。同时，根据绿色信贷政策，银行会严格限制对高消耗、高污染传统企业的贷款，从而迫使部分有能力转型的高消耗、高污染传统企业向绿色企业转型，迫使部分无能力转型的高消耗、高污染传统企业终止生产经营活动。因而，绿色信贷通过引导资金流向促进绿色新兴企业的发展，限制高消耗、高污染传统企业的发展，进

---

① 李晓红. 论绿色金融助推环保产业发展的路径 [J]. 农业经济, 2020 (11): 117-119.

而实现工业的绿色化转型。

　　绿色债券为节能环保等绿色企业提供了新的融资渠道，并且绿色债券与一般债券相比，融资成本较低，能够鼓励节能环保等绿色企业的发展。在绿色债券发行前要按照严格的审核标准对绿色项目进行评估，发行后企业还要对其资金的用途、产生的生态效益等进行严格的评估，因此，绿色债券切断了高消耗、高污染传统企业的融资渠道。此外，高消耗、高污染传统企业向绿色企业转型，需要购置环保设备、进行绿色技术研发等，因而需要大量的资金投入，同时环保项目风险大、产生效益需要的时间长，绿色债券能够为其提供长期的大额资金支持，从而为高消耗、高污染传统企业的绿色化转型提供了可能。另外，由于绿色债券的第三方评估机构会对债券的绿色程度进行评估并披露相关信息，投资者能够投资绿色程度更高的项目，引导社会资金流向绿色企业，从而进一步促进高消耗、高污染传统企业的绿色化转型。

　　绿色保险能够促使企业提高对环境风险的防范意识，提高对环境风险的管理能力，积极开展环保项目，监督企业社会责任的履行，从而推动工业绿色化转型。绿色保险保费费率的高低与企业的环境风险高低有关，环境风险越高，保费费率就越高，因此，为了降低保险成本，企业会想方设法降低环境风险。同时，保险公司会对企业进行持续的监督，以保证企业的环境风险维持在一定的范围内。推行环境污染责任保险制度，一方面，有利于提升环境事故受害者的补偿力度；另一方面，在采矿、冶炼、危险品运输等高风险行业建立强制性的绿色保险制度也有利于避免环境事故演变为地方财政压力和财政风险。

　　绿色产业投资基金的存在，能更好地满足高消耗、高污染传统企业进行绿色化转型的资金需求。高消耗、高污染传统企业进行绿色化转型的技术研发，具有风险高、资金需求大的特征。通过银行贷款不仅会增加银行的经营风险，而且银行贷款规模有限，难以满足技术研发的需要，政府的财政支持也很难满足高污染传统企业进行绿色化转型较大的资金需求，政府牵头出资设立绿色产业投资基金，利用财政性资金吸引、聚合民间资本，形成混合所有制的绿色发展子基金，进行市场化运作，既提高了政府资金的使用效率，又能引导社会资金流向节能环保项目，从而促进高消耗、高污染传统企业的绿色化转型。① 同时，绿色产业投资基金会对企业及其节能环保项目的运行进行监督，保证节能

---

① 张伟，芦雨婷. 绿色金融助推工业绿色化转型探讨［J］. 环境保护，2018（22）：13-17.

环保项目的顺利实施。

第二节 绿色金融对工业绿色发展的促进作用

金融作为生产活动的润滑剂，是现代社会资源配置重要的工具。绿色金融是实现工业绿色发展的必要手段。从供给侧来讲，绿色金融通过对"三高"（高耗能、高污染、高危险）产业的抑制作用，将负面外部效应进行内部化，提高其融资的经济和时间成本，切断或缩减金融支持从而抑制其发展。从需求端来讲，通过绿色金融，正外部效应被显著内部化，进而对"三低"项目降低融资成本，形成投资偏好，助力绿色产业发展。① 在绿色金融市场中，市场主体（包括政府、金融机构和社会公众）围绕着绿色金融市场，通过金融中介和金融工具的使用，实现了绿色金融功能，分别是绿色资本配置、绿色资本供给和信息强制披露。借助绿色金融功能的实现，通过产业引导、资金导向、风险分散、技术创新和环境监督作用推动工业绿色发展。

一、产业引导作用

绿色金融通过选择产业和企业，对其发展方式转变和产业结构调整发挥引导、监督的作用。金融机构可以利用金融政策，对高污染企业投资加以控制，鼓励发展节能环保产业，进而推进工业绿色转型，促进产业结构优化发展，最终实现经济社会发展和环境保护的和谐目标。通过政策引导，绿色金融在金融政策考量中增加了生态环境变量，具有公益性及行政性，体现了政府在平衡经济发展和生态环保方面的强烈诉求以及对环保政策的配合与支持，从而推动产业结构实现转型升级。发展绿色金融，利用各种渠道促进金融行业创新，不再为污染企业进行有效监管，能够全面遏制环境污染。不再为产生环境污染的企业提供资金服务，促使企业配合改造。企业如果不注意保护环境，只追求经济效益，易造成严重的污染事故。一旦被监管部门发现，污染企业就会被限令整改，严重的会被停产整顿，甚至关停并转，导致企业亏损，金融机构也会遭受

---

① 李朋林，叶静童 . 绿色金融：发展逻辑、演进路径与中国实践 [J]. 西南金融，2019（10）：81-89.

损失。绿色金融对绿色产业提供支持，可以让这些行业得到更充足的资金，加强环保设施建设，增强自主研发能力，提升企业技术水平，从而引导企业向环保方向发展。对符合绿色发展的产业，给予金融支持和帮助，助推节能环保新兴产业发展。

二、资金导向作用

绿色金融能为产业的绿色发展提供可靠的资金保障，有效地降低绿色产业发展中资金筹集的成本，引导资金投向绿色产业，促进绿色产业发展。利用现代金融市场能够高效聚集资金的优势，为绿色企业实现产业整合筹集所需的资金，形成规模效应，有效地打破行业限制，提升绿色产业的长期竞争力。绿色金融作为一种金融政策，其核心在于从长远利益出发进行资金要素的绿色配置，确保资金能够真正流向绿色环保型项目。绿色金融提供绿色资本区别于传统的资本供给，最大的不同是考虑了环境风险，虽然短期内风险可能大，但长期来看风险较小，由此吸引了一部分更加关注长期利益的投资者，以满足绿色发展需要的长期资本供给，而传统的资本供给者更加喜欢短期效益，因此绿色金融可以合理地筛选合格的投资者，使资本供给有效，为绿色发展提供必要的资金。对于低能耗、低污染的节能环保型绿色产业融资项目给予低息的优惠贷款支持，而对于一些高能耗、高污染的企业项目坚决不能给予融资支持，积极引导产业资本由"两高"产业尽快向"两低"的绿色产业进行优化发展，实现资金从高污染、低资源利用率向低污染、高资源利用率的企业流动，实现产业结构和能源结构的高度化发展。在绿色债券中，通过对债券发行人进行发行条件的设定、增加环境规制指标，直接将不满足条件的发行人移出名单，控制资本流入非环境友好型企业，使之缺乏发展资金，自动转变生产方式或者被淘汰。① 中国证监会 2017 年公布的文件中就明确规定了，拟发行绿色债券的发行人不得属于高污染和高耗能领域，重点支持与绿色产业相关的企业。②

---

① 郜承楠. 绿色金融支持绿色发展的机制研究［D］. 大连：东北财经大学，2019.
② 中国证监会关于支持绿色债券发展的指导意见［A/OL］. 中国证券监督管理委员会，2017-03-02.

三、风险分散作用

绿色金融有助于提高企业防范环境风险的能力。金融市场在进行资金配置的同时，也必然会带来风险的重新分配。绿色产业领域有投资时间长、投资回报晚、短期内投资风险可能大等特点，但同时绿色金融体系能够充分利用金融风险的管理技术，通过识别、预测、评估和管理企业的环境风险，帮助企业实现项目环境风险最低化的目标，有效监督和控制项目建设和生产运营过程中可能存在的环境和社会风险，通过分散投资的方式最终将环境风险组合到项目运营的整体风险中，进而有效帮助企业解决环境保护和经济发展之间的矛盾。绿色金融的发展为市场提供了多样化的金融产品，资本流入新兴行业的风险可以被有效分散；金融机构还可通过项目筛选实现项目科学优化，高风险项目则不能进入市场。基于对整个产业链的考量，产业结构优化过程中面临的风险问题可以通过绿色金融体系的完善得到分散与化解，风险的分散机制加速产业结构的优化升级。

四、技术创新作用

绿色金融为绿色产业提供了技术研发和创新的先决条件，绿色技术的突破又将助力产业优化升级，实现绿色发展。首先，绿色金融引发了全社会对于构建市场导向型绿色技术创新体系的关注，吸引大批技术人才投身于环保技术创新的事业中，促进优质人力资源向绿色产业靠拢，满足了绿色技术人才的需求。其次，金融中介对节能减排技术、碳捕获技术、风能核能太阳能技术等项目予以更多的关注，为绿色技术创新提供了坚实的后盾和经济基础，激发企业在生产经营和研发创新方面融入绿色理念的动力，满足了绿色产业技术研发的资金需求。[①] 在绿色金融理念的引导下，各种资源逐步投向绿色产业，这样不仅有利于加快绿色技术创新，而且可通过协同发展，有效保证绿色产业发展的规模经济效益，进而保障其竞争力能够长期得以提升，有利于优化产业结构。同时，商品市场、技术市场等也会促进绿色资本在不同国家和地区间进行流动，进而加快绿色产业在世界范围内的整合，使市场体系更加完善和高效，在一个更大

---

① 李朋林，叶静童. 绿色金融：发展逻辑、演进路径与中国实践 [J]. 西南金融，2019
（10）：81-89.

的范围内实现各种市场资源的有效配置，推动绿色国际贸易的协同发展，提高绿色产业的综合竞争力。另一方面，在绿色资本流向绿色产业的过程中，企业之间还会伴随着诸如品牌、专利和技术等无形资产要素的转移以发挥更大的协同整合效应，共同促进产业结构的绿色化调整。绿色金融支持可以让绿色产业中无法实现盈利的、研发成本较高的行业得到发展需要的资金，从而使绿色产业更健康稳定地发展，优化产业结构。

五、环境监督作用

绿色金融对于企业环境信息的强制披露可以提高社会公众环境保护的意识，监督企业的环境行为，进而推动企业绿色发展。在传统的企业披露信息中，财务指标和经营业绩是企业和社会公众关注的重点，同时也没有相关政策强制性地要求企业进行环境信息的披露，导致企业并不关注企业环境方面的相关变化。而绿色金融机构对企业进行的融资由于引入了环境方面的考量，因此对于企业环境行为重点关注，获取了企业环境的相关信息。企业对包括股东在内的更广大利益群体负责，追求可持续发展的目标，进行更多的非财务信息的公示，可以体现企业的社会责任。企业想进行融资，就必然会经过金融机构和国家相关机构的信息调查，同时企业也要对自身经营情况相关信息进行披露，相关信息可以对政府和社会公众公开展示。强制性的信息披露可以监督企业的环境行为，披露的信息会对产品最终消费者的偏好产生影响，如果企业在生产过程中造成严重的环境问题，可能消费者会用脚投票，利用其他产品进行替代，倒逼企业进行绿色化转变，推动企业绿色发展。

第三节　绿色金融助推工业绿色发展的措施

通过金融手段引导环境管理，丰富完善环境保护的金融手段体系，加大生态建设、环境治理的投入，有利于提升环境质量，实现经济效益、环境效益和社会效益的协调发展。通过创新构建完整、高效的绿色金融体系，合理有效配置资本，可以为经济转型升级提供稳定、持续的金融支持。绿色金融体系主要囊括了基本法律、标准制度和监督制度等内容，可以通过构建系统的绿色制度体系，明确其中的参与主体和具体权责，完善金融业务的实施规范，加大对制度执行的监管来提升绿色产业发展的秩序性，推动工业绿色发展。

一、完善绿色金融配套政策

工业绿色发展具有技术要求高、投入资金大、产出周期长的特点，这就决定了其对绿色金融的依赖程度较高，需要政策的大力支持，需要完善的法律法规和制度来保障。政府应完善绿色金融法律保障体系，包括绿色金融基本法律制度、实施制度和监管制度，明确金融机构在实施环境保护中应承担的责任和履行义务。在完善绿色金融基础法律法规和监督管理的顶层设计基础上，要规范完善绿色金融信贷流程，简化审批手续，进一步明确环境污染者的责任，强化内外监督管理协同机制，提高绿色金融的服务能力和水平。相关部门应以绿色产业、绿色经济为切入点，研究制定差异化的绿色金融政策，例如建立健全用能权、用水权、排污权初始分配制度，创新有偿使用、预算管理、投融资机制。政府应强化绿色金融市场机制建设，包括绿色评价机制、绿色激励机制、绿色公共以及绿色共享机制。加大政府对绿色金融政策的引导及宣传，强化现有政策的执行力度，加强监督和管理，积极推动绿色金融机构开展绿色金融活动，自觉引导企业主动开展绿色生产。加快建立绿色金融标准，做到可操作化和具体化，有效规范绿色金融的实施。

二、加大金融产品和业务的创新

以传统间接融资为主的绿色金融产品和服务种类单一，难以满足绿色经济发展的多层次需求。要大力开发绿色金融新产品，积极依托"互联网+"，加强绿色金融市场及产品建设，诸如加强绿色信贷、绿色基金和绿色账户等传统产品的创新，大力拓展绿色融资领域的直接融资力度，扩大绿色信贷规模，推动金融产品的多元化创新。[①] 加强绿色金融衍生品工具的创新，通过发展绿色基金、绿色中介服务等，增强绿色金融服务能力。鼓励专业的绿色投资机构投资绿色行业，支持绿色证券产品的推出与更新，更好地满足绿色金融发展需求。环保企业可以尝试通过发行债券的形式来募集资金，或者拓宽股票、债券、私

---

① 肖璐. 以绿色金融助推绿色发展［J］. 群众，2019（23）：43-44.

募股权、资产证券化等直接融资渠道，充分利用资本市场优化资源配置的功能。① 依托互联网，通过使用大数据、云计算、区块链技术等，共享环保、金融等数据资源，推进资金的有效配置，保障绿色产品和项目的资金需求，促进绿色金融可持续发展。不断完善绿色信贷产品体系，制定绿色信贷实施细则，实行差异化、动态化的授信服务，严密防范风险，保证绿色信贷资金健康运行。② 支持社会资本设立民间绿色投资基金，完善收益成本风险分担机制。鼓励保险公司开发针对合同能源管理、环境污染第三方治理的保险产品。发展环境权益等绿色金融衍生品市场，推动传统企业绿色转型升级。

三、完善金融机构激励约束机制

支持金融机构建立绿色金融管理体系，在绿色金融项目识别、产品设计、授信审批、人才培养等方面加强能力建设。支持金融机构设立绿色专营分支机构，给予相应政策扶持，优化绿色信贷审批流程，扩大分支机构审批权限。加大政策支持力度，构建绿色担保机制，发挥担保机构政策化及市场化双重优势，提供灵活多层次的增信担保服务，降低绿色金融项目融资门槛及融资成本。制定绿色技术相关认定和评价标准，降低绿色金融的认证成本，促进金融业精准高效地支持节能环保产业。健全财政政策对绿色信贷的支持，通过贴息、退税等机制降低金融机构成本，通过合理定价、财政补贴等方式提高社会资本投资节能环保产业、推动绿色技术创新的积极性。建立健全激励约束机制，推进银行业绿色评级、绿色信贷业绩评级，将评级结果作为监管部门对金融机构考核的重要内容。强化土地、税收、人才等政策扶持，建立绿色技术、绿色项目优先政府审核、优先金融服务的"绿色通道"。通过不断健全财税扶持体系来构建更加完善的绿色金融发展模式，从而有效地构建更加长效的发展机制。

四、构建绿色金融信息共享机制

构建区域绿色金融信息共享、监测评价和监管联动机制，督促绿色金融机构及时转变思路、调整结构、创新金融产品和工具、做优做强服务。通过绿色

① 李晓红. 论绿色金融助推环保产业发展的路径 [J]. 农业经济，2020 (11)：117-119.
② 杨洁. 发展绿色金融助推节能环保绿色产业 [J]. 中国经贸导刊，2020 (1)：59-60.

信息共享机制的建立，定期向金融机构披露环保政策法规、当地环保企业的相关信息，有效加强金融机构与企业之间的信息互通，引导金融机构绿色信贷的发放。搭建绿色产业企业征信平台，协调整理绿色企业项目征信数据库，将其作为政银企对接参考依据。完善环境信息披露制度，确保环保产业信息的公开与透明，明确信息披露的具体内容，如环保技术信息、污染排放状况、行业标准、财务状况、征信记录、违法记录等。强化社会公众参与，为社会公众监督提供平台。利用互联网技术、数据库技术等开发并建立环境信息公开系统，及时上传与环境污染有关的企业信息，如废物排放、污染超标以及违规违法情况等，让每个人随时随地能够借助这一系统查询想要了解的环境信息。同时，可以利用广播、电视媒体及时曝光对环境造成污染的企业，借助舆论压力，督促污染企业立即停止一切污染环境的行为。

第十一章

工业绿色发展的行业实践（一）

　　绿色转型已成为中国工业企业创新发展的重要内容。理论上讲，工业绿色发展可以成为新经济增长点，并作为工业经济发展新动能来培育，但在推动工业绿色转型实践过程中，也会出现许多问题，必须予以考量。伴随着中国由制造大国向制造强国转变，越来越多的中国企业走上了高质量发展之路。以家电行业、乳制品行业、家居建材行业等为代表的一批消费资料制造企业在环保科技领域闯出了新路，为全球用户提供了优质的绿色产品和服务，也为其他工业企业的绿色转型提供了可供借鉴的经验版本。

第一节　家电行业的绿色实践

　　家电产品的节能环保是大势所趋。在国际市场，绿色门槛已成为家电行业走向世界必须跨越的障碍。将绿色制造贯穿于家电产品从设计到报废的整个生命周期，对于推进家电行业的能效提升、清洁生产，促进家电行业绿色发展来说至关重要。在探寻增长与转型、经济与生态良性互动的道路上，家电行业的企业已经探索出一条可持续发展的"绿色之路"，成为工业绿色发展的典范。

一、家电行业绿色发展概况

　　家用电器是家庭的耗电"大户"。我国家用电器总产能占据全球产能的80%，家用电器用电量约占全社会用电量的11.3%，高达30%的居民碳排放来自家用电器。① 据统计，在商业和家庭能源消耗中，取暖、通风和空调能源消耗占的比例最高，占商业和家庭能源消耗的 60% 左右，其中空调能耗大约占10%。② 作为全球最大的电器电子产品生产国、消费国和出口国，我国电器电子产品不断升级换代，因此大量的产品废弃后将带来巨大的处理压力。2019 年，我国包含电视机、电冰箱、洗衣机、房间空调器、微型计算机、吸油烟机、电热水器、燃气热水器、打印机、复印机、传真机、固定电话、手机、监视器 14种废弃电器电子产品理论报废数量达 62393 万台，回收拆解量达 8417 万台。③经过拆解处理后的产品流入金属或非金属材料市场，电子产品中的化学物质经燃烧会释放二噁英和呋喃等有毒化学物质，许多材料如不经处理就被填埋，将对土壤造成严重污染，并且这些物质一旦进入环境，将滞留在生态系统循环圈中，其污染是长期的，如过量的铅会损伤人的中枢和周围神经系统，严重影响儿童的大脑发育；过量的汞会影响大脑的记忆功能，并且是一种致癌物质；过量的铝会引起呼吸系统疾病；等等。若不妥善处置，这些废弃电器电子产品中的铅、汞、铬等有毒有害物质最终将进入土壤和水中，危害环境和人体健康，阻碍社会的可持续发展。

绿色是家电生产企业未来发展的风向标，资源节约、低碳节能、绿色环保应成为家电行业长期坚持的发展方向。中国家用电器工业"十四五"发展规划中提出，要促进产品绿色设计和轻量化设计，引导绿色消费，完善废旧家电回收体系，实现资源有效回收和循环利用，使节能环保水平再上新台阶，推动家电产业链绿色发展。人们对美好生活的向往，对高品质、健康化、智能化、绿色化等消费升级需求，也将助推家电产品结构升级。近年来，我国家电行业绿色发展成效显著，为全球减排温室气体做出卓越贡献。主要家电产品能效标准节能要求不断提高，节能家电产品市场份额持续提升。家电整机及零部件产品生产制造过程节能、节水工作也取得明显进步。制冷行业制冷剂、发泡剂的环保替代工作进展顺利。家电行业在有害物质控制与替代、资源效率提升、绿色

---

① 双碳变革，家电行业掀"绿色"潮（二）：与时偕行，和合共生 [EB/OL]. 中国家电网，2022-08-05.

② 中央空调产品不走绿色路线是没有市场前途的 [EB/OL]. 制冷快报，2012-06-05.

③ 前瞻产业研究院. 预见 2021：《2021 年中国废弃电器电子产品回收处理行业全景图谱》（附产业链现状、竞争格局、发展趋势等）[EB/OL]. 中国互联网络信息中心网站，2021-04-23.

设计等领域保持与国际同步。家电企业积极履行生产者延伸责任，并在产品轻量化设计、高容积比指标等方面达到了国际领先水平。

二、家电行业的绿色政策和标准

为促进绿色转型，提高环境质量，中国政府出台了多项政策法规，对家电行业的绿色发展提出了更高的要求。《电子信息产品污染控制管理办法》《电器电子产品有害物质限制使用管理办法》等政策法规相继出台，对电器电子有害物质管制和产品能效提升作出要求。2015 年 7 月，工信部联合财政部、商务部和科技部发布《关于开展电器电子产品生产者责任延伸试点工作的通知》和《电器电子产品生产者责任延伸试点工作方案》。试点工作包括建立回收体系、推动资源化利用以及开展包括绿色设计在内的协同创新，探索建立包括激励机制在内的电器电子产品生产者责任延伸综合管理体系、技术支撑体系和服务评价体系。① 2019 年，国家发展改革委等七部委联合发布的《绿色高效制冷行动方案》提出，到 2022 年，我国家用空调等制冷产品的市场能效水平提升 30% 以上，绿色高效制冷产品市场占有率将提高 20%，实现年节电约 1000 亿千瓦时。到 2030 年，大型公共建筑制冷能效提升 30%，制冷总体能效水平提升 25% 以上，绿色高效制冷产品市场占有率提高 40% 以上，实现年节电 4000 亿千瓦时左右。②

为促进旧家电回收，同时推动家电更新消费，国家发改委等七部委 2020 年联合发布《关于完善废旧家电回收处理体系推动家电更新消费的实施方案》，贯通了废旧家电回收处理产业链，其中，对于生产者、销售商、回收商、废旧家电拆解企业的相关指导具体且操作性强，有利于推进废旧家电回收处理体系进一步完善。2021 年国家发展改革委、工信部、生态环境部联合印发《关于鼓励家电生产企业开展回收目标责任制行动的通知》。这两项政策均聚焦废旧家电回收，持续推动再生资源行业转型升级。2022 年 1 月，国家发展改革委等七部门联合印发《促进绿色消费实施方案》，鼓励引导消费者更换或新购绿色节能家电，鼓励有条件的地区对智能家电等消费品予以适当补贴。2022 年 7 月，商务部等 13 部门印发了《商务部等 13 部门关于促进绿色智能家电消费若干措施的

---

① 田晖．生产者责任延伸制度与家电行业的绿色发展［J］．家电科技，2019（2）：22-23.
② 健康、绿色、智能，为家电行业增添活力［J］．家用电器，2019（10）：64-66.

通知》，提出在全国范围内开展家电"以旧换新"活动，全面促进智能冰箱/洗衣机/空调、超高清电视、手机以及智慧厨卫、智能安防、智能办公、智慧康养等绿色智能家电消费。① 此外，市场监管总局不断完善绿色产品认证与标识体系，对电冰箱、空调器、洗衣机、电视机、手机等家电产品开展绿色产品认证。这一系列的政策措施大幅提高了家用电器能效和绿色水平，并激发了消费者购买节能家电的热情，家电行业迎来绿色升级加速期。

在制定和完善绿色产品的标准方面，家电行业也处于领先地位。主要家电产品都有针对性的国标，明确规定其能效限定值，并将产品按能效划分为 3 个或 5 个等级。而且随着产品的升级，标准也与时俱进，如《房间空气调节器能效限定值及能效等级》《家用电冰箱耗电量限定值及能效等级》《电动洗衣机能效水效限定值及等级》《平板电视能效限定值及能效等级》《家用燃气灶具能效限定值及能效等级》《吸油烟机能效限定值及能效等级》等。与家电行业相关的还有《绿色产品评价 太阳能热水系统》和《绿色产品评价 家用电器 第 1 部分：电冰箱、空调器和洗衣机》2 项标准。家电国标不仅已经广泛覆盖了传统的家电品类，而且能紧跟市场热点和消费趋势，及时覆盖近些年来新兴的家电品类。从家电行业的规范化管理来看，多项绿色产品标准的落实和修订完善，为家电生产企业树立了标杆，为行业参与者的准入制定了门槛。完善的政策和标准为企业绿色转型提供了强有力的后盾，也为广大消费者的绿色消费提供了便利。围绕着绿色智能家电消费、废旧家电回收、以旧换新等产业新增长点，家电企业绿色转型轰轰烈烈。

三、家电生产企业的绿色转型

随着中国经济的增长，以及"绿色理念""健康中国"的提出，居民开始追求更加"绿色、健康、智能"的生活方式，由用户需求引发的绿色健康家电产品成为时下新宠。家电企业不仅从工厂和产品着手，打造绿色制造体系，还对产品全生命周期绿色供应链进行创新。在强调企业自身绿色化的同时，更侧重供应链节点上企业的协调与合作，全方位考虑产品从设计、采购、生产、营销、物流、回收和处理全生命周期的资源、能源与环保问题。

---

① 商务部等 13 部门关于促进绿色智能家电消费若干措施的通知［A/OL］. 中国政府网，2022-07-28.

（一）绿色产品

绿色材料的选择是保证家电产品质量的重要因素，在材料选择的过程中，要选择无毒、无害并且符合环保标准的材料，尽可能地减少对环境的危害和对能源的浪费，达到可持续发展的要求，如免喷涂材料、生物基材料和抗菌材料的逐步应用，对家电行业的发展有很大的促进作用。根据工信部节能与综合利用司公示的工业产品绿色设计示范企业名单，家电行业多家知名企业榜上有名。

家电生产企业在满足产品功能和质量的前提下，也在探索产品全生命周期内的各种绿色化细节，从设计、制造、包装、运输、使用到报废处理等各个环节上全面提升绿色化处理水平，比如调整生产结构，加大高能效产品比例；采用创新技术和提高产品智能化水平，以减少产品制造时所需的材料及减少产品使用时的能耗；在产品包装中减少塑料的含量；在产品的主机外壳中采用再生材料；在塑料零部件上标注其材料成分及阻燃剂含量，以便在回收时轻松辨别不同种类的塑料等。格力在结构性设计时就会考虑节能和优化；格力的净化器、管道等产品会考虑一些绿色环保的材料；给空调等家用电器设定建议报废时间，确保电器一直处于节能的运行状态。TCL 的高光产品蒸汽注塑技术，取消了污染严重的喷涂工艺，省去了二次加工，大幅降低了单位产品的耗电、用水量。海信通过自适应背光控制算法和数字化电源控制等技术的应用，每台电视能耗降低超 30%；改进塑料、结构、模具等设计方案，开发 2.5 毫米以内的薄壁电视后壳，节约阻燃塑料使用；优化电视机前壳模具尺寸，使用挤塑代替注塑，节约模具钢材 4.5 吨；选择易回收原材料，对塑料件进行材料标识，利于回收分类；选择螺钉及卡扣式等装配方式，便于拆解。

（二）绿色生产

在生产端，5G+工业互联网技术在新建或改造升级后的家电智能工厂应用愈发普遍，驱动绿色制造模式的全面转型和升级。这些智能工厂通过制定节能标准与目标、完善能源管理评估制度、加大新能源使用占比、推动节能低碳技术，实现绿色生产。在工信部公布的六批绿色工厂和绿色产品等绿色制造名单中，频频出现家电企业的身影。

格力的绿色工厂主要从"节能、节水、节地和节材"等方面进行创新与探索。[①] 在节能方面，代表性项目之一为屋顶的光伏系统，这一系统能直接将太阳能转化为电能，直流电直接供格力电器自主研发的光伏直驱空调使用，剩余直流电可通过逆变器转变为交流电使用；代表性项目之二为空压站的余热回收系统，这一系统将高温气体的热能通过换热系统转化加热生活或生产用水。在节水方面，代表性项目是中水回用系统，污水处理站将厂区污水进行汇集并按环保要求进行处理后，通过增压泵送系统和中水管网系统直接用于厕所用水或绿色植物灌溉。另外，格力还投入了高架库、屋顶绿化、智能灯等绿色环保项目。在绿色制造方面，格力联合上下游单位，通过工序合并、流程再造、绿色工艺、绿色材料等技术应用，形成了全新的绿色制造模式。例如换热器制造，从新工艺流程的研发、新设备的研发、新材料的使用、新技术的应用等几方面，汇聚成一套全新的换热器绿色制造集成系统，以提高空调的绿色制造工艺技术水平。

美的从用地集约化、原料无害化、生产洁净化、废物资源化、能源低碳化五个方向实现绿色制造。运用 IOT、工业互联网等数字化技术，驱动绿色制造模式的全面转型和升级，在着力推进高端制造布局的同时，加快所有制造工厂的绿色标杆建设及绿色智能创新。

海尔从源头防治污染，优化原料投入，改进生产工艺。在设计研发、制造、包装及物流、回收过程中全面考量产品环保属性，致力于减少对环境的影响。通过产品质量提升来延长产品使用周期，减少废弃电子设备产生，不断优化环保材料及环保包装解决方案。

博西家电则密切监控生产流程和生产排放物等相关环节，致力于从资源使用、排放到能耗等价值链的各环节最小化碳足迹，最大限度地减少资源能耗与污染排放。

（三）绿色产业链

工业绿色转型过程中，家电企业一方面紧密围绕产品能效提升，推进绿色节能产品在终端消费中的普及；另一方面，更多企业将绿色转型理念贯穿至"设计、采购、制造、物流、回收、服务"的全流程。将绿色制造贯穿电器电子产品从设计到报废的整个生命周期，对于推进家电行业的能效提升、清洁生产，

---

① 周亚明，谢立言. 长沙格力：绿色工厂智能制造［J］. 新湘评论，2018（21）：48-50.

促进行业绿色创新发展来说至关重要。老板电器公司通过智能化用能，清洁生产工艺，易拆解、易回收等创新设计，提高资源、能源利用效率，实现产品全生命周期管理，实现绿色低碳发展。例如，研发绿色智能烹饪系统，根据菜品需求，自动调节灶具火力和吸油烟机功率，减少烹饪过程中不必要的能源浪费；采用激光集成焊接、全自动冲压、智能装配等绿色技术，生产每台吸油烟机节电0.15千瓦时，节钢0.8千克，减少VOCs排放0.69千克；建立不良品及报废机回收体系，对废旧产品进行回收，对钢板、五金件、电机等零部件进行循环再利用，实现材料全面的资源化利用。

在绿色能源使用方面，海尔通过智慧能源数据互联控制中心项目对每条线体、每道工艺进行能耗监控，建立单台能耗管控指标。同时，通过能源管理体系运行，推进能源标准化管理，保障集团单台能耗目标完成。海尔智慧能源数据互联控制中心项目是海尔基于工业4.0重点打造的能源大数据分析系统，利用自动化、信息化技术和集中管理模式对全国十三个工业园区电、水、气等主要能源的生产、输配和消耗环节实施集中扁平化动态监控和数字化管理，通过大数据分析，对生产终端能源供应施加影响，降低重要能源介质散放，最终实现绿色低碳生产。

针对用水、用电高能耗设备，TCL通过高能耗设备逐步替换、提升公司能源利用效率、降低公司单台能源制造费用等方式达到节约能耗的目的，具体实施上将空压机替换成双级压缩低能耗设备，通过冷却塔进行热交换将原本直接排放到大气中的热量进行转换，利用变频器使电机在不做功的时候低频率运转等方式实现节能减碳。另外，TCL通过天然气加热替代电能加热、投入光伏发电和废气处理等推动能源梯级应用。

四、家电行业的绿色公益

废旧家电的正规拆解在实现资源循环利用的同时，更降低了对环境的污染，家电生产企业积极参与到了回收目标责任制行动中。家电生产企业打造的互联网+回收平台、绿色回收体系等将有助于废旧家电的绿色拆解报废，真正实现从生产、使用到回收、拆解的产品全生命绿色周期。例如，格力电器依托销售网络开创了"格力O2O电商平台+格力线下销售渠道+格力绿色再生处理+格力绿色生态再生设计"组成的格力"四合一"绿色回收系统，以增值服务逆向回收废弃电器电子产品，形成专业化的电器电子产品闭环循环系统。①"四合一"绿色回收系统严格把控绿色物流、始端回收、绿色仓储、绿色处理等环节，规范整合回收渠道，废弃电器电子产品回收量将进一步提升。海尔智家以回收业务为切入点，向拆解环节延伸，打造"回收—拆解—再利用"产业闭环的绿色再循环体系。利用标识解析技术，另外，每一台机器都对应唯——一个旧机码，全流程可视，收、储、运、拆、用各个环节都可溯可查，保障了旧机的有效流转，规避了过程中违规处置的风险，可以保障废旧家电得到安全、高效、合规处理。美的利用数字化工具开展以旧换新活动，打造数字化绿色回收体系，从用户端回收后直达正规拆解工厂，真正实现从企业生产、用户使用到旧机回收并拆解的产品全生命周期服务。每台被回收的旧机都会生成唯一条码，从工程师上门、物流运输、仓储，到拆解、报废等各环节，绿色回收全程可追溯。

　　此外，为有效提升社会及消费者的低碳环保意识，倡导绿色、低碳、环保的消费理念，推动社会各界一起践行可持续发展的生活方式，家电企业践行着绿色责任。例如，海尔围绕工业旅游、教育科普等方面建设循环经济生态教育展厅，并对外开放学习，引导消费者增强家电节能环保意识，提升全民绿色环保意识；博西通过灵活的租赁、共享和补助方式为集团旗下一系列产品延长了使用寿命，让更多处于不同经济水平的家庭都能便捷地体验到博西家电的创新理念和环保解决方案，不仅能享受高性价比的品质生活，还减少了不必要的能源耗费；美的提供"绿色回收+换新补贴"双重优惠让利用户，同时推出拆、送、装一体的便捷性服务，保障用户换新无忧。让越来越多的消费者出于自身利益和日益提高的环保意识，自发地支持低碳事业，主动选择绿色产品和绿色的生活方式。

第二节　乳制品行业的绿色实践

　　乳制品行业是典型的一、二、三产业融合的产业，涉及了牧草种植、奶牛养殖、生产加工、运输、物流、加工包装、终端消费、回收利用等领域，因此

---

① 商务部流通业发展司. 格力绿色：以增值服务置换废弃电器电子产品［EB/OL］. 中华人民共和国商务部，2018-03-08.

在乳制品全产业链实现绿色发展十分重要。乳制品企业秉持绿色可持续发展的理念，积极付诸绿色实践与行动，共同促进乳业全产业链的绿色转型，共同助力中国乳制品行业开启绿色低碳发展新时代。

一、乳制品行业绿色发展概况

根据国家统计局的数据，2021 年，全国规模以上的乳制品生产企业有 589 家，主营业务收入 4687.38 亿元，全年我国奶类总产量约 3780 万吨，总产量居世界第四位。乳制品是指以牛乳或羊乳及其加工制品为主要原料，加入或不加入适量的维生素、矿物质和其他辅料，在法律法规及标准规定要求的条件下，经加工制成的各种食品，也叫奶油制品。乳制品产业链涉及多个行业和企业。随着居民收入持续增加、消费水平不断提高、生活水平的改善、健康意识兴起，人们对乳制品产品的消费从口味和营销为主转向健康化、多元化。在强劲的内需驱动下，中国乳制业开展品质升级、品牌升级、创新升级，实现跨越式绿色发展。

乳制品行业发展的根本是产品品质，而产品的品质与安全无法仅靠产业链上某个企业来实现，需要整个产业链上不同成员的共同努力。乳制品行业产业链包括上游原奶供应、乳制品加工包装以及下游乳制品销售。整个乳制品行业产业链以乳制品企业为核心，企业从牧场和奶站收购原奶，经过加工之后生产出液体乳、奶粉以及干乳制品等产品，最终通过物流运输到多级经销商和各终端进行销售。"完全天然""全程无污染"的有机牛奶的生产，需要以绿色、环保技术为支撑，从牧草种植、饲草加工、奶牛养殖、奶源的选择、机械化挤奶、产品加工到无菌包装与运输方式、产品废弃物处理、奶牛养殖场粪便处理、回收等各环节，建立循环利用和生态环境治理与保护资源融为一体的具有生态合理性、功能良性循环的完整绿色产业链。

二、乳制品行业的绿色政策和标准

我国出台了一系列乳制品业扶持政策以加强乳制品业的质量安全。2007 年，《国务院关于促进奶业持续健康发展的意见》的发布，确立了我国乳制品业健康发展的重要地位，同时对乳制品业发展的重点任务和支持政策予以明确。2008 年"三聚氰胺"事件后，国务院及相关部门陆续颁布了一系列涉及乳制品的法律法规及标准，形成了完善的法规标准体系。2008 年，《奶业整顿和振兴规划纲要》着重弥补了我国乳制品质量监管的漏洞，规定了生鲜乳收购监管由农业农村部负责，并确定乳制品主体责任及质量安全监管分工。同年，《乳制品加工业产业政策》鼓励奶源生产基地优化奶牛养殖模式，发展奶牛适度规模养殖和标准化体系建设，构建优质高效、布局合理、安全环保的奶源供应体系。2010 年《国务院办公厅关于进一步加强乳品质量安全工作的通知》建议完善乳品质量追溯体系，加大生鲜乳质量安全监管力度，加强婴幼儿奶粉的质量监管，严格执行乳品质量安全标准，建立健全生鲜乳质量安全监管机制，加大违规乳企的处罚力度，确保生鲜乳质量安全。《中国食物与营养发展纲要（2014—2020 年）》《轻工业发展规划（2016—2020 年）》等多项政策中同样提及我国乳业发展问题，如扶持奶源基地建设、强化奶业市场监管以及推进现代奶业建设。2016 年发布的《全国奶业发展规划（2016—2020 年）》，提出以优质安全、提质增效、绿色发展为目标，继续加强奶源建设以及乳品加工业监督管理，提高奶业发展的质量效益和竞争力。

2018 年 6 月，《国务院办公厅关于推进奶业振兴保障乳品质量安全的意见》指出，以优质安全、绿色发展为目标，加快构建现代奶业产业体系、生产体系、经营体系和质量安全体系，不断提高奶业发展质量效益和竞争力，大力推进奶业现代化。同年 12 月，《农业农村部　发展改革委　科技部　工业和信息化部　财政部　商务部　卫生健康委　市场监管总局　银保监会　关于进一步促进奶业振兴的若干意见》要求以实现奶业全面振兴为目标，优化奶业生产布局，建立完善以奶农规模化养殖为基础的生产经营体系，密切产业链各环节利益联结，切实提升我国奶业发展质量、效益和竞争力。2020 年 12 月，《乳制品质量安全提升行动方案》提出强化法规标准体系建设、强化落实企业主体责任、强化质量安全监督管理，进一步督促企业落实主体责任，提升乳制品质量安全水平，推动乳制品产业高质量发展。2022 年《"十四五"奶业竞争力提升行动方案》又进一步强化了我国对生鲜乳质量安全的监管力度。

乳制品行业也逐步完善了行业绿色标准体系建设。在奶牛养殖领域，制定了《现代奶业评价 奶牛场定级与评价》团体标准、《现代奶牛场定级与评价管理办法》等。2015 年《中华人民共和国畜牧法》等法律法规则将目标对准生产源头，对畜禽产业的生产标准进行深化，进一步推进了奶牛养殖的标准化进程。此外，我国还颁布了一系列条例及管理办法，规定了原料奶收购和乳品生产、加工及销售等环节的标准，并对于乳制品质量安全检验、乳企生产条件和生产许可等内容进行细化。2020年，中国乳制品工业协会起草了《乳制品行业绿色工厂评价要求》。乳制品行业绿色工厂评价指标参照《绿色工厂评价通则》给出，并根据乳制品行业特点，删除了部分不适用指标，增加了乳制品行业在绿色工厂创建过程中应满足的部分具有行业特点的指标。2021年由中国奶业20强联合起草并发布的《中国奶业D20标准 生牛乳》团体标准，同时制定了绿色低碳指南、低碳工厂规范、评价标准、绿色工厂、绿色产品设计等团体标准，彰显了行业在质量要求方面的自律性。行业协会还推动制定了《乳制品行业温室气体核算与报告标准》《乳制品行业碳排放限额》两个行标，以及原料乳碳足迹核算与披露指南的团标工作。不断完善的乳制品行业绿色政策及标准体系引导我国乳制品企业积极建设绿色工厂，构建低碳、循环、环保的绿色生产体系，在节能、节水、减少污染物排放、改善工厂及周边生态环境中发挥了重要作用。

三、乳制品生产企业的绿色转型

乳制品产业链涉及牧草种植、奶牛养殖、生产加工、终端消费、回收利用等领域。对于乳制品行业发展而言，绿色低碳不仅仅要从行业部分开始，更要深入企业全产业链以及消费群体当中，在全产业链实现低碳绿色发展十分重要。

（一）绿色产品

奶源是乳制品企业整个供应链的起点，也是乳制品质量的关键。因此，对奶源的选取控制、培育和保护，是一个乳品企业对环境最大的保护、对绿色生态最根本的坚持。伊利推行以养带种、以种促养的"种养一体化"生态农业模式，将数字化、智能化先进科学技术与传统养殖业充分融合，有效减少碳排放量，助力打造绿色智能牧场。伊利采用了从"公司+牧场小区+奶户"到自有牧场的先进过渡模式——"奶联社"，主张奶农在自愿的前提下将自己的奶牛交由奶联社进行统一管理、统一收奶、统一验质、统一交售。从饲料喂养到挤奶出售，原奶生产的所有环节都在企业的控制之中，消除可能存在的质量安全隐患。伊利的牧业管理系统将牧场工作流程进行数据化管理，该系统涵盖奶牛管理、库存管理、营养饲喂、牧场设备、发情监测等各个层面，通过这一系统能对牧场情况了如指掌。在伊利牧场，奶牛降生即佩戴电子耳标，通过耳标数据严密监测奶牛的各种状况，从而进行精准饲料投喂，保障奶牛的科学饮食和健康护理，养出健康牛，挤出优质奶。

飞鹤乳业实现了从牧草种植到规模化奶牛饲养，直至生产加工、物流仓储、渠道管控乃至售后服务各环节的全程可控。飞鹤推进优质奶源基地建设，拥有9个专属农场，种植青贮玉米、紫花苜蓿、燕麦、籽粒玉米、大豆等，专供牧场，确保奶牛饮食安全。这些牧场和养殖场达到了"牛舍现代化、养殖规模化、管理标准化、奶牛高产化、园区花园化"的建设标准。在奶源管理上，完达山实行"奶牛分散饲养，集中机械榨乳，快速冷链运输"的模式，对养牛户严格执行绿色操作规程，从饲料种植、科学饲养到挤奶、储运实行全方位、全过程监控。完达山乳业以"龙头+基地"的模式，将产业链延伸到牧草种植、奶牛养殖等多个领域和环节，确保前端的质量安全，积极推进规模化养殖，引导牧场科学化、标准化饲养，加强兽药和饲料监管。对原料奶实施机械榨乳、低温储存、冷链运输、入厂检验全程无盲点监控，为生产优质绿色食品提供奶源保障。光明乳业围绕"新鲜品质"这一主题，在奶源、技术、工艺、冷链和服务的全产业链管理上保障乳品的卓越品质。

绿色牧场的建设离不开硬科技。配套自动化环境控制系统、TMR饲喂、智能穿戴设备、全封闭的自动挤奶系统和精准数字化管理系统是现代牧场建设的标配。蒙牛集团运用云计算、物联网、大数据等新兴技术，通过建设"数字奶源·智慧牧场"平台，在上游奶牛养殖上进行全链条数字化监控。蒙牛应用从牧草到牧场，最终回到牧草的可持续发展方式（牧草种植企业为牧场提供优良牧草，牧场为乳制品加工供应优质奶源）。在光明乳业牧场，每头奶牛每日的作息、饮食、运动、保健流程均有相应的专家为其量身定制。与此同时，光明乳业自主研发的"荷斯坦牧业信息系统"（HERP系统）也为公司自控奶源构建了一个庞大的数据库平台。企业通过这一系统对牧场的生产数据进行分析，可为牧场的生产管理提供多种依据，对于牛奶质量的管控也更加精准化。现代科学管理与传统养殖技术相结合的模式，使奶牛全部都拥有"身份证"，用体系保障来最大限度地降低牛奶安全风险并提高品质。

（二）绿色生产

乳制品生产企业在奶源建设、产品生产、物流配送等方面建立了系统化、标准化的管理模式，推行全过程、全方位、全员的"三全"质量管理体系。在工信部公布的六批绿色制造名单中，已有多家乳制品企业获得"国家级绿色工厂"荣誉。在伊利的智能化绿色工厂，所有的生产环节均实行密封、无菌、自动化智能生产。伊利牛奶盒的顶部采用超声波封口技术，不使用胶水和黏合剂，确保伊利牛奶的"绿色"。在乳制品生产环节，伊利集团将绿色作为衡量产品质量的重要指标，实行高效、科学的管理方法，对产品生产的细节管理精确到秒，不仅使能源消耗降到最低，而且进一步确保了产品的安全营养。原奶运输过程实现全程可视化 GPS 追踪，原奶入厂后采用条码扫描，随机编号检测；同时，建立了生产过程的产品批次信息跟踪表、关键环节的电子信息记录系统、质量管理信息的综合集成系统和覆盖全国的 ERP 网络系统，实现了产品信息的可追溯，并与国家平台进行对接，实现全方位的品质监控与管理。为了更好地推进乳业全链绿色发展，伊利开发了 EHSQ 信息管理系统，将环境保护管理体系、能源管理体系固化在信息系统中，为绿色发展建立大数据平台，不仅可以实现环境保护的合规性管理、危险废物管理等，还能进行能源消耗数据的收集与分析、碳排放量的统计分析，为全链绿色升级带来颠覆性变革。

飞鹤乳业通过设备改造和流程优化，降低工厂建设、运营过程中的碳排放。奶牛从牛舍走向挤奶厅，经过验奶、药浴、擦干、挤奶、药浴这 5 个步骤后，新鲜牛奶直接被采集进银色的真空管道，温度在 10 分钟内被降至 4℃存进贮奶罐，紧接着，经严格消毒的全封闭低温安全运输车驶向奶粉加工车间，全程不超过 2 小时。牧场与工厂之间的"2 小时生态圈"，最大限度地降低了奶粉生产中出现污染的可能性，缩短产品制作周期，保证奶粉的新鲜性。奶粉加工环节实现了 24 小时全程跟踪检测，共经历 25 道检验程序、411 项次检验。每一罐奶粉底部都有二维码，扫描后就可以查到奶源、加工厂、生产时间等诸多信息，保证每一罐奶粉可追溯。

蒙牛推动数字奶源、数字工厂、智能制造等各个环节的数智化升级。在工厂端，蒙牛通过建设智慧工厂、推广智慧供应链、建立数据模型和数据洞察，实现了供应链模式的重塑，"线上+线下"架通覆盖全国的生产网络，将传统乳业变"轻"、变"薄"。通过"数字化驱动+运营能力"的服务模式，蒙牛建设起推动端到端全渠道销售、统一订单路由分配及履约、全局订单支撑多端商城、全链路供应链协同的业务中台，赋能上下游生态圈中多家合作伙伴，实现产销协同。光明乳业借助阿里云和云计算、数字技术及 AI 领域的技术，连通研、产、供、销、服全链路数据孤岛，走向产业链的互联互通。另外，光明乳业还突破奶源、产品加工工艺、保质期、冷链物流的限制，实现"鲜"发制人。欧亚乳业引进了国内领先的生产加工及品质保障技术，在全面优化生产流程的同时，还实现了从原料乳到产品的生产加工、质量管控和运输配送全过程的数据采集分析与制造执行。积极推进节能环保技改工作，淘汰落后、低能效设备，生产控制配备能源、水源监测设备及污染物监测设备，节能环保，减少污染物排放。

（三）绿色产业链

绿色产业链理念贯穿在乳制品生产的每一个环节，从绿色奶源到绿色生产，从绿色物流到绿色消费，构筑起一条涵盖乳业上、中、下游平衡稳健发展的产业链。完达山乳业实行严格的"质量检测跟踪体系"，从原奶收购、存储、预处理到均质、灭菌、灌装，都有严格的监测手段和专职的品控员，可对问题产品进行追溯，对上市产品进行质量跟踪，同时建立了完善的质量考核体系，推出了从源头到餐桌全程品质监控的"放心奶"工程。新希望乳业将绿色理念贯穿在乳品生产—加工—包装—销售—回收的全流程。在产业链最前端，新希望乳业的青白江牧场，奶牛粪便直接通过管道进入沼液池，发酵后形成的有机肥料直接送入周边村落的果园。在中游工厂，积极采用光伏、沼气、风能等清洁能源，最大化降低工厂的能源消耗，打造环境友好的绿色工厂。在牛奶包装的材料选择上，新希望乳业澳特兰牛奶纸盒包装通过 FSC 可持续森林认证，包装的纸板源自可持续管理的森林和其他受控来源。此外，新希望乳业采用由可再生资源制作的"植物基纸盒"包装"24 小时"鲜奶系列的产品。植物基纸盒100%可再生利用，回收后可以制成各种再生纸制品和文具等，有助于循环发展及实现对自然环境的保护。通过建设优质回收渠道，建立废弃包装物回收体系，搭建再生资源回收管理大数据云平台等方式，新希望乳业实现了乳品包装的资源化利用，乳制品的全生命周期绿色低碳循环发展形成闭环。

欧亚乳业整合上游协调供应商、牧场，下游分公司、经销商等，工厂配套生产线自动控制系统、智能仓储体系，牧场应用阿菲金管理系统、销售引入车辆 GPS 定位温控系统等软硬件设施，全面构建起乳业全供应链数字化管理集成体系，实现全产业链的信息化、智能化、标准化、绿色化集成控制。企业通过"绿色设计、绿色采购、绿色生产、绿色物流、绿色回收"五个维度和一个"绿色信息披露平台"来打造公司绿色供应链体系，搭建绿色供应商管理信息平台，进行绿色信息披露，实现产品全生命周期的绿色管理；与上下游企业深度协作，发挥绿色供应链管理优势，不断降低环境风险、提高能源资源利用效率，共同构建绿色供应链，推进行业绿色化水平。欧亚乳业还建立了废弃物标准管理制度，对废弃物进行分类存放、分类处置，可回收废弃物经第三方回收综合利用，危险废弃物暂存于危险废弃物暂存间，经有资质的公司回收。另外，企业定期进行环保和节能减排数据监测，发布企业社会责任报告，披露企业节能减排目标完成情况、污染物排放等信息。

四、乳制品行业的绿色公益

乳制品行业通过销售、服务环节向消费者及服务受众传递"绿色"理念。伊利围绕在线参观、终端体验及工厂参观三大内容，通过微信平台、官网、电商导流、门店体验、优化工厂参观模块等形式，为消费者提供优质服务体验，帮助消费者进一步了解伊利。通过伊利集团与互联网企业开发的智能交互系统，消费者只需用手机给伊利纯牛奶的包装盒拍张照，就可以在线参观伊利全球产业链的各个环节，也可以点击进入交互页面，进行语音交流……线上、线下双管齐下，推进全球产业链的全景化和智能化，是伊利为拉近与消费者距离、接受社会监督而采取的措施之一。在打造"绿色产业链"理念的指导下，伊利集团还借助奥运会、世博会等世界平台进行宣传，将绿色、安全、健康的思想融入消费者心中。

乳品包装回收再利用是企业绿色节能减排的重要工作之一。2019年，光明乳业携手上海各相关部门，成为行业当中第一家开展牛奶纸盒回收公益行动的乳制品企业，设立每个月的5日、15日、25日为牛奶纸盒回收日。光明乳业不限规格、品牌进行牛奶纸盒回收，坚持不设门槛的兑换方式，这种通过绿色行动公益回馈市民的服务理念，不仅充分调动市民的积极性，而且也让牛奶纸盒回收行动迅速深入市民心中，形成长效机制、推动习惯养成。在防疫工作常态化背景下，光明乳业升级牛奶纸盒回收行动，开启"奶盒回收新模式"，进一步优化回收流程，丰富兑换内容。回收后的奶盒再利用做成了凳子、桌子、环保椅等绿色环保物品，绿色环保行动有了显著效果。

2022年6月5日世界环境日，新希望乳业在昆明打造了"循环回收及再利用，低碳生活新方式"的"低碳生活研究所"，为消费者讲解垃圾分类、旧物再利用等环保知识。参与活动的市民们可持两个 24 小时鲜牛乳牛奶盒作为"入场券"，在奶盒回收、循环创作、绿色商店、礼品兑换等各环节中，感受一次"环保奇旅"。通过公益服务环节向消费者传递绿色理念，促进其形成绿色生活方式，探索绿色可持续发展新路径。

第三节　家居建材行业的绿色实践

随着绿色、环保等理念的传播，追求绿色生活方式成为世界性的潮流，消费者更加重视健康与环保，环保成为消费者购买家居建材产品时着重考量的第一因素。原材料的紧张和环保政策的不断升级给国内家居建材生产企业造成了不小的压力。家居建材行业逐渐从功能驱动消费转入追求品质和注重健康环保的阶段，健康消费需求尤为突出。绿色环保化是家居建材行业未来的趋势，家居建材企业要发展，绿色转型是必然。

一、家居建材行业绿色发展概况

家居建材行业是能源资源消耗型产业和有害气体、粉尘排放的重点行业。面对严重的资源环境问题，家居建材行业不能免责。减轻建筑材料的环境负荷，实现建筑材料环保化，成为家居建材行业可持续发展的重要课题。伴随居民消费需求升级和健康意识的增强，中国家居建材产品已经从功能驱动消费转入追求品质、注重环保的阶段，国内居民也进一步重视家装工程中绿色、环保和健康三大因素。据调查，97.76% 的消费者在选购家居产品时会考虑绿色健康因素对身体的影响，抗菌、无醛成为家装热搜词。在消费需求升级的市场背景下，建材环保化、家居智能化、产品创新化等是建材企业转型发展的重要手段。使用绿色环保、无污染、无毒害、无放射性的建筑材料成为当前家居建材行业的趋势。建材生产企业逐渐意识到绿色建材的重要性，更多的企业加入研发、生产、设计、应用绿色建材的队伍中来。

家居建材行业从传统能耗型工业向绿色工业转型升级势在必行。绿色城市建设离不开绿色建材的应用。绿色建材应用的精细化、标准化、数字化和智能化是绿色建材和绿色建筑发展的必经之路。目前，我国正在大力推广装配式建筑和绿色建材的应用，到 2030 年，城市建设的绿色建材应用比率达到 70% 才能验收，绿色建材需求量有数万亿元的市场规模。绿色建材是指在全生命周期内可减少对天然资源消耗和减轻对生态环境影响，本质更安全、使用更便利，具有"节能、减排、安全、便利和可循环"特征的建材产品。广义的绿色建材是指采用清洁生产技术、少用天然资源和能源、大量使用工业或城市固态废物生产的无毒害、无污染、无放射性、有利于环境保护和人体健康的建筑材料。

绿色建材分两方面，一个是生产的绿色，另一个是应用中的绿色。建材行业要从根本上改变高耗能、高排放的行业形态，如改变发展方式，创新技术，调整产业结构、产品结构，不断提升降低能耗和降低排放的技术，不断制定节能减排、绿色发展的新标准，不仅自身要环保达标，而且还应根据工艺特点兼顾处理城市垃圾、废弃物、污泥，发挥净化环境的功能，实现全行业清洁生产和绿色发展。建材生产企业应主动承接政府部门委托或根据行业发展需要开展行业绿色发展政策研究，并以政策为导向拓展绿色发展服务产业链，推进绿色建材的生产和应用。

二、家居建材行业的绿色政策和标准

近年来，我国颁布了一系列建材行业相关政策，促进家居建材行业节能化、智能化、环保化发展。2013 年，国家发展改革委和住建部联合发布《绿色建筑行动方案》，提出在全国推行绿色建筑行动，即最大限度地节约资源、保护环境和减少污染，为人们提供健康、适用和高效的适用空间。随后，住建部发布《关于保障性住房实施绿色建筑行动的通知》，要求具备条件的保障性住房，应率先实施绿色建筑行动，使用一定比例的绿色建材。住建部联合工信部发布了《住房城乡建设部工业和信息化部关于开展绿色农房建设的通知》，提出推动农村发展绿色农房，推动绿色建材下乡。2015 年，工信部联合住建部、国家市场监管总局等部门为加快推动绿色建材工作，先后印发了《促进绿色建材生产和应用的行动方案》《关于推动绿色建材产品标准、认证、标识工作的指导意见》《关于印发绿色城市创设行动方案》等一系列文件。十四五时期是建材行业转换发展动能、改变发展方式，重点转向高端、高附加值、产业链发展，全面推进绿色低碳发展，全方位地进入高质量发展的重要时期。

为科学引导和规范管理我国绿色建材评价标识工作，加快绿色建材推广应

用、促进绿色建筑发展，2016 年 3 月，《绿色建材评价技术导则》制定了砌体材料、保温材料、预拌混凝土、建筑节能玻璃、陶瓷砖、卫生陶瓷、预拌砂浆七类建材产品的评价技术要求，并提出绿色建材评价在符合导则的要求和各地域特征的同时，还应符合国家相关法律、法规和标准的规定。2016 年 7 月，工信部《轻工业发展规划（2016—2020 年）》推动家具工业向绿色、环保、健康、时尚方向发展。加强新型复合材料、强化水性涂料等研发，加快三维（3D）打印，逆向工程等新技术在家具设计和生产中的应用。2022 年 7 月，住房和城乡建设部、国家发展改革委联合发布《城乡建设领域碳达峰实施方案》，指出建设绿色低碳城市，优先选用获得绿色建材认证标识的建材产品，建立政府工程采购绿色建材机制，到 2030 年星级绿色建筑全面推广绿色建材，鼓励有条件的地区使用木竹建材，打造绿色低碳县城和乡村，推广使用绿色建材，鼓励选用装配式钢结构、木结构等建造方式。

绿色建材标准体系建设方面，2021 年 10 月 1 日，新国标《人造板及其制品甲醛释放量分级》和《基于极限甲醛释放量的人造板室内承载限量指南》正式实施，将室内用人造板及其制品的甲醛释放量按照限量值分为 3 个等级，即 E_1 级（$\leqslant 0.124\mathrm{mg/m^3}$）、$E_0$ 级（$\leqslant 0.050\mathrm{mg/m^3}$）和 E_{NF} 级（$\leqslant 0.025\mathrm{mg/m^3}$），$E_{NF}$ 级标准由此成为全球最严环保标准。E_{NF} 级新国标的出台开启了中国家居建材行业的环保新时代。新国标的实施使家居建材行业迎来新一轮洗牌，整个行业围绕环保主题展开激烈竞争。

三、家居建材生产企业的绿色转型

家居建材行业生产企业践行绿色可持续发展的理念，打造产品质量好、环境影响小、资源效率高、生态和社会效益优的绿色产品、绿色工厂和绿色产业链。同时，加强对源头的严格控制，提高原材料替代率，加快绿色低碳建材产品的研发和推广，采用优质材料革新环保生产工艺，从选材到生产推动全产业链的绿色发展，在遵守环保标准的同时全方位提升产品的环保品质。

（一）绿色产品

家居建材绿色的基础和关键是产品，而产品的核心需要通过设计环节来确定。德尔地板聘请专业技术团队研发高品质绿色产品将环保健康作为核心竞争力，以无醛添加、无醛芯系列的全新升级产品引领家居无醛、零污染，推动绿色生产生活方式；将纯天然大豆蛋白胶完美应用于地板制造过程，推出无醛添加地板；用纯天然大豆蛋白胶取代了传统的有醛胶，从根本上解决了游离甲醛的问题。大自然家居发布绿色产品制造、绿色技术研究和绿色公益行动的三维绿色战略，在全球建立了 9 大原料供应基地和 6 大集约化智能制造基地，并坚持选用经过 FSC 森林认证、符合自然生态的上乘木材。大自然地板在推进"地板+"发展战略中，从选材到制作，从设计到工艺，不断研发创新，相继推出可满足环保、耐磨、防水、抗污、易清洁的多品类木地板，满足消费者全屋铺装木地板的需求。

圣象集团利用人工智能等技术手段及精确的数字工艺控制，研发设计出更环保的多品类家居产品。圣象集团的绿色创新并不仅仅停留在某一个产品或某一个环节层面，而是更完整地体现在设计细节中。2017 年，圣象将 EB 贴膜地板引入国内。EB 贴膜地板具有安全抗菌和绿色环保的优势，结合国际顶尖设计师的极致创意，将产品的艺术感和实用性完美融合，以此成就绿色家居时尚典范。中国是一个竹子产量大的国家，圣象集团就加大了竹木的开发，把竹子做成复合型产品，改变了竹子本身的缺点，这个产品在国外得到快速发展。在疫情防控期间，圣象集团推出圣象纳米光触媒抗菌地板，以及三款基于健康消费需求的新型系列产品：圣象无醛地板、圣象运动地板、圣象柔石地板，通过产品研发创新不断拓宽地材市场的消费边界。圣象地墙一体化市场布局，在办公、医疗、教育、酒店等商业空间，以及在家用厨、卫、厅、卧等空间实现全面地墙一体化，不仅促进地材产业的升级与迭代，更让木的价值空间进一步延伸，让木的文化与木的亲近感，更贴近消费者的生活。

（二）绿色生产

为了保障绿色生产，家居建材行业生产企业在安全环保、6S 管理、花园工厂、智能化建设、节能降耗、创新研发等领域实现绿色发展。工信部公布的六批绿色工厂和绿色产品等绿色制造名单中，频频出现家居建材企业的身影。全友家私实现了从产品研发设计、采购、生产制造、物流、销售，到顾客售后服务的全价值链信息化集成管理，从而整合产业上、中、下游资源，为顾客提供卓越的产品和服务价值。工业厂房建设引入绿色设计思想，按多层建筑进行设计，在工厂新建、改建、扩建过程中合理地规划用地，将原有一层厂房改建为三层钢结构厂房，充分利用土地资源，提高土地利用率。为进一步加强公司用能、供能、节能的规范化管理，全友家私建立系统化、精细化的能源管理体系。公司在各类原材料质量标准中均有"有害物质限量"要求，利用绿色生态技术，在产品整个生命周期内着重考虑产品环境属性，在达到产品应有的基本功能、使用寿命、经济性和满足质量要求的基础之上，将"低污染、无毒害、节能效果好和使用安全要求"四方面引入产品设计开发中，使产品满足生态环保目标要求。

智能化是圣象集团绿色工厂的重点。工厂拥有自动码盘机、数控机床、条形码系统、自动化开榫机、工业机械手臂等多种高端智能装备，将"人、机、料、法、环"科学高效地结合在一起，消除浪费，实现生产效率、管理效率的大幅提升。圣象集团通过智能化设备来推进智能制造，加快转型升级，提升生产效率、技术水平和产品质量，降低能源资源消耗，实现制造过程的智能化和绿色化发展；实施废弃芯板打包带替代打包钢带、调整背板储放位置来减少柴油消耗、手工缠绕膜各工序合理化使用、废弃拉丝辊回收利用、维修风扇代替重新购置等措施，不仅提高了生产效率，还降低了成本，从而提高企业能源的利用效率。工厂建立起整体规范的安全环保管理体系，建立系统完善的安全环保机制，还利用能源循环系统达到了"废料零排放"，将生态环境引入制造环节。生产过程中产生的木屑和边角余料被集中收集后用来产生蒸汽，循环利用，烟囱里冒出的几乎全是水蒸气，真正做到废料零排放。

久盛地板利用工业4.0智能化制造技术，打造以"绿色工厂、生态工厂、智能工厂"为理念的木地板产业生产基地。在生产技术方面，公司木地板的表面涂饰用水性漆替代油性漆，将环保和绿色理念深入产品的生产工艺中。在加工制造方面，引进世界一流的加工设备，并且大力推行机器代人，在提高工作效率的同时也降低了原材料的损耗率，并且提升了产品质量。在节能环保方面，将资源节约和治理有机结合，利用厂区楼顶大面积铺设太阳能光伏板，采用太阳能供电，每天可供电用于车间生产，实现低碳工厂，工厂对外无 VOC_s 排放、废水全回收、雨水全收集、垃圾全分类。

（三）绿色产业链

家居建材行业生产企业将节能减排、资源节约、绿色供应链贯穿产品技术研发、设计、施工、运营、废旧物料回收等过程中，带动上下游企业深度协作，不断降低环境风险，提高能源资源利用效率。大自然家居打造企业整个经营过程的绿色全链条，实现企业的绿色生产、倡导顾客的绿色消费、坚持品牌的绿色发展，构筑起了一条涵盖地板、木门、橱衣柜等家居行业上、中、下游平衡稳健发展的"绿色产业链"，实现了全产业链共赢。大自然家居的"绿色产业链"以消费者健康、舒适的绿色高品质生活体验需求为核心，贯穿林业资源、基材生产、地板家居品制造、科技研发、产品设计、营销、服务七大环节。

圣象集团构建了完整的绿色产业链，打造集绿色、环保、健康并可持续的产品原料、开发、生产、销售和服务于一体的供应链体系。从圣象地板到圣象整屋空间，从圣象家居到圣象生活，从绿色产业到绿色生态，实现了木业资源与家居消费的和谐发展。在育林基地，圣象采取了用户和工厂相结合的模式，从种树到板材生产，到地板生产，再到最后的终端销售，建立了一个完整的绿色产业链。在产业链上游，通过绿色产业战略，在林业资源、基材、工厂、研发等方面保证高效利用宝贵资源，生产绿色产品，保证企业的生产链条全程绿色可视化。在产业链下游，利用互联网思维和手段，针对消费者的不同需求，创造出智慧的生活方式，引导消费者绿色消费，持续为消费者带来便捷、高品质的用户体验，在环保健康、绿色品质、智慧运营之间找到平衡。同时，通过严格制定并不断完善企业的绿色规则，引导产业合作伙伴在行业的上下游，构建起一条绿色生态循环链。

中源家居通过制定绿色供应链发展规划，加强对供应商的管理、培训并与之协作，全面提升公司绿色供应链管理意识和能力，探索家具行业绿色供应链管理模式，带动上下游企业共同实现绿色发展。企业针对众多供应商制定《绿色采购标准》《绿色供应商验厂管理规范》《绿色供应商考核及评价管理规定》等制度，对所有供应商从环境合规、节能减排、生态设计、环保材料、绿色生产、回收利用等方面进行风险评估，评估结论作为各部门审批供应商的依据，从而加强对高风险供应商的审计和控制，保持与低风险供应商合作。积极开展绿色回收工作，重视原材料和包材的绿色回收，减少资源浪费，实现低碳环保。公司实施绿色供应链管理信息平台建设，加强对供应链上下游重点供应商的评级。

全友家私与供应商搭建友好合作平台，组织供应商进行相关培训，制定相关供应商管理规章、制度；对供应商的开发进行比对，择优选择；对供应商提供的原材料进行不定期的公司内部检测或者到专业检查机构进行检测；对供应商的诚信、服务质量、产品质量进行综合性评比、考核，对不符合要求的供应商要求进行事项整改，并要求分析自身评价等。持续推进绿色回收体系建设，识别、追溯产品回收情况，向客户进行 365 温馨服务，将安装后的家具废弃包装进行回收，对损坏的家具进行终身维修。

四、家居建材行业的绿色公益

家居建材企业在资源、基材、工厂、设计、研发、营销和服务等环节，实现了绿色营销的全程落地。同时，企业还通过立体化的媒体传播和各种活动推广教育，引导消费者关注绿色、选择绿色、享受绿色。久盛地板不仅连续发布《社会责任报告》，还积极参与社会公益事业，例如，设立"爱木基金"，用于植树造林、沙漠治理和木文化传承等活动；连续五年支持"浙江省亿株珍贵树"植树活动，守护青山绿水；连续多年参与保护野生动物活动，倡导人与自然和谐共生；以设立奖学金、个人资助等形式让更多的贫困学生继续学业，实现梦想……

圣象集团创建了完善的"管家式服务"体系，成立了服务与信息中心，主动提醒、定期排查，为顾客提供贴心的售后服务。提出以"用爱承载绿色人居"为出发点，从家居空间扩展到商用空间，打破传统的空间界限，不止深耕于家庭居住的第一空间，职场办公的第二空间，以及城市的酒吧、咖啡店、博物馆、图书馆等公共的第三空间，更加关注构造出让人们短暂远离喧嚣、享受瞬间片刻宁静时光的生活体验的第四空间。第四空间更多的是通过空间与内容的相互融合搭建"新的世界"，例如亲子场所、品牌的主题店与体验店，甚至融合前三种场景，构建充满体验与互动的第四空间。此外，圣象开展了植树造林、扶贫救困、捐助灾区、慈善助学、绿色校园等形式多样的公益行动，倡导绿色消费、绿色生活。

大自然家居从 2006 年起，携手中国绿化基金会积极推进"中国绿色版图工程"，累计向中国绿化基金会捐资 2000 万元，在全球范围内持续开展公益植树活动，追求低碳环保和可持续发展。2011 年，大自然地板启动"绿色新长征"活动，通过现场种树、网络种树、微博种树等多种途径实施植树造林。在国内外 18 个地区种植了 26 片生态林，公益植树超过 81 万棵，植树面积超过 106 万平方米。为了实现木材的合理采伐，大自然家居严格遵循 FSC 科学管理认证规则，只对符合标准的病树、老树进行科学采伐，促使森林更加健康的循环更新。同时，大自然家居的绿色智造版图也在持续扩张，先后在全球布局了六大绿色智能制造基地，持续深化绿色发展战略。

第十二章

工业绿色发展的行业实践（二）

随着工业绿色发展的推进，在重工业领域，以钢铁行业、化工行业、工程机械行业等为代表的一批生产资料制造行业也积极实施了工业绿色转型。在这场全球经济增长方式大调整中，高能耗、高污染的重工业企业也积极探寻出经济增长与环境质量兼顾的可持续发展路径。这些工业绿色发展的先行者已成为激励其他工业企业绿色转型的标杆。

第一节　钢铁行业的绿色实践

传统的钢铁生产通过大量消耗资源、增加环境负荷来实现发展。这种粗放型的发展方式成为钢铁企业致命的短板。转变资源消耗型发展模式，建设资源节约、环境友好型企业，走低能耗、少污染、低排放、高环保的全面协调可持续发展的道路是钢铁企业的唯一选择。钢铁行业从粗放发展方式向绿色钢铁积极转轨，以期实现生产与环境的和谐发展，全面提升钢铁行业绿色发展整体水平，推动钢铁行业的转型升级和可持续发展。

一、钢铁行业绿色发展概况

钢铁行业作为我国重要的基础产业，对促进民生改善和社会发展起到极大的助推作用。与此同时，钢铁行业是能源、资源、技术密集型产业，在生产制造钢铁产品时，会消耗大量能源与资源。我国钢铁工业的碳排放量占全国的15%左右，是制造业 31 个门类中碳排放量最大的。[1] 钢铁行业在生产的各个环

---

[1]　陈云富，李荣. 钢铁业科学减碳考验行业智慧［N］. 经济参考报，2021-12-06（8）.

节都可能会产生大量的废气、废水和废渣等污染物。其中,钢铁的烧结和炼焦等过程会产生大量的废气,包括氮氧化物和硫化物等;废渣主要来源于炼钢环节,该过程会产生大量的炉渣;废水主要来源于后期的轧钢环节。钢铁行业在推动经济和社会发展的过程中,为社会有限的资源带来无形的压力,对生态环境造成严重影响。

虽然在过去几十年的发展中,全球钢铁业的单位能耗已经大幅下降,但进一步降低对资源和环境的影响,依然是全球钢铁业可持续发展的硬约束,也是中国钢铁行业产业升级中不可回避的转型难题。我国钢铁行业围绕钢铁企业从"钢铁产品生产"单一功能向"钢铁产品制造""能源生产转换""废弃物消纳处理"三大功能转变,开展大量工作,节能减排成就巨大。吨钢烟粉尘、吨钢耗新水量、吨钢废水排放量均大幅下降,涌现出一批清洁生产、环境友好型企业。近年来,我国钢铁工业掀起超低排放重大"绿色革命",执行世界上最严格的环保排放标准要求,努力打造全球钢铁工业低碳发展示范,并积极研究实践低碳冶炼技术。绿色能源及绿色技术的应用最终将带领钢铁行业走上绿色发展的道路,但钢铁行业高消耗、高排放的特性决定了绿色转型的长期性、艰巨性,行业特性以及庞大的总产量使其能源消耗和污染物排放均已成为国家重点关注、严控的对象。钢铁行业绿色转型,不仅是社会赋予钢铁行业的历史使命,而且还是钢铁行业维持长久竞争力的必然选择。碳达峰、碳中和目标将为钢铁行业带来一次洗牌,实现超低排放的、具有绿色环保生产能力的钢铁企业会有更大的发展空间,而没有完成超低排放、工业技术落后、产能落后的钢铁企业,不仅未来缺乏竞争力,还会被市场淘汰。在气候变化问题日益受到关注、绿色发展倍受重视的背景下,在中国钢铁企业参与国际竞争时,绿色成为供应链体系中掌握话语权和取得道德制高点的关键,产品绿色度成为钢铁企业竞争的重要指标。

二、钢铁行业的绿色政策和标准

一直以来,国家不断加码、重拳治理钢铁行业产能过剩问题,促进节能减排,细化政策陆续出台,各地政府也相继制订了钢铁行业节能减排实施方案。2000 年"十五计划",我国第一次对钢铁行业提出了节能和减排要求,提出钢铁行业要转变粗放型生产方式,实现能源效率的提高,并对钢铁行业吨钢能耗、二氧化碳排放和二次能源回收提出了目标要求。2011 年工信部《钢铁行业生产规范条件》对钢铁企业在环境保护、能耗、生产规模等方面做了规定，以推进对钢铁行业的规范管理。2019 年生态环境部等颁布的《关于推进实施钢铁行业超低排放的意见》指出要推动现有钢铁企业超低排放改造，推动钢铁企业的产业升级，使生产达到污染排放标准。2020 年中国环境保护产业协会发布《钢铁企业超低排放改造技术指南》，指出加强源头控制，采用低硫煤、矿等清洁能源、燃料，采用先进的清洁生产和过程控制技术，实现大气污染物的源头削减。2021 年《国家发展改革委关于钢铁冶炼项目备案管理的意见》指出，严格钢铁冶炼项目备案管理，规范建设钢铁冶炼项目，强化钢铁项目备案事中事后监管。同年 10 月，国务院印发《2030 年前碳达峰行动方案》，促进钢铁行业结构优化和清洁能源替代，大力推进非高炉炼铁技术示范，提升废钢资源回收利用水平。

钢铁行业超低排放改造被列入国家"十四五"规划的重大工程项目。规划强调，推进钢铁、石化、建材等行业绿色化改造，钢铁行业要加快发展方式绿色转型。《"十四五"节能减排综合工作方案》从实施节能减排重点工程、健全节能减排政策机制和强化节能减排工作落实等方面，对钢铁行业节能减排工作做出了指引。2022 年 1 月，工信部、国家发改委和生态环境部联合发布《关于促进钢铁工业高质量发展的指导意见》，力争到 2025 年，钢铁工业基本形成布局结构合理、资源供应稳定、技术装备先进、质量品牌突出、智能化水平高、全球竞争力强、绿色低碳可持续的高质量发展格局。2022 年 2 月，国家发改委等 4 部门联合发布《高耗能行业重点领域节能降碳改造升级实施指南（2022 年版）》，提出了节能降碳改造升级的工作方向和到 2025 年的具体目标。2022 年 8 月，钢铁行业低碳工作推进委员会发布了《钢铁行业碳中和愿景和低碳技术路线图》，明确了中国钢铁工业"双碳"技术路径——系统能效提升、资源循环利用、流程优化创新、冶炼工艺突破、产品迭代升级、捕集封存利用。

环境监督和节能技术标准也是促进钢铁行业绿色转型的重要手段。《钢铁工业水污染物排放标准》规定了钢铁生产企业或生产设施水污染物排放限值、监测和监控要求，以及标准的实施与监督等相关规定。2014 年，国家发改委、环境保护部、工信部联合发布了《钢铁行业清洁生产评价指标体系》，指导和推动钢铁企业依法实施清洁生产，提高资源利用效率，减少污染物产生及排放，保护和改善环境，制定钢铁行业清洁生产评价指标体系。《钢铁工业环境保护设计规范》包括基本规定要求、厂址选择与总图布置以及钢铁工业各工序环境保护设计相关内容。2021 年 1 月,《钢铁行业绿色生产管理评价标准》发布,该系列标准分为通则、焦化、烧结（球团）、炼铁、炼钢、热轧、冷轧（碳钢）、冷轧（电工钢）8 个部分,建立并实施了适合钢铁行业的绿色生产管理评价标准,为科学评价钢铁企业绿色生产管理水平提供了依据,推动钢铁行业绿色制造。

三、钢铁生产企业的绿色转型

钢铁行业缘于工艺特性被列入高碳产业,钢铁生产企业积极寻求贯穿整个产业链的低碳解决方案,走出了一条绿色制造、制造绿色的绿色发展之路。钢铁行业持续开展节能减排以及钢铁流程废弃物的循环利用研究,在节能环保、绿色低碳发展等方面取得了显著成效。

（一）绿色产品

开展绿色设计,开发生态产品,通过深入广泛地与下游产业开展合作,不断开发出并持续提供具有卓越使用性能的新一代钢铁产品,保证产品在使用过程中不危害环境。钢铁企业向深加工领域拓展产业链,扩大应用领域,挖掘新的消费增长点,产品中加入了绿色元素,提高产品的附加值。宝钢股份向市场推出了电镀锌无铬耐指纹板等全系列环保产品,并成功供货国内家电制造企业。宝钢生产的"抗菌宝"不锈钢餐具能有效杀灭大肠杆菌、金黄色葡萄球菌等细菌,24 小时杀菌率可达 99% 以上。宝钢形成了以高等级汽车板、高效高牌号无取向硅钢和低温高磁感取向硅钢、镀锡板包装材为代表的绿色战略产品群。① 除生产绿色产品之外,企业还要把绿色的理念延伸到客户,介入下游用户产品早期研发阶段,充分了解用户对原材料性能的要求。比如,通过对滚筒洗衣机行业发展趋势的把握,满足轻量化、使用环境友好性材料等"绿色设计"要求,通过"选材优化",采用家电高强钢新产品对滚筒洗衣机进行轻量化设计,直接实现结构减重 15%。与此同时,宝钢生产的高强度汽车板的抗拉强度最高可达1500 兆帕,开发出了符合欧盟 RoHS 指令（《关于在电子电器设备中限制使用某些有害物质的指令》）并拥有自主知识产权的系列环保产品,为汽车减重节能做出了贡献。

---

① 李治国. 宝武集团:从"绿色制造"到"制造绿色"［N］. 经济日报,2017-08-15（4）.

首钢股份研发了高能效电工钢、汽车轻量化高强钢、高强家电用钢、长寿命锌铝镁家电板、高强基建钢筋等多个系列的绿色低碳产品，助力下游产业链节能减排。首钢股份汇集电工钢、汽车、家电、能源、精冲、耐候、船板、工程机械用钢八大领域 48 个品种 1031 个牌号的优势产品。其中，电工钢、汽车板、镀锡板、管线钢、家电板等高端板材产品处于国内领先地位。钢铁产品遍布各个领域，蓝鲸 1 号、高铁动车、高桥大船、水电核电、火箭飞船等一批重大工程、国之重器都有首钢印记。首钢开展产品延伸服务与管理，助力下游客户开拓节能减碳技术路线，通过高强高韧、耐腐蚀、耐疲劳、长寿命钢材的使用，降低社会用钢需求；通过服务于结构轻量化设计、轻量化材料、轻量化制造技术的集成与应用，满足下游产品技术特性与要求，降低钢铁产品全生命周期碳排放总量。

（二）绿色生产

钢铁的生产过程是能源使用高度集中的过程，也是碳高度排放的过程。钢铁行业把绿色、低碳、环保的观念融入生产全过程，加快绿色制造工艺、技术、装备的改革和创新，依托技术进步实现节能减排和绿色制造。传统的烧结是钢厂热能排放、煤气烟尘排放的主要污染源，但是宝钢股份三号烧结机厂房却是一尘不染的车间。这套有机朗肯循环（ORC）低温余热发电系统以及配套设施，不仅能回收三烧机的废气余热，还进行了余热回收发电。宝钢实施了一系列余热回收、热电联产、能源中心、焦炉焦煤调湿等大型节能项目，和烧结烟气脱硫脱硝除尘、料场封闭、煤筒仓、焦化与轧钢废水处理回用以及健全环保监测设备等一系列环保减排项目，确保了绿色制造的深度发展，实现能源消耗的降低与污染物的达标排放。为减少工业三废的排放，宝钢对废水进行回收处理，推进水资源按质分配，合理使用、串接利用等一系列节水技术，减少对新水的取用，尽可能地节约水资源。对工业废气的循环利用，主要侧重于工艺技术的革新，通过新技术的实施减少废气的排放，例如推广"烧结烟气脱硫技术"，减少烧结过程中二氧化硫的排放。固体废弃物的循环利用则注重减量化、资源化和无害化处理，加强固体废弃物的再应用。

邯钢的焦化工序全部实现干熄焦，全部完成烟气脱硫脱硝及超低排放改造，率先实现超低排放。采用压力平衡系统，实施 VOCs 深度治理，对化产工序各放散口排气进行收集，经酸洗+碱洗+油洗处理后，送至焦炉进行燃烧，转化为二氧化碳和水,实现 VOCs 物质零排放。对收集和贮存废水、废液、废渣等设施实行配套建设密闭和 VOCs 收集处理装置。通过无组织管、控、治一体化系统,实现对公司各主要易污染工序及环保设施(炼铁、烧结、炼钢、焦化、道路扬尘)的实时监控和职能管控。

永钢集团围绕技术高效化、管理精细化、结构清洁低碳化、资源循环化和实施标准化,不断改进和完善采购标准制度,将绿色采购贯穿原材料、产品和服务采购的全过程。运用钢铁产品全生命周期管理的方法,开发以高强度钢筋、高强度钢帘线、免退火冷镦钢为代表的"环境友好产品",减少下游用户钢材使用量和热处理消耗,延长钢材使用寿命,提高社会资源利用效率。优化用能结构,提高能源、资源利用率。探索钢渣、含铁锌尘泥等固废的循环利用方法,建设钢渣 3D 打印生产线、转底炉生产线,让钢渣处理变得更加简单、高效、绿色,让含铁锌尘泥实现再循环利用。推进节水技术改造,开展了一系列的节水技术改造工作,实现污水梯级利用,提升了企业用水效率。

(三)绿色产业链

钢铁生产过程中有大量冶金渣、冶金废气、冶金炉尘等废弃物产生,对其进行一定的处理再加工就可以实现资源的综合回收再利用。钢铁生产企业从源头预防、过程管控到末端治理,全面采取先进的生产工艺和污染控制措施,并加强生产过程管理,探索并采用低消耗、低排放、高效率的制造工艺和环保技术,取得了显著成效。

1. 源头预防

过去,铁矿石、煤炭等原料都是露天堆放,而宝钢完成了露天料场封闭改造,建设了高达 20 米的原料场挡风抑尘网和自动洗车台等环保设施,花大力气降低扬尘污染。通过"煤进仓、矿进棚",进一步改善区域环境质量。改造后,占地面积减少带来大片空地,省下来的空地不再做任何生产用途,而是成为景观绿地。在原料区域全封闭改造的同时,对输送料带也进行了封闭改造。鞍钢加大扬尘整治力度,水渣料场、矿渣山、转运站、皮带通廊等重点扬尘区域采取苫盖、洒水、密封等措施进行抑尘整治,并完成鲅鱼圈渣场近 340 万吨钢尾渣的集中清运工作。料场棚化封闭改造及燃煤发电锅炉超低排放改造、沿江沿河排口污水处理系统提质等项目相继实施。首钢按照生产工艺过程、物料封闭储存、物料封闭运输等分别建立全覆盖的"无组织"排放源清单。封闭料场、筒仓、皮带输送，配备清洁、喷雾等净化设施，升级物料输送系统。除尘抑尘防放散，烟气回收再利用。邯钢实施"全封闭"仓储棚化。原料场完成高标准全封闭，从火车进厂、储煤、配煤到用煤实现全封闭流程，杜绝了无序排放。建成总长度达20千米的管带机输送系统和全封闭倾翻式环保型汽车受卸系统，所有皮带通廊、运料转运站、厂房等全封闭、无泄漏，做到了"用煤不见煤、用矿不见矿、运料不见料"，实现厂区原料储存、运输全封闭、无污染。

2. 过程管控

围绕焦化、烧结、炼铁、炼钢及轧钢等重点工序，钢铁企业进行了大量推进企业环保升级、工艺技术升级的创新技术与实践。鞍钢出台并完善一系列环境保护管理责任制度，将节能环保考核重点指标和目标，全部纳入子企业提质增效专项评价考核体系。太钢在全流程内推进技术创新，实施了从矿粉运输、扬尘抑制到高炉喷煤、连铸、连轧、转炉煤气回收、高炉煤气余压发电和锅炉燃用高炉煤气等一批重大的节能减排技术措施，实现了生产全过程各种资源的循环和再利用。持续推进绿色采购，打造高质量、低成本、稳定的战略供应链。公司设立完善的供应商质量评价体系，并将安全健康、低碳节能等指标纳入评价体系；实行公开询价，对新合作供应商的生产装备、节能环保水平等进行实地考察；通过入场检验、过程抽查等方式，加强供应商送货管理，从源头上预防污染。宝钢发布《绿色采购指南》，将更多绿色标准、绿色认证和绿色制造措施引入自身产品的生产流程，而且带动供应商改善自身管理，履行节能环保的社会责任。通过一系列采购政策的制定，宝钢向上下游传递企业的绿色经营理念，倡导资源节约、环境友好、产品全生命周期价值最大化，引导供应商文明健康、清洁生产，追求经济效益、环境效益和社会效益的协调，与各利益相关方共同打造一个共担责任的绿色产业链。不断完善采购目录，提高绿色采购率，继续引导绿色产品的开发与应用，并逐步建立供应商环境绩效评价体系，选择一批致力于环保、低碳事业的绿色合作伙伴，形成更大规模的绿色产业链。

3. 末端治理

在钢铁工业生产中，主要的污染源是废水污染，硫化物和氮化物等气体污染，以及钢铁废渣等。针对具体的污染物化学组成，钢铁生产企业采用相应的工业治理办法，大力开展固体废弃物在厂内的循环再利用，提高废弃物的治理技术。河钢形成了高炉除尘灰、转炉除尘灰、轧钢氧化铁皮、钢渣水渣等100%回收和再利用的固体废弃物循环圈。在焦化全流程配有除尘系统，采用大型筒仓储煤技术以减少煤堆扬尘；利用袋式除尘净化装置收集备煤车间煤转运、破碎、装煤、推焦等过程中产生的粉尘。在焦化废水处理方面，通过"生物处理+膜处理+芬顿处理"三级处理技术实现焦化废水回用率达80%以上。首钢根据不同的生产设施和原有治理设施特点，采用不同治理技术。例如原来采用湿法脱硫的烧结机组，直接采用国际先进的逆流式活性炭脱硫脱硝一体化技术，实现超低排放；原来采用干法脱硫的机组，采用脱硫剂升级配合SCR脱硝工艺，同样达到超低排放要求。颗粒物治理则大范围使用高效滤筒、超细覆膜针刺毡等先进滤料，实现超低排放……烧结机、链篦机—回转窑引入活性炭脱硫脱硝一体化处理工艺及密相干塔脱硫+SCR脱硝处理工艺，污染物全部达标排放。高炉炉顶均压放散煤气全部回收利用，全面降低一氧化碳排放。宝钢将钢铁生产过程中产生的炉渣、氧化铁皮、含铁尘泥等各类固体废弃物进行合理利用，成为新的资源并加以利用与加工。宝钢开发的滚筒法处理钢渣技术、铁水渣湿法处理技术等，使钢渣、高炉水渣等废弃物摇身变成水泥、建材等市政建设所需的原材料，在工程建设上发挥了积极作用。将钢渣赋予了新用途——加工后成为农业应用的新型肥料，可使农作物个头长高，增加农作物收成。通过建设固废加工中心、升级改造含油污泥焚烧炉，提高固废返生产利用率。

四、钢铁行业的绿色公益

近年来，由于国家加大了环境保护的力度，鞍钢、宝钢等国家重点钢铁工业引领行业的发展，跑在了环境保护的最前列，利用创新的环境保护监督举措，推动了钢铁工业绿色转型的发展进程。其中，创新的监督措施有，在社会上发表环境保护工作报告，将环境保护的治理明细和治理情况向社会公布，形成透明化环境管理；利用新闻媒体等对企业的发展状况和环境治理状况进行播报，既宣传了企业文化，又形成了群众监督的效应，为环境治理扩大监督范围，保证了钢铁行业绿色转型的顺利进行。

余热回收是提高全流程能源利用率的重要手段之一。首钢用水给炉渣降温是高炉冶炼的必要环节之一，对高炉冲渣水进行余热回收，得到的冲渣水温度在100摄氏度左右。通过换热方式对这部分热能进行回收利用供暖，不仅可满足厂区的供暖需要，也可覆盖厂区周边的民居、学校、医院等社会单位居民的供暖。联合特钢公司积极组织开展绿色环保系列宣传活动，组织环保志愿者完成多次线下公益活动，让社会公众了解和认识环保的重要性。

为加大生态环境保护宣传力度、倡导绿色低碳生产生活方式，河钢承钢完善了环境管理体系建设，建立"环保达标、环境提升"专项督查机制，推行现场网格化管理，通过全过程、自律型环保管理模式的建立与实施，为实现环保的精细化管理提供必要支撑。设置环保综合管理、大气污染防治、水土污染防治、固废污染防治、厂容绿化管理、环境监测6个业务模块，积极营造人人参与环保、人人监督环保、人人爱护环境的良好氛围。

第二节　化工行业的绿色实践

经济与环境的双赢是化工行业可持续发展的必经之路。产业链的延长，使如今的化工行业发生脱胎换骨的变化，形成了循环经济，废弃物实现了循环再利用，做到一次资源多次利用，很多新技术的应用为行业发展提供了更好的支撑，对产业健康发展带来了很大的促进作用。化工行业的企业也用实际行动改变了人们对化工行业的不良印象，用绿色发展重塑了传统产业的竞争优势。

一、化工行业绿色发展概况

化工行业是我国国民经济发展的重要原材料产业，产品广泛应用于工业、农业、人民生活等各领域，在国民经济产业链中有举足轻重的作用。污染一直是化工行业发展的致命伤，困扰并阻碍化工行业的健康发展。刚开始实行的办法是末端治理，注重解决生产过程中产生的污染，政府和企业投入大量的资金对治理方法、技术进行深入研究，提高水处理技术、噪声治理技术、大气污染治理技术等，一定程度上改善了环境质量，但这类方法的效果比较有限，不能从根本上治理环境污染，并且会耗费大量的资金，造成极大的资源浪费，同时，由于污染治理的费用较高，很多企业对环境治理的积极性不高，导致环境问题无法得到有效的处理。

改变化工行业落后的发展模式，已经成为全社会的共识。化工行业造成环境污染的主要原因是未充分有效地利用资源，从而产生大量有害物质，一方面在于人们的环保意识较弱，另一方面是化工工艺落后。在可持续发展的要求下，企业必须考虑化工与环保等发展的要求，采纳与可持续发展相适应的绿色化工工艺与产品。从 20 世纪 80 年代起，化工行业在处理环保问题时开始把注意力放到改进生产工艺和加强管理等方面，提出了绿色化工的环保战略，实现化工的清洁生产，彻底改变化工面貌，从源头上消除污染，从根本上解决化工与环保之间的关系，从而改善人类的生存环境，确保化工行业的持续、健康发展。

绿色化工是指在化工产品生产过程中运用绿色环保理念，通过一系列的化工原理和方法来防治化学产品生产、减少有害物质的产生，使生产出来的化工产品更加环保化，也包括所有能降低对人类健康产生负面影响的化学方法技术，实现无害化工生产。① 绿色化工最显著的特点在于从源头上采用科学技术防治污染，实现零排放和零污染，从源头解决资源浪费和环境污染问题，减少废弃物的排放和毒性，实现废物的再利用，降低产品全生命周期对环境的不良影响。绿色化工改变工艺设备与技术，充分利用资源，将环境保护与资源利用有机地结合在一起，提高化工企业的利用效率，达到防治污染的目的。这样不仅能获得较高的环境效益，还能获得较高的经济效益，从而实现环境效益与经济效益的协调发展，在资金投入不多的情况下，彻底减少化工行业发展与环境保护之间的矛盾，这是化工行业走出"先污染、后治理"这一困局的最佳途径。

二、化工行业的绿色政策和标准

化工行业的绿色发展过程与其绿色的产业政策紧密相关。为加快产业结构调整，加强环境保护，综合利用资源，规范化工行业投资行为，制止盲目投资和低水平重复建设，促进化工工业健康发展，国家制定了大量的法律法规和产业政策。《工业绿色发展规划（2016—2020 年）》《石化和化学工业发展规划（2016—2020 年）》《"十三五"生态环境保护规划》《"十三五"节能减排综合工作方案》等。《石油和化工行业绿色发展行动计划（2016—2020 年）》制订了行业六大绿色发展行动计划，即石油和化工废水治理行动计划、废气治理行动计划、固体废物处理处置行动计划、节能低碳行动计划、安全管理提升行动计划、石油和化工园区绿色发展行动计划，为行业实现绿色发展提供指导和参考。《石化和化工行业"十四五"规划指南》指出要持续推进危化品生产企业

---

① 王永. 绿色化工是实现化工行业可持续发展的必然趋势 [J]. 科教文汇（下旬刊），2012（15）：116-117.

搬迁改造，规范化工园区的建设与发展。

此外，政府相关部门均单独或联合发布了有关化工行业减排的政策，不仅对化工行业节能减排进行了整体规划，提出了能源清洁高效利用的具体目标，制定了清晰明确的减排标准，还针对化工行业各个子行业的不同特点分别制定了具体的减排政策，严格限定了准入条件，如生态环境部发布《关于加强高耗能、高排放建设项目生态环境源头防控的指导意见》。工信部和财政部联合发布《重点行业挥发性有机物削减计划通知》，提出将在石化等重点行业加快挥发性有机物削减。工信部、环境保护部印发《水污染防治重点行业清洁生产技术推行方案》，指出将在水污染防治重点行业推广先进适用的清洁生产技术，实施清洁生产技术改造。发展改革委等五部门发布《高耗能行业重点领域能效标杆水平和基准水平（2021 年版）》，对五大高耗能行业重点领域制定能效标杆水平和基准水平，引导企业有序开展节能降碳技术改造，坚决依法依规淘汰落后产能、落后工艺、落后产品。这些政策对化工行业的减排目标有具体的要求，从整体作用效果上看，对各化工企业的绿色转型起到了一定的控制作用。

化工行业的各项绿色标准也相继出台。如 2016 年 8 月，环境保护部对外发布 5 项污染物排放标准，其中包括会同国家质检总局一起发布的《烧碱、聚氯乙烯工业污染物排放标准》，增加了对大气污染物的排放控制要求，调整了水污染物排放控制项目，并收紧了相关控制要求，取消了按污水去向分级管理的规定。2019 年第一批行业标准制完、修订并发布，化工行业覆盖的 100 多个标准实行。2021 年 10 月，工信部发布公告，批准《石油和化工行业绿色工厂评价导则》等 250 项行业标准，其中化工行业标准 39 项、石化行业标准 6 项。通过制定绿色标准和评价指标体系，国家开展产品评价和企业、园区试点示范。同时，企业要加强对国家产业政策的研究，密切跟踪高耗能、高污染、高风险行业发展态势，及时提出产业政策优化调整的建议，配合政府部门制定行业准入条件和市场准入负面清单。加强对节能减排、安全环保政策标准的研究，适时修订有关标准规范，有利于通过节能、安全、环保等标准手段淘汰落后产能，倒逼产业转型升级。

三、化工生产企业的绿色转型

化工生产企业积极探索绿色转型路线，以新一代清洁高效可循环生产工艺装备为重点，加快传统产业绿色化改造关键技术研发，突破一批工业绿色转型核心关键技术，不断满足更绿色、更低碳、可持续的行业需求，让产业和环境"绿"起来。尤其在绿色环保产品开发、绿色生产、绿色产业链等方面硕果累累。

（一）绿色产品

企业通过全过程设计，成功突破产业核心技术，不断的技术进步、产业链的延长，不仅减少了生产步骤，更重要的是形成了具有环境友好、低碳环保等特性的绿色产品。万华化学公司推出减碳产品和资源循环利用等绿色解决方案，研发出生物基平台分子及关键单体，并制成聚酯材料、多元醇材料、可降解塑料及水性树脂等材料，用于终端制品生产。其中，公司自主研发、生产的十余种生物基聚醚多元醇单体，能够降低生产能耗，减少碳排放。龙盛集团建立了完整的产品开发、工艺开发、颜色应用服务、可持续发展解决方案技术研发体系。对分散染料清洁生产集成技术进行研究，对染料生产工艺和涉及排污的各生产环节实施过程强化和技术改造，提高染料生产装置的本质安全性。对一些效益附加值低、污染相对较高的产品，即使可以快速占据市场优势地位并获得不错的收益，但只要不利于环境，都坚决予以淘汰。在充分提高企业利润和经济产量的同时，确保对环境的污染降到最低。科迈化工通过全方位技术革新、工艺改造、生产管控、能源结构调整等手段，实现减污降碳、协同增效的高质量发展。产品开发遵循生态设计理念，全流程考虑对环境的影响，开发了多种绿色环保工艺路线。随着全产业链转型升级，下游客户对原料的可持续性发展要求不断提高，公司要满足下游客户在产品使用过程中的节能减碳需求，开发绿色环保新材料。

（二）绿色生产

化工生产企业积极推进清洁生产，按照绿色工厂标准运行，实现用地集约化、原料无害化、生产洁净化、废物资源化、能源低碳化。龙盛通过优化再生产过程，改善整体工艺流程的效能，在生产制造各单元间实现优化。一是生产流程一体化、连续化。通过统一规划公用和辅助设施，配置优化节能，显著减少配套设施建设成本。对染料生产工艺和涉及排污的各生产环节实施过程强化和技术改造，实现了染料生产流程的连续化和自动化，从源头削减废水及污染物的产生排放量，提高资源利用效率。二是能源物资循环化、减量化。在园区"一体化"综合利用中，回收利用不同热源、尾气等，实现能量的梯度利用，产品的单位综合能耗明显降低。三是三废治理绿色化、安全化。与环保局共同进行废气改造项目，实现在线监控，及时准确发现系统运行异常情况，确保废气排放合格。大幅降低废水排放量，避免酸性废水中和石膏的排放，达到了很好的减排效果。

科迈化工积极推进节能降耗工作，建立能源管理体系，强化能源资源使用的目标管理，将节能要求贯穿于公司运营的各个环节。微通道连续流技术产品转化率及传质传热效率大幅提升，废水资源化技术实现了废水近零排放，绿色环保新产品解决了使用过程的环境污染。科迈化工以电机、风机、泵、压缩机、变压器、换热器、工业锅炉等设备为重点，将间歇工艺改为连续化、自动化，全面提升能源有效利用率。作为危化品生产企业，百金化工建立"智能化工"现代体系，不断改进生产工艺，实现了工艺指标自动联动与联锁，确保污染物排放指标远优于国家标准，实现了生产过程自动化、智能化、清洁化。为了更进一步减少外排二氧化硫对环境的影响，不断探索连续稳定、低硫排放的尾气处理工艺。加大在安全环保方面的投入，优化工艺，采取溶剂吸收法，减少生产过程中硫化氢夹带二硫化碳，使得生产过程中硫黄消耗接近理论值，大大减少尾气中二氧化硫的含量。

（三）绿色产业链

化工生产企业积极建立循环型工业体系，促进企业、园区、行业、区域间链接共生和协同利用，大幅度提高资源利用效率，推进工业固体废物综合利用。针对工业废气问题，科迈化工除了采用新工艺减量，还采用密闭设备和设施，将无组织排放变为有组织排放，同时还采购多台便携式 VOC_s 自动检测仪，开展日常监测与考核。科迈化工不仅开发了第三代具有国际先进水平的 MBT 清洁生产工艺，提高了产品产出率，降低了树脂量，还开发了树脂分离提纯工艺，回收了 MBT、苯胺等原料，变废为宝。龙盛集团在上虞生产基地构建了一个以染料等精细化工产品为龙头、以硫化工艺为支持的物质和能量共生网络——"染料—中间体—硫酸—减水剂"循环经济一体化产业生态园。通过化工原料、中间体、产品、副产品、废弃物的互供共享及能源的梯级利用，减少了生产步骤，形成了循环经济，有效降低生产成本，实现了"变废为宝"的目标。在分散染料环节，利用清洁生产集成技术改造项目，降低了废水和固废排放量，解决扩产瓶颈，提高环境承载量。在中间体环节，间苯二胺、还原物和间苯二酚生产一体化，三者硫酸阶梯使用，减少酸用量的同时实现了循环经济。天伟化工针对厂区工艺的特点，依据厂区建筑的不同要求，增加了厂区内主要道路特有的的自动感光开关照明控制系统，保证光能重新分类利用节能降耗。应用清洁生产先进技术，实施了电石法聚氯乙烯行业汞削减清洁生产工程。打造能源管理网络，合理地控制用能，便于节能优化和降低能耗。利用厂区的蒸汽冷凝水梯度，合理回收热能，降低一次能源的使用量。公司涉及的工业固体废物电石渣全部用于制水泥，废水经过综合废水处理、母液水处理、含汞废水处理后全部回用。

四、化工行业的绿色公益

企业的环保责任不仅体现在企业内部的一系列环保要求和准则，更多的是积极引导供应链中的企业加入进来，最终推动整个行业责任的绿色发展。多年来，万华化学聚焦儿童发展与弱势群体帮扶，通过为共青团烟台市委和烟台青年联合会共同举办的"希望小屋"儿童关爱项目捐款，开设科普教育课程——"神奇实验室""博士讲堂"等活动，以寓教于乐的形式宣传普及化学知识，培养孩子们的科学思维，激发创新热情，带领孩子们切身感受化学的神奇之处，倡导绿色低碳的生活方式。

龙盛集团积极参与国内化工行业"关爱环境"活动，全力配合供应链的需求，提供更优质的生态环保化学品，推进化工行业节能减排的转型变革。建立了全面的环保责任制度、先进的绿色生产模式以及完善的环境信息披露机制等，努力打造绿色化工企业。重视环境信息的披露，主动接受社会的监督。在其年度报告的社会责任履行情况中，包括了环境信息披露的具体内容、信息披露流程、责任追究机制及附则等。

第三节　工程机械行业的绿色实践

依靠科技创新，工程机械企业通过绿色新材料研制、设备转型升级、研发创新设备支持清洁能源产业发展等战略，不断深化绿色智造，引发了一系列产品变革、材料变革等绿色革命，成为工程机械行业绿色发展的典型案例。

一、工程机械行业绿色发展概况

随着基建投资不断增长，工程机械需求量大幅增长，推动我国优秀的工程器械制造企业不断向国际化、规模化和综合化的方向发展。对工程机械产品排放要求的宽松，使市场上充斥大量高排放的产品，为我国生态环境带来沉重负担。海外发达国家对工程机械产品的节能减排市场准入门槛不断提高，我国工程机械产品出口面临巨大的挑战。此外，用户对工程机械能耗指标的关注程度日渐提升，无论是从减轻环境负担，还是从打破对外贸易壁垒等方面考虑，节能环保、绿色制造已成为工程机械行业的发展趋势。

根据"十四五"规划目标，构建工程机械绿色制造体系是重中之重。各制造企业和配套企业要加大先进节能环保技术、工艺和产品的研发力度，加快工程机械企业绿色改造升级。"十三五"期间，工程机械行业全面实现了非道路移动机械国三阶段排放标准的切换，有效降低了大气污染物排放总量，同时也迎来了工程机械行业新的市场需求高峰。在全面绿色发展的新趋势下，老旧工程机械行业的淘汰赛正在加速。2020年，非道路移动机械"国四"阶段排放标准实施规则正式启动，带动新一轮的产品需求，这对工程机械制造企业及配套企业加速研发绿色环保产品，实现技术升级也起到了积极的催化作用。

围绕"碳达峰""碳中和"目标，工程机械行业还将升级绿色产品概念，全面推行绿色发展，实现工程机械装备制造环节的绿色制造和使用过程中的绿色施工。以电动化、氢能源为代表的新能源产品作为绿色发展的重要一环，近年来更是成果颇丰，已有部分新能源工程机械产品面世。工程机械行业加速研发绿色环保产品，建立完善的产品市场准入制度和退出机制，关注绿色生产和施工，推进资源高效循环利用，让"绿色因子"融入工程机械的全生命周期，将"绿色基因"注入行业发展的血脉。工程机械制造企业积极推进绿色化转型升级，通过结构性变革控制工程机械的尾气排放，并研发和量产绿色、环保的新能源动力产品，发力打造绿色工厂，促进绿色产业发展。

二、工程机械行业的绿色政策和标准

从政策来看，近年来中央及行业层面针对工程机械行业的相关政策主要偏向于老旧高污染工程机械产品出清，引导工程机械行业清洁化、高科技化发展，如《加快推进传感器及智能化仪器仪表产业发展行动计划》《关于推进国际产能和装备制造合作的指导意见》《关于全面振兴东北地区等老工业基地的若干意见》，在轨道交通、工程机械海洋工程、智能装备等高端装备制造业，提升重大技术装备以及核心技术与关键零部件研发制造水平。2018年，《中共中央国务院关于全面加强生态环境保护　坚决打好污染防治攻坚战的意见》提出在重点区域提前实施机动车国六排放标准；严格实施船舶和非道路移动机械大气排放标准；鼓励淘汰老旧船舶、工程机械和农业机械。2020年，发改委发布的《关于支持民营企业加快改革发展与转型升级的实施意见》强调推动机械装备产业高质量发展、石化产业安全绿色高效发展，推进老旧农业机械、工程机械及老旧船舶更新改造。

生态环境部发布《柴油货车污染治理攻坚战行动计划》《中国移动源环境管理年报（2020）》《非道路移动机械污染防治技术政策》《非道路柴油移动机械污染物排放控制技术要求》等政策，鼓励地方研究建立与柴油货车淘汰更新相挂钩的新能源车辆运营补贴机制，制定实施便利通行政策；鼓励混合动力、纯电动、燃料电池等新能源技术在非道路移动机械上的应用；在优先发展中小非道路移动机械动力装置的新能源化等方面均做出了相关规定。工程机械行业"十四五"规划提出了详细的工程机械行业发展重点和相关关键任务布局。《中国制造2025》《国务院关于印发2030年前碳达峰行动方案的通知》《中共中央国务院关于开展质量提升行动的指导意见》等政策和规划中也明确提出，促进工程机械产业高质量发展，加强资源再生产品和再制造产品推广应用。

工程机械行业积极建立和完善工程机械产品标准体系建设，制定工程机械等新能源产品配套标准，为工程机械等新能源产品规范化绿色发展提供标准支撑。围绕工程机械再制造标准需求和绿色装备即工程机械节能减排降噪标准需求，对工程机械安全、环保等提出要求。在保证产品安全和使用者安全、引导产品发展、鼓励高新技术产品的发展或淘汰落后产品等方面都发挥重要的作用，同时也是科学的行业管理及建立进口产品技术壁垒的依据，如《建筑施工机械绿色性能指标与评价方法》《工程机械产业集群供应商评价规则》《绿色设计产品评价技术规范　旋挖钻机》等。

三、工程机械企业的绿色转型

工程机械行业绿色高质量发展的重点在于控制工程机械的尾气排放，并研发和量产绿色、环保的新能源动力产品。工程机械行业正朝着数字化、智能化、绿色化的方向持续发展，围绕产品全生命周期，不断升级绿色产品概念，加速研发绿色环保产品，实现工程机械装备制造环节的绿色制造和使用过程中的绿色施工，推进资源高效循环利用，全面推行绿色发展。

（一）绿色产品

工程机械行业长期以来多采用柴油内燃机提供动力，加之施工作业工况复杂，排放技术水平相对较低，因此存在耗能高、污染环境等问题。随着环保排放要求愈发严格，绿色产品已成为工程机械行业大势所趋。作为装备制造企业，中联重科以"模块化平台+智能化产品"为核心，着力打造运营经济高效、作业安全可靠、管理智能便捷、使用绿色环保的新一代产品。[①] 其中，模块化平台是指产品平台化、设计模块化和零件通用化。模块化设计使产品研发效率大幅度提高，产品质量更有保障，使用成本也更低。智能化产品则包括两方面，一是产品的智能化，产品能自诊断、自调整、自适应，让设备有"大脑"，能感知外部信息，可以主动思考；二是传感、互联等现代技术在智能化产品上的深度应用，实现制造商、客户、产品之间的互联与物联。在工程机械板块，中联重科推出新4.0产品 W 系列塔式起重机，通过 ETI 智控、结构、传动三大技术升级实现跨代；研制下线了25吨新能源汽车起重机、纯电动智能搅拌车等多款新能源工程机械产品，推动工程机械绿色化；突破汽车起重机吊装作业目标精准识别、混凝土21泵车固定场景下自动布料等智能化系列技术，全面推进产品无人化、智能化。在农业机械板块，聚焦智能化、高端、大马力产品的研发，抛秧机成功上市；推出的10千克小麦收获机采用单纵轴流脱粒分离技术、静液压驱动技术，适应国内谷类多作物收获，成为中型纵轴流收获机的标杆产品。

徐工集团不仅在设计过程中重点考虑产品的环境属性，而且在保证产品功能和品质的前提下，最大限度满足循环发展的要求。通过创新突破核心技术领

---

① 绿色科技创造互利共赢生态圈 中联重科启动4.0产品全国巡展首站［J］. 建筑机械，2017（4）：40-41.

域，强化核心零部件配置研究，提升产品产业化技术能力。优化产品开发设计，研发并形成绿色节能技术、自适应技术、新材料与新能源技术。构建挖掘机可靠性设计体系，实现挖掘机智能操控和智能管理，进一步降低产品原材料能耗、污染排放，延长机油、液压油维保周期，提高能量、材料回收利用率。

（二）绿色工厂

工程机械企业推进绿色制造工艺的研究与推广应用，加大智能化、高效工艺装备改造投入力度，进一步研究绿色物料的应用技术，提升绿色物料的使用比例，减少材料和能源消耗，减少污染物排放。宇通重工通过运行绿色工厂，开展生产过程清洁化、制造工艺绿色化改造计划，采用无毒无害或低毒低害的原辅料、清洁能源以及高效节能的先进制造工艺与设备，推进清洁生产技术改造；立足于对成熟节能新技术、新工艺、新设备的推广应用，建立以企业为主体的节能技术创新体系，并从技术改造入手，优化能源利用系统；加强污染减排末端治理，提高污染物的去除效率、降低污染物的排放量。力博重工从基础设施、管理体系、产品、资源能源投入、环境排放和绩效六个维度综合提升工厂绿色制造能力。应用绿色建筑技术建设改造厂房，合理布局厂房，集约利用厂区，提高土地资源利用率；推行资源能源环境数字化、智能化管控系统，利用高效、先进的节能设备及技术，实现能源消耗增速减缓，提高工业废物综合利用率和再生资源回收利用率，逐渐提高公司绿色低碳能源占比。力博重工还运用先进的清洁生产技术工艺及装备，应用新的节能技术和管理手段，从原料、流程、运行等方面进行优化，将绿色管理贯穿于公司研发、设计、采购、生产、营销、服务等全过程，建立健全绿色工厂管理制度体系，进一步提升绿色工厂的发展水平。

中联重科打造了智能工厂和无人化"黑灯产线"，智造极致的产品。其塔机智能工厂占地740亩，全线投产的塔机工厂形成了一座智能工厂、两个灯塔车间、三座智能立库，四条黑灯产线的布局，生产覆盖63 ~ 20000 tm 的水平臂、动臂等全系列塔式起重机和施工升降机，迈入全面智能制造新时代。① 塔机智能工厂全线投产，生产效率提升至每18分钟下线1台塔机，年总产值将达到200

① 中联重科塔机智能工厂全线投产，全球最大风电臂塔机下线交付［EB/OL］．中国新闻网，2021-05-17．

亿元以上，实现规模与质量世界一流，完成数字化和绿色化转型升级。无人化搬运小车、高精机加中心，实现了 63～5200tm 标准节柔性化智能化生产。采用整体式焊接除尘系统，以及欧标行车和电动转运设备，实现绿色生产和无人转运高效运行，在人员减少 73%、场地减少 56% 的情况下，达到 5 分钟产出一节标准节。智能工厂的 24 条智能化产线和 3 座智能立库可实现原材料、下料、焊接、机加、涂装、机构装配、包装、物流和实验过程的全面工艺升级，大幅提升产品质量。塔机智能工厂基于数字化规划理念，集成大数据分析和工业互联网技术、智能化产线、信息化系统和可视化技术，实现"物物互联、人机互动、虚实互联、价值驱动"。综合运用集绿色设计、绿色工艺、绿色包装、绿色生产等于一体的科学技术，集成应用 24 条智能化产线和 8 大绿色制造技术，实现焊接、除尘、加工等工艺的全面绿色化升级，从而实现制造技术、制造过程全环节绿色化。

三一集团基于工业互联网构建了高效、节能、环保、舒适的智能制造绿色工厂。绿色工厂覆盖所有能源单位、次级用能单位和用能设备安装计量系统，通过将智能化技术引入工程机械行业生产制造全过程，实现工程机械行业生产制造过程能源消耗管控智能化、精益化，实现制造过程能效水平的全面提升。利用智能水电油气表采集各设备参数信息，建立数字化工业物联网平台，实现对所有设备运行状态、能源消耗信息的采集、分析和管控。建立智慧能源管理系统，实现能源消耗和碳排放数据上网，确保能耗数据、碳排放数据的实时性、准确性，识别制造过程主要耗能（排放）设备和工序，统计分析各产品、工序能耗成本和碳排放量，为挖掘低碳降耗潜力提供方向和数据支持。依托工业物联网平台和视觉检测技术、RFID 射频技术，建设涂装线能耗监测系统，对涂装工序各工步产品能源消耗进行统计分析，及时发现由产品订单状态、产品生产节拍及环境温度变化情况等因素造成的能源浪费现象并进行预警，实现设备与产品信息联动，自动进行精益化调整。

（三）绿色产业链

工程机械行业发挥供应链核心企业的主导作用，推动供应商把传统的"资源—产品—废弃物"的线性增长转变为绿色闭环流动的可持续发展的生态运营模式，极大地促进了全产业链绿色化水平提升。三一重工积极提高对供应商绿色设计、清洁生产和绿色的包装要求，建立企业绿色原料及产品可追溯系统；

应用物联网、大数据和云计算等信息技术，打造绿色供应链管理体系；注重绿色低碳技术应用、厂区集约利用等。在生产环节，其选用环保原料材料、工艺、装备等，推行资源能源环境数字化、智能化管理等方面的绿色发展理念。徐工从绿色供应链组织机构与标准制度、绿色设计、绿色制造与回收、绿色精益的供应商管理、绿色物流、绿色人才的培养及信息化平台七大方向同步推进绿色供应链生态管理。除原有供应商质量、成本、交期等准入条件外，引入对供应商"绿色度"的评价标准，严控供应商准入条件。关注新供应商的绿色表现，如有害物质的合规与减排、环保消费后再生材料使用、温室气体排放透明度及减排、避免使用冲突矿产等，倒逼上游供方绿色发展。在原有供应商认证体系的基础上，优化并增加绿色要求，持续优化供应商管理及供应商绩效评价相关制度。不定期组织供应商开展系列培训课程，共享节能减排技术经验，培训绿色供应链管理制度、绿色采购方案、供应商环境管理要求等内容，对供方的贯彻和实施起指导作用。

中联重科不断优化供应链生态圈，整合优质供应商资源，打造先进绿色供应链管理体系。① 推进先进的管理方法，提升各级供应链组织能力，重点从管控模式、采购流程、采购组织建设三方面进行优化，规划出未来的业务蓝图，建立规范化、平台化、极致化、智能化的供应链。搭建智能、高效的供应链管理平台，对供应链管理流程和业务进行全面梳理，提升总部供应链体系能力，实现整个公司供应链的协同高效管理。利用互联网大企业采购平台，提升流程的合规性，打造一套智慧透明的互联网采购体系，进一步提升采购效率，降低采购成本。梳理供应商体系，通过引入优秀供应商资源及加强供应商管理，打造供应链生态圈，促成多方群体间有效互动形成强大竞争力，让生态圈内的企业和组织共赢，从而实现融合共生，平台共享。

四、工程机械行业的绿色公益

工程机械行业积极倡导绿色消费，推动形成绿色低碳的生产方式和生活方式，如中联重科通过打造智慧服务体系，积极推动服务数字化转型。中联重科以自身智能设备为服务基础，以"智能安全帽+服务E通"为运行载体，开发

---

① 中联重科股份有限公司 2020 年度社会责任报告［R/OL］. 中联重科股份有限公司，2021-05-28.

设备故障自诊断报修、设备智能可视巡检、远程专家视频会诊、维修动态可视等多项端对端服务功能，搭建了"服务可视化"管理平台，积极推动服务管理向数字化转型。另外，企业不仅举办各类多场实地驻场培训，还通过数字化、全渠道、直播等方式为客户提供线上机手培训、设备操作与保养培训、技术专家在线互动答疑等"云培训"服务，为社会公众提供更直接、更丰富的接触平台与互动机会。

柳工机械将节约文化融入企业战略布局上，推动实施建筑垃圾资源化项目，将建筑材料废弃物进行回收处理，经过移动破碎筛分转化成建筑领域的再生骨料，这些再生骨料可代替部分开山凿石取得的建材原料，从而使建筑垃圾达到资源化、减量化、无害化利用，真正变废为宝。公司推行低碳工作方式，全面倡导绿色办公，号召全体员工自觉节约用水用电、办公用纸双面打印、低楼层区域工作人员走楼梯，从节约一滴水、一张纸、一度电做起，将节约理念内化于心、外化于行。持续改进工作方式，运行 OA 信息管理系统，推广无纸化办公，尽量采用电话、视频会议以减少员工商务往来产生的不合理浪费。利用网站、微信公众号等宣传阵地，大力宣传浪费可耻、节约为荣的理念，全力杜绝浪费现象。

第十三章

工业绿色发展的引导策略

推动工业绿色发展，需要完善相关法律法规和标准，加强政策制度建设工作，形成与法律标准政策相配套、权责利相统一的制度体系。在用好行政手段的同时，充分发挥市场手段的作用，促进工业企业绿色创新。通过采购、金融、信贷等手段，形成普适性的正向激励，让企业能够从绿色发展中受益，进而引导企业广泛参与绿色发展，促进工业结构优化升级。推动技术进步的同时，降低企业的运营成本，实现环境效益和经济效益双赢。此外，需要完善社会监督体系，强化社会舆论的监督力度，公开环境信息，确保信息的真实可靠，发挥政府监管和公众参与的作用，是构建全社会共同参与、互相监督的社会监督体系关键所在。

第一节 完善工业绿色发展的法律和标准

工业绿色发展相关法律标准和政策的出台，能在一定程度上推动企业绿色转型发展，但要切实推动工业绿色转型升级，需要建立健全相关法律法规和标准体系，不断完善绿色发展保障体制，为工业绿色发展的切实推进提供有利的法治环境。另外，还要推动市场的有序运行，构建科学的绿色经济运行体系，为工业绿色发展提供坚实的环境支持。

一、健全工业绿色发展的法律保障

首先，不断完善工业绿色发展相关的法律法规。要完善我国的工业绿色发展的法律建设，不断更新法律条文，建立健全环境保护法律体系，使执法部门的工作有法可依，工作更有效率、更具力度。通过立法明确政府、企业、公众在推行绿色发展方面的义务和职责，逐步将绿色发展工作纳入法制化轨道。完善绿色创新产品的产权保护，切实保障创新企业的利益。加强工业品全生命周期绿色管理制度建设工作，为企业开展绿色设计、绿色生产、绿色采购、绿色流通、回收再利用等工作提供必要保障。① 建立严密的环境保护执法体制，修改和完善环境保护相关法律法规，健全执法队伍，严格执行相关法律，才能有效制止污染环境行为，为工业绿色发展提供有力的法治保障。

其次，加强工业绿色发展相关法律法规的宣传力度。加强工业绿色发展有关法律法规的教育和宣传，增强社会民众对于工业绿色发展的认同感。不断加强对企业知识产权、绿色资产权益的宣传，持续提高相关资源资产的社会认知度和流动性，建立健全相关的体制机制，确保工业企业能够在公平、公正的环境中开展交易，切实保护企业利益。

最后，要强化环境综合治理的执法力度。对工业绿色发展法律政策实施的有效监督与评估是推动工业绿色转型升级落到实处的有力保障。要建设好执法队伍，提高执法的水平与能力，适时开展执法检查，确保法律法规准确执行，同时，政府相关部门应加强监督与管理。加强执法力度，惩治环境违法犯罪行为，提高环境违法成本，扭转"逆淘汰"现象，使环境守法成为常态。制定生态补偿和环境监管检测机制，对违法的企业进行重点处罚，严重者停业整顿并追究刑事责任。

二、完善工业绿色发展的标准体系

实现工业绿色发展离不开标准的引领，标准是引导产业发展的风向标，也是实施环境管制和提高产业竞争力的有效手段。我国绿色制造体系标准建设取得了很大进展，围绕绿色工厂、绿色产品、绿色园区、绿色供应链等重点领域以及节能减排的关键环节，已经发布或者正在制定的绿色制造国家标准、行业标准、团体标准、企业标准有近千项，为工业绿色发展提供了保障。标准体系的建立完善为工业绿色发展提供了必要的模式参考。标准从管理、产品、能源、资源、环境排放、绩效指标等方面对企业绿色工厂创建提出了一系列要求，对

---

① 毛涛.我国工业绿色发展法律政策实践及其完善［J］.环境与可持续发展，2021（3）：99-105.

工业绿色发展有很大的促进作用。

完善工业绿色发展标准体系，将有助于企业统一理念，按照统一标准建设绿色工厂。系统考虑企业经营效益、节能环保要求、绿色产品和供应链的绿色化管理，能够在产生效益的前提下从整体上提高企业环保节能水平。构建工业绿色发展标准体系，推进各项具体标准的制定和修订，能够为工业绿色发展从宏观角度提供一个总体参考，以便加强顶层设计。从提高环境标准入手，制定一系列适用于工业企业的生产标准，对企业进行约束，促进工业企业改进生产工艺、优化生产流程、采用节能环保技术、淘汰落后技术与设备、降低排放总量，推动企业绿色转型。针对重点的资源消耗行业，设立环保标准，调整产业准入标准，加大节能减排力度，加快淘汰落后产能，实现行业资源的优化重组。

第二节　完善促进工业绿色发展的政策

工业绿色转型发展不仅需要工业企业的大力配合，还需要政府政策的大力支持保障。政府在促进工业绿色发展中主要扮演引导者、监督者和促进者的角色，应当推出科学的优惠扶持政策，为企业的绿色发展提供宽松的政策环境。

一、完善工业绿色发展的规划和指导政策

政府要做好工业绿色发展的总体规划，制订科学的转型计划，包括转型原则、转型目标、转型重点和转型布局调整等，为工业实现绿色转型提供发展蓝图和依据。建立和完善促进工业绿色发展的相关制度，为有效推动工业绿色发展提供可靠保障。不断推进调整相关环保政策、绿色发展政策的指标，完善相关监管体系。在工业绿色转型升级的过程中，政府应当积极采用宏观调控手段，采取相应的激励措施，有针对性地出台相关的扶持政策，不断地健全与完善工业绿色发展的政策支撑体系，比如制定和实施生态环境保护和补偿制度、绿色财政金融税收政策和政府绿色产品采购制度等。

强化约束性指标管理，建立责任追究制度。实行能源和水资源消耗、建设用地等总量和强度双控行动。建立健全用能权、用水权、排污权、碳排放权初始分配制度，建立有偿使用、预算管理、投融资机制，培育和发展交易市场。

对于一些资源消耗大、污染排放多的企业，政府应课以重税，使其要么改进技术和工艺要么被市场淘汰；通过实行税收返还、减免等政策鼓励企业进行绿色化改造。对那些不顾生态环境进行盲目决策、造成严重后果的企业，必须追究其责任，而且应该终身追究。

二、不断创新环境规制政策

应合理确定环境规制手段和强度，积极引导企业创新活动，发挥环境规制对工业绿色技术创新的积极影响。既要适度加大环境规制强度，又要合理选择环境规制类型，过轻的环境规制强度不利于绿色技术创新与绿色经济的发展，而过重的环境规制会加重相关企业的负担从而带来一系列的负面效应。采用更灵活的环境规制形式，如使用财政补贴、税收、价格调控等措施，在降低环境污染的同时赋予企业一定的灵活性。根据不同区域经济发展、政策支持、地理区位等区域异质化特征，实施差异化的区域性环境规制政策。综合采用多种环境规制手段，充分发挥各种环境规制工具的优势并实现环境规制工具之间的协同与互补。

应把握好环境规制的力度并做好监测和调整工作，以增强环境规制对工业绿色转型发展的正向促进作用。建立和完善环境规制政策的一系列机制配套工作，包括环境立法体系的完善、环境规制影响的评价制度的建立以及环保政绩考核体系的设计等，加大对环境规制执行过程和事后的管控，促进环境规制绩效实现最优化。[1] 合理选择环境规制方式，逐渐实现环境规制政策从命令控制型向市场激励型和自愿型过渡，从单一的加强环境规制力度向预防、改进等实现多个环境目标过渡，从而使环境规制有效促进工业行业的绿色生产技术创新，促进其发挥市场主体的能动性，不断提高绿色全要素生产率，进而实现经济增长与环境保护双赢。

三、健全环境信息披露制度

环境信息披露制度可以降低企业与社会公众之间的信息不对称，是政府直接环境管控和市场工具的重要补充。在环境治理中，污染行业企业的信息公开

---

① 范冰洁. 环境规制对中国制造业绿色全要素生产率的影响分析 [D]. 上海：上海大学，2014.

十分重要，投资者、政府也迫切需要企业披露相关的环境信息。为了让企业主动披露环境信息，发布有效的环境信息并使这些信息为使用者所知晓，环境信息披露制度应运而生。环境信息披露是企业以一定方式向利益相关者传递与企业相关的环境目标、投入和绩效等信息和理念，并形成活动准则和行为规范，体现企业履行环境责任信息的实际情况，为投资者或社会公众做出融资、投资或管理决策时提供必要的环境信息。①

环境信息披露是通过信息披露的形式向利益相关者公布企业在某一时期的环境活动或其经营活动对环境造成影响的相关信息，主要以环境报告或社会责任报告的方式对外公开。环境信息披露，不仅可以强化企业承担环境与社会责任，更有利于减少对污染性项目的投资，增加对绿色项目的投资。通过环境信息披露，可以及时了解自然环境资源的开发和使用程度以及环境污染的综合整治情况，是评价环境质量的有力工具。鼓励企业以独立环境报告的方式主动披露更多环境信息，要支持第三方机构对企业和环保部门公布的环境数据进行分析、加工，提供信息解读、建立环境信息平台服务等，提升独立环境报告的可信度，进一步提升上市公司披露的环境信息的质量。

四、健全工业绿色发展的激励政策

为了推进工业绿色发展，政府可以通过出台相应的经济激励政策来引导企业参与。有效运用财政、税收、金融、价格等经济杠杆，建立全方位、多元化的财税支持体系，激发企业的创新激情和动力，引导和鼓励企业提高对绿色技术创新的投入。充分发挥绿色金融政策，在一定程度上缓解工业企业绿色转型的融资压力，促进工业企业绿色转型。政府应对部分绿色产业、绿色项目进行必要的投资，充分发挥其示范带动作用，引导其他企业效仿。通过一些政策性银行对淘汰落后工艺、技术和设备而研发新兴环保技术的工业企业实行优惠贷款，例如贴息贷款、低息贷款和挂账停息等各种优惠贷款政策。积极通过债券和股票市场帮助企业进行融资，为企业技术创新提供必要的资金支持。在外贸政策方面，对使用规定的先进资源利用技术和环境保护技术的企业实施产品出口退税的优惠；同时通过进口关税的调节鼓励能耗低、污染少的技术与产品进

---

① 安芮坤，王凤. 环境信息披露制度的国际经验及启示［J］. 宏观经济管理，2021（3）：83-90.

口，限制能耗高、污染大的技术与产品进口，避免出现发达国家落后产业转移至我国，形成新的污染源的情况。

建立绿色技术研发激励机制。对于积极进行绿色技术研发，并将研发成果进行有效转化的企业，给予资金奖励或政策倾斜；建立财政支持工业绿色转型的资金稳定增长机制，综合运用财政直接投资、补贴、奖励、担保等多种形式给予扶持。通过资金补贴等方式，鼓励更多的企业投身于绿色转型发展。政府应进一步加大环保领域的补助规模和力度，减轻企业绿色技术研发负担，刺激企业 R&D 投入，有效发挥政府研发资助对绿色技术创新的激励效应。政府应增加对科研环保机构的支持力度，适度加大对环保科研课题的经费投入，鼓励环保科研机构开展全国范围内环保意识的调研与培训。

五、完善生态环境补偿机制

生态环境补偿机制，是指考虑经济发展的不同水平情况，评估生态环境补偿效果，建立区域内生态环境补偿的合理分工的体制安排，高工业产出的区域主要进行与生产工艺相配套的生态环境补偿工作，而将其他生态环境补偿的工作有偿交给工业产出低的区域完成。在这个机制中，高工业产出的区域需要为其造成的工业污染负责，而低工业产出的区域需要通过适当的转移支付渠道来获得资金，创造优良的生态环境，建立生态环境的正外部性。构建生态环境补偿机制，有利于生态环境保护及相关的补偿利益在环境保护者、利益受害者及受益者间合理分配，形成区域内高效的工业发展和有效生态补偿相互配合的可持续发展机制，让生态环境开发的获益者、生态环境保护成果的受益者支付相应的费用，使生态环境开发利益受损者、生态环境保护者得到补偿。

生态环境补偿是一种激励机制，补偿内容有两方面，一是对保护行为的补偿，主要是指企业或者个人因为维护、改善生态系统和治理环境污染，造成自身经济利益的损失或者让渡了发展权利后，生态受益者对其予以的补偿；二是对污染破坏行为的赔偿，主要是指企业或者个人因为破坏生态、污染环境而带来了严重的社会危害，影响了他人享受生态公共产品的利益，应当对此给予赔偿。[①] 生态环境补偿机制的核心是协调相关各方之间的利益关系，通过制度设置

---

① 王应群，陈力. 西部地区生态环境补偿机制探析 [J]. 西南林业大学学报（社会科学），2019（5）：21-24.

形成经济开发与生态环境保护的"双赢"局面。环境补偿机制形成后将生态环境保护与工业经济发展融为一体，企业在日常经营管理中也能严格要求自己。环境补偿机制的形成，需要对企业原有经济发展、税收组成进行调整，使企业在发展过程中开发使用资源的同时，对生态环境进行保护以及影响。

第三节　促进工业企业绿色创新

企业绿色创新是工业应对资源环境问题，推动产业结构升级，实现可持续发展的关键举措。企业位于科技创新链条的下端，其直接关系到创新成果的实际转化率和创新技术能否得到普遍应用。应建立绿色科技决策与管理机制，积极招揽人才、培养人才，推动创新成果的转化；推动社会资金参与到绿色产业的发展中，构建以企业为创新主体、以市场需求为导向、产学研结合的创新体系；通过科学合理规划工业园区，优化上下游产业布局，促进工业结构优化升级、工业生产流程的完善和再造，提高工业企业的绿色创新能力。

一、合理规划与布局工业园区

工业园区建设要有长远的绿色发展规划。要对工业园区的发展进行科学合理的规划，对园区发展的不同阶段有明确的目标设置与指标设定，将园区的规划纳入城市规划与发展的范畴中，合理统筹规划工业园区的建设与发展，利用发展的眼光科学构建园区布局，提升园区的环境承载力。适度超前规划建设园区基础设施、配套设施等公共服务设施，实现公共交通、绿地及休闲广场的服务范围全覆盖。加强信息化工程建设力度，建设智慧园区。在园区建设的过程中，从生态空间、生态产业、生态环境等方面进行统筹管理，从而实现绿色园区的建设。以园区的发展带动周边城镇建设、工业配套的发展，以技术为支撑，提升资源的利用效率，减少废气、废渣的排放。

工业合理布局是工业绿色发展的重要措施。优化主导产业和重点支持产业，构建起生态高效的现代工业产业体系，以内涵式增长方式为主，实现工业绿色发展。结合工业未来发展趋势，合理布局园区产业结构，通过新产品、新技术及新模式推动产业发展，在发展过程中进一步优化产业结构，促进园区产业稳定健康有序发展。通过加强节能评估审查和评价，提高能耗、环保等准入门槛，严格控制高能耗行业产能扩张，以高能耗、高污染行业为重点，积极运用环保、能耗、技术、工艺、质量、安全等标准，推进传统行业节能技术改造，依法淘汰落后和化解过剩的产能。对园区当地的工业发展水平、人才状况、技术力量等各方面进行综合性评估，为园区的发展战略规划路线。整合地方行业与企业，推动资源的重整与有效配置，以园区为绿色产业发展的试点，发挥绿色经济的集群效应，实现资源的最大化利用，提高工业园区的绿色发展效率。

二、促进产业结构优化升级

优化工业产业结构是工业绿色转型发展的重要方面。在充分利用已有资源的基础上，加快传统产业及工作流程的改进与升级，与现代新型资源及理念相契合，实现工业绿色转型。企业要对自身产业结构进行定期评估，使其经济结构更加能够抵抗市场的风险，促进企业稳定发展。引用最先进的技术，使传统产业逐步向低能耗、低排放、高效益的方向转型发展，促进工业化和信息化的融合发展，形成新的产业发展体系，加快产业向价值链中高端化方向发展。加快产能落后的工业企业的淘汰，提高企业在工业绿色转型发展过程中的积极性。加大对新兴战略性产业的扶持力度，结合现有的新兴战略性产业发展的现状以及特点，完善产业发展的相关政策，促进工业绿色转型发展，推动工业产业的智能化、高端化发展。

改造提升传统产业，大力发展节能环保产业。高起点布局节能环保产业，不断完善产业链条，加速优秀企业集聚。注重依托科研院所等研究性机构，鼓励校企开展产、学、研、用全方位合作，努力建设节能环保工程技术研究中心等国家级科技创新平台，积极创建国家节能环保创新中心，不断提升科技创新水平，打造新的经济增长点。瞄准新科技革命和产业变革的重点行业，大力发展战略性新兴产业、高新技术产业以及先进制造业。通过官、产、学、研、用合作，组建节能环保产业技术创新战略联盟，加快技术集成创新研究与应用，提高成套装备、核心零部件及配套材料生产能力，推动污染防治技术装备水平迈上新台阶。开展清洁生产技术改造，推广绿色基础制造工艺，提升清洁生产水平。完善工业企业绿色发展考核评价体系，把资源消耗、环境损害、生态效益等体现生态文明建设状况的指标纳入工业发展评价体系，使之成为推进工业绿色转型的重要导向和约束。

三、增强企业的绿色创新能力

绿色创新是工业绿色发展的根本，是工业绿色转型的根本动力。产业结构优化升级的关键也是绿色创新，通过绿色创新才能实现绿色制造理念，减少资源投入、降低生产成本、提高产品价值。企业要实现绿色转型，必须努力提高绿色创新能力，一方面，工业企业应加大科技研发投入，引进先进的工业生产技术和高效节能的机器设备，加快对旧设备的更新与改造，促进工业企业转型升级；另一方面，工业企业应加强国际经济技术合作，以发展低碳技术产业提升企业自身商誉和企业品牌价值，形成可持续发展的竞争力。加强企业和环保部门、科研机构之间的跨区域互动、协作和联合，发挥各自优势，加大前瞻性、共性和关键性技术的研发力度，加快创新成果跨区域扩散，促进科技成果高效转化。

健全创新激励机制，鼓励创新，推动创新，提高工业企业自主创新的积极性。加强技术创新及发展过程中的成本投入，帮助企业在绿色转型过程中获得自主创新技术的支持。对发展过程中的战略转型及遇到的种种问题，始终将技术创新作为基础支撑，并通过技术创新研发成本的投入，营造出企业技术发展的有利环境。提高创新转化为成果的效率，加大对科研项目的资金投入，企业设立相关的研发部门，招聘高端研发人才，增强龙头工业企业在工业绿色转型发展中的核心竞争力。搭建创新交流平台，加强企业间的创新交流，更好地吸收先进的技术，提高工业企业的自主创新能力，促进工业绿色转型发展。

四、拓展绿色技术服务

以政府为主导，持续创新服务，把握客户需求，为企业提供有力的技术服务，助力工业绿色发展。绿色技术服务涉及咨询业务、商务服务、项目管理和投融资管理等。咨询业务是绿色发展整体解决方案服务链条上的先导型业务，企业应开展节能减排、生态文明建设相关咨询，担当地方政府环境治理、节能减排、生态文明建设的智囊团，树立和提升企业品牌与行业影响力，不断延伸服务链条。商务服务以招标代理业务为主，业务重点领域包括轨道交通、基础设施及能源、医药卫生、邮电通信、科教文卫。项目管理涉及节能环保产品代理、合同能源管理、合同环境管理等服务，提供系统解决方案。投融资管理为项目的启动和运行提供资金"血液"，构建沟通产业与资本市场的桥梁，并对其他三类业务发挥重要的支撑作用。

促进生产性服务业与制造业深度融合。生产性服务业主要包括研发设计、物流配送、营销服务，它们都与制造业关系密切，并为制造业服务。服务业和制造业相融合的过程，是一个产业链由中低端向中高端转变的过程，也是附加价值提升的过程。紧紧围绕环保需求，积极构建人才培养体系，培养具有学科理论与实践能力的专业型、技能型以及研究型人才，为工业绿色转型提供强大的人才储备和技术支撑。建立绿色金融服务体系，设立"节能减排补助资金""可再生能源发展专项资金"等多项节能环保领域专项资金，通过制定鼓励、引导或约束性政策推动工业绿色化发展。积极开展绿色发展相关的国际交流与合作，举办绿色发展高层论坛、研讨会等，提升绿色服务深度和广度。

第四节　完善社会监督体系

社会监督作为环境监管的重要组成单元，其发展水平和公众权益意识在一定程度上代表国家环境保护工作的长足进步。社会监督体系的主要形式有公众监督、舆论监督和社会团体监督。重视公众的真实诉求与反映、扶持代表公众诉求的公益组织、提高公众意愿在社会监督体系中的比重和受重视程度，是构建全社会共同参与、互相监督的社会监督体系的关键所在。

一、增强公众的环境保护意识

工业绿色转型发展有很强的外部性，需要更广泛的社会力量参与并监督政府与企业的行为。政府、企业和社会公众在绿色生态文明发展中处于不同的地位，承担不同的责任，构成了一个完整的责任共同体。政府是工业绿色转型升级中的第一责任主体，制定好政策、法律和相关行动计划，要加强监管，协调各方行动。同时，政府要以身作则，以实际行动体现其对环境保护的决心，树立起政府的公信力。在责任共同体中，企业是治理的主要对象，一方面，企业应树立大局观，着眼长远利益，避免短视行为，在获得经济利益的同时，也要注意其肩负的社会责任，对绿色发展的大趋势积极响应，及时调整发展战略；另一方面，要强化自律意识，培育绿色企业文化，建立绿色、低碳、循环发展的理念。

改善环境质量不仅取决于政府的环境规制政策和企业的自律，还取决于社会民众的环保意识。随着环境规制工具的不断创新，以生态标签、自愿协议等为代表的一系列加入公众参与的新型环境工具不断调动民众环境保护的积极性。要真正实现公众参与环境保护工作，需要政府和全社会的制度保障，从立法的角度保障公众参与环境保护。在社会层面，完善过程的透明化保障，保障公民的知情权与监督权，要求企业定期公开关于企业环保的信息。在公众与政府的有力监督之下，推动企业背负起绿色建设与生态发展背负起相应的社会责任，以维护企业参与市场竞争的秩序。政府应多渠道加强环保政策宣传，同时健全公众参与机制，丰富公众参与形式，拓宽环保诉求反映渠道，鼓励民众自发监督企业排污，营造公众参与环境规制的良好氛围。同时，加大对民众的宣传教育，传播绿色健康文化，培养人民群众的节能环保意识，鼓励节能环保消费品的购买，培养绿色消费群体，为绿色产业的发展提供更大的消费基础和市场空间。[①] 加强舆论宣传，积极传播制造业绿色化成果与经验，强化社会公众的环保意识和监督的积极性，倡导绿色消费，为工业绿色发展创造良好氛围。

二、倡导绿色消费观念

从消费者角度出发，要提高全体公民的环保意识，加强对公民环境保护的教育，建立起保护环境人人有责的思想观念，引导其进行绿色消费，优先选择环保商品。公民环保意识的提高一方面可以促使其自身建立起良好的绿色生活模式，在生活中注重节能减排、减少环境污染；另一方面，公民作为消费者，对企业的生产具有一定的导向作用，消费者对环保商品的倾向会提高企业生产环保商品的积极性，进而促进企业节能减排、降低环境污染排放。培育绿色消费意识可以改变消费者偏好，通过市场供求机制带动绿色产业发展，从根源上促进经济结构转型。政府及环保组织应积极倡导绿色消费观念，培养公众绿色消费偏好，刺激居民对绿色产品的需求。要不断强化舆论宣传引导功能，开展形式多样的工业绿色转型发展宣传教育活动，大力传播绿色发展理念，让绿色

---

① 孙冬号，郗永勤. 我国工业绿色化转型升级路径研究——基于"钻石模型"与产业价值链融合的视角 [J]. 物流工程与管理，2017 (11)：126-129.

发展、环境友好、工业文明与生态文明和谐共生的理念深入人心。充分利用各种方式和渠道，不断提高民众的绿色环保意识，营造符合工业绿色发展要求的绿色文化氛围。

要把绿色文明纳入社会主义精神文明建设全过程，不断增强民众的生态环保和资源节约的意识，提高道德水平，从而使民众认识到自身负有环境保护和资源节约的责任，逐渐改变消费者的传统消费模式。通过媒体、广告等媒介向大众宣传生态环境保护知识，普及个人消费行为对生态环境的影响及其对自身影响的认知。进行绿色文化教育，普及绿色知识，让绿色消费成为一种健康、可持续的生活方式。让广大的消费者认识到绿色产品的特性，以及消费品背后隐藏的生态占用情况、回收处理情况，使消费者更为深切地了解到进行绿色消费的必要性，从本质上推动绿色产业的发展。

三、强化社会舆论的监督力度

强化工业经济转型发展过程中的社会舆论监督力量，积极调动广泛的社会力量如媒体、公众等参与到企业绿色发展的监督过程中来。专家、媒体发挥舆论引导作用，激励践行绿色发展的企业，使其在实际的经营过程中建立起良好的社会声誉，助力企业绿色发展的形象建立与市场竞争力的提高。新闻媒体（报刊、电视、网络）应积极反映公众呼声，对违规单位或事件予以坚决曝光。管理部门应善于发现公众自发性监督行为的线索，对网络自媒体（微博、微信）的曝光予以充分重视。健全废弃物污染举报和投诉制度，鼓励群众参与废弃物管理，及时核实举报线索，对公众监督权实施有效保护，让举报者无后顾之忧，提高公众表达意见的积极性和社会参与度。

加强公众的环境监督力度，包括环境信息的公开化，环境政策的民主化和环境诉讼的程序化。应逐步完善以公众参与为主体的环境监督管理制度，建立有效通畅的信息反馈机制和相关渠道，赋予公众或居民直接向政府当局或规制机构提出合理建议或批评和通过合法渠道向环保执法部门检举或控告污染排放企业违法违规行为的权利。定期发布环境质量数据，尊重民众的知情权和批评权，接受民众的舆论监督。通过听证会、论证会等多种形式，允许民众参与环境规制决策，反映公众权益和意愿。积极推动企业能源、资源消耗及污染物排放信息公开，对相关数据进行联网和实时监测。充分发挥各类媒体、社会公益组织、专业学会、行业协会、产业发展联盟的积极作用，调动社会公众参与和媒体舆论监督的积极性，引导广大消费者树立绿色消费理念，为工业绿色转型发展营造良好环境氛围。

四、重视环保公益组织的作用

重视环保公益组织机构在监督方面的作用。环保公益组织是指从事环境保护相关活动、提供公益性或互益性社会服务、非营利性的民间组织。其作用主要表现在三方面，教育和引导公众，促进公众参与；推动和帮助政府来实施一些环保政策；监督和帮助企业更多地关注环保。环保公益组织属于民间公益组织，主要是热心于废弃物环保事业、促进废弃物处理监督发展的公众人士，如自然之友、绿色和平、公众与环境研究中心、绿色之星环保人合作组织。环保民间组织通过组织环保公益活动、出版书籍、发放宣传品、举办讲座、组织培训、加强媒体报道等方式进行环境宣传教育，在提高我国社会公众的环境意识、引导公众参与环保方面发挥了举足轻重的作用。

为更好地发挥环保公益组织在环境治理上的作用，地方政府应给予资金和政策支持，同时加强对环保公益组织的建设及宣传力度，健全相关法律法规，规范环保公益组织的运营与管理，促进其不断发展。通过建立健全环保志愿者档案，加强对高校环保公益组织的引导和培训。提供经常性业务咨询，指导环保组织开展环保公益活动，并给予必要的物质资助；通过培训普及环保知识，强化环保理念，加强公众环保活动组织与实施的能力，使环保公益组织可以用科学的、可持续发展的眼光看待和解决环保问题。社团成员具有流动性，因此要加强与社团的核心骨干及积极分子的交流与联系，不定期组织培训相关政策和业务，给予他们发展的空间，从而带动社团其他人员积极参与环境保护。另外，还要加强监督管理与引导服务，促进我国环保公益组织的全面健康发展。

参考文献

一、中文文献

（一）著作

[1] 冯之浚. 循环经济导论 [M]. 北京：人民出版社，2004.

[2] 国家制造强国建设战略咨询委员会. 中国制造 2025 蓝皮书：2017 [M]. 北京：电子工业出版社，2017.

[3] 国家统计局，生态环境部. 中国环境统计年鉴：2021 [M]. 北京：中国统计出版社，2021.

[4] 柯水发. 绿色经济理论与实务 [M]. 北京：中国农业出版社，2013.

[5] 李晓西，胡必亮. 中国绿色经济与可持续发展 [M]. 北京：人民出版社，2012.

[6] 李向前，曾莺. 绿色经济：21 世纪经济发展新模式 [M]. 成都：西南财经大学出版社，2001.

[7] 李佐军. 中国绿色转型发展报告 [M]. 北京：中共中央党校出版社，2012.

[8] 刘飞，曹华军，张华，等. 绿色制造的理论与技术 [M]. 北京：科学出版社，2005.

[9] 中共中央文献研究室. 十五大以来重要文献选编：中 [M]. 北京：人民出版社，2001.

[10] 张凯，崔兆杰. 清洁生产理论与方法 [M]. 北京：科学出版社，2005.

（二）译著

［1］康芒纳．封闭的循环［M］.侯文蕙,译.长春:吉林人民出版社,1997.

［2］米都斯.增长的极限:罗马俱乐部关于人类困境的研究报告［M］.李宝恒,译.成都:四川人民出版社,1983.

［3］皮尔斯.绿色经济的蓝图（4）:获得全球环境价值［M］.徐少辉,冉圣宏,田润浓,等译.北京:北京师范大学出版社,1997.

（三）期刊

［1］安芮坤,王凤.环境信息披露制度的国际经验及启示［J］.宏观经济管理,2021（3）.

［2］安同信,侯效敏,杨杨.中国绿色金融发展的理论内涵与实现路径研究［J］.东岳论丛,2017（6）.

［3］安伟.绿色金融的内涵、机理和实践初探［J］.经济经纬,2008（5）.

［4］巴曙松,杨春波,姚舜达.中国绿色金融研究进展述评［J］.金融发展研究,2018（6）.

［5］毕克新,杨朝均,黄平.中国绿色工艺创新绩效的地区差异及影响因素研究［J］.中国工业经济,2013（10）.

［6］蔡乌赶,周小亮.中国环境规制对绿色全要素生产率的双重效应［J］.经济学家,2017（9）.

［7］曹洪,史敦友.省际工业绿色化结构协调性时空演变与优化路径［J］.生态经济,2020（2）.

［8］曹华军,李洪丞,曾丹,等.绿色制造研究现状及未来发展策略［J］.中国机械工程,2020（2）.

［9］陈彬,景冬梅.绿色企业与生态工业园的循环经济理念［J］.生态经济,2005（8）.

［10］陈昊,孟菲.伊利:绿色产业链与可持续发展［J］.清华管理评论,2019（Z1）.

［11］陈诗一.中国的绿色工业革命:基于环境全要素生产率视角的解释（1980—2008）［J］.经济研究,2011（11）.

［12］程惠芳,陆嘉俊.知识资本对工业企业全要素生产率影响的实证分析

[J]．经济研究，2014（5）．

[13] 戴坚，金磊，林高平．宝钢绿色发展的责任与实践 [J]．上海节能，2016（10）．

[14] 单忠德．绿色制造助推绿色发展 [J]．政策瞭望，2015（11）．

[15] 董秋云．从环境库兹涅茨曲线看西部中小企业集群发展 [J]．科技进步与对策，2009（11）．

[16] 董颖，石磊．生态创新的内涵、分类体系与研究进展 [J]．生态学报，2010（9）．

[17] 冯之浚，金涌，牛文元，等．关于推行低碳经济促进科学发展的若干思考 [J]．政策瞭望，2009（8）．

[18] 付保宗．我国推行绿色制造面临的形势与对策 [J]．宏观经济管理，2015（11）．

[20] 付宏，毛蕴诗，宋来胜．创新对产业结构高级化影响的实证研究：基于2000—2011年的省际面板数据 [J]．中国工业经济，2013（9）．

[21] 高云虎．践行绿色发展理念全面推行绿色制造 [J]．中国经贸导刊，2016（3）．

[22] 顾辰茜，毅金玥，陈静，等．环境效益与经济效益的协同发展：基于浙江龙盛绿色发展的案例分析 [J]．时代经贸，2018（26）．

[23] 韩立达，史敦友，张卫．技术创新与工业绿色化：作用机理和实证检验 [J]．经济问题探索，2020（5）．

[24] 胡中华．关于完善环境区域协同治理制度的思考 [J]．法学论坛，2020（5）．

[25] 颉茂华，王娇，刘远烊，等．绿色供应链成本管理信息化的实施路径：基于伊利集团的纵向案例研究 [J]．管理案例研究与评论，2019（4）．

[26] 金碚．中国工业的转型升级 [J]．中国工业经济，2011（7）．

[27] 蓝庆新，韩晶．中国工业绿色转型战略研究 [J]．经济体制改革，2012（1）．

[28] 李博洋，顾成奎．中国区域绿色制造评价体系研究 [J]．工业经济论坛，2015（2）．

[29] 李建．绿色金融促进产业结构优化的作用机制及对策 [J]．生产力研究，2020（2）．

[30] 李佳敏. 绿色发展理念视域下的绿色产业链：以伊利金典有机奶为例 [J]. 管理观察，2017 (15).

[31] 李胜，陈晓春. 低碳经济：内涵体系与政策创新 [J]. 科技管理研究，2009 (10).

[32] 刘飞，曹华军，何乃军. 绿色制造的研究现状与发展趋势 [J]. 中国机械工程，2000 (Z1).

[33] 刘红明. 工业绿色化的内涵及影响因素分析 [J]. 现代经济探讨，2008 (11).

[34] 刘和旺，向昌勇，郑世林. "波特假说" 何以成立：来自中国的证据 [J]. 经济社会体制比较，2018 (1).

[35] 刘翌，汤维祺，鲁政委. "绿色企业" 评价体系：国际经验与中国实践 [J]. 金融发展评论，2017 (9).

[36] 刘明达，顾强. 从供给侧改革看先进制造业的创新发展：世界各主要经济体改比较及其对我国的启示 [J]. 经济社会体制比较，2016 (1).

[37] 刘思华，方时姣. 绿色发展与绿色崛起的两大引擎：论生态文明创新经济的两个基本形态 [J]. 经济纵横，2012 (7).

[38] 刘文文，张畅. 我国绿色金融的现状与发展瓶颈：基于消费金融和科技金融视角的破局思路 [J]. 西南金融，2020 (11).

[39] 刘学敏，张生玲. 中国企业绿色转型：目标模式、面临障碍与对策 [J]. 中国人口·资源与环境，2015 (6).

[40] 刘宗涛. 文明转型过程中我国绿色发展的困境和对策 [J]. 黄河科技大学学报，2017 (2).

[41] 骆玲，史敦友. 工业绿色化：理论本质、判定依据与实践路径 [J]. 学术论坛，2020 (1).

[42] 毛涛，刘路. 打造绿色供应链，突破工业可持续发展瓶颈 [J]. 资源再生，2020 (5).

[43] 彭星，李斌，金培振. 文化非正式制度有利于经济低碳转型吗?：地方政府竞争视角下的门限回归分析 [J]. 财经研究，2013 (7).

[44] 任耀，牛冲槐，牛彤，等. 绿色创新效率的理论模型与实证研究 [J]. 管理世界，2014 (7).

[45] 史丹. 绿色发展与全球工业化的新阶段：中国的进展与比较 [J]. 中

国工业经济，2018（10）．

[46] 宋沁鸽，李阳，敬港．绿色金融推动青海产业升级发展研究 [J]．统计与管理，2020（9）．

[47] 孙冬号，郗永勤．我国工业绿色化转型升级路径研究：基于"钻石模型"与产业价值链融会的视角 [J]．物流工程与管理，2017（11）．

[48] 王兵，吴延瑞，颜鹏飞．中国区域环境效率与环境全要素生产率增长 [J]．经济研究，2010（5）．

[49] 王凤荣，王康仕．绿色金融的内涵演进、发展模式与推进路径：基于绿色转型视角 [J]．理论学刊，2018（3）．

[50] 王金圣．供应链及供应链管理理论的演变 [J]．财贸研究，2003（3）．

[51] 王应群，陈力．西部地区生态环境补偿机制探析 [J]．西南林业大学学报（社会科学），2019（5）．

[52] 王勇，刘厚莲．中国工业绿色转型的减排效应及污染治理投入的影响 [J]．经济评论，2015（4）．

[53] 王妤，蔺雪芹，王岱．经济增长与资源环境关系研究进展 [J]．技术经济与管理研究，2019（9）．

[54] 吴静．新能源革命能否促进中国工业绿色转型？——基于因素分解法的实证分析 [J]．经济体制改革，2017（2）．

[55] 杨仁发，李娜娜．环境规制与中国工业绿色发展：理论分析与经验证据 [J]．中国地质大学学报（社会科学版），2019（5）．

[56] 伊晟，薛求知．绿色供应链管理与绿色创新：基于中国制造业企业的实证研究 [J]．科研管理，2016（6）．

[57] 于连超，毕茜，张卫国．工业企业绿色转型评价体系构建 [J]．统计与决策，2019（14）．

[58] 余伟，陈强．"波特假说" 20 年：环境规制与创新、竞争力研究述评 [J]．科研管理，2015（5）．

[59] 张钢，张小军．国外绿色创新研究脉络梳理与展望 [J]．外国经济与管理，2011（8）．

[60] 张翔，赵群．低碳经济引领下的我国制造业绿色化发展综述 [J]．机械制造，2013（10）．

[61] 赵洪生. 关于工业绿色发展的目标与路径研究：以江苏常熟市为例 [J]. 现代经济探讨, 2017 (1).

[62] 郑德凤, 臧正, 孙才志. 绿色经济、绿色发展及绿色转型研究综述 [J]. 生态经济, 2015 (2).

[63] 中国社会科学院工业经济研究所课题组, 李平. 中国工业绿色转型研究 [J]. 中国工业经济, 2011 (4).

（四）其他文献

[1] 曹璐. 河北省工业绿色转型路径研究 [D]. 天津：河北工业大学, 2017.

[2] 胡安军. 环境规制、技术创新与中国工业绿色转型研究 [D]. 兰州：兰州大学, 2019.

[3] 黄晓杏. 绿色创新的机理研究 [D]. 南昌：南昌大学, 2016.

[4] 李慧君. 中国工业经济的绿色转型 [D]. 武汉：华中科技大学, 2018.

[5] 李玲. 中国工业绿色全要素生产率及影响因素研究 [D]. 广州：暨南大学, 2012.

[6] 彭星. 中国工业绿色转型进程中的激励机制与治理模式研究 [D]. 长沙：湖南大学, 2015.

[7] 邢树. 基于绿色供应链管理的供应商选择研究 [D]. 兰州：甘肃政法学院, 2015.

[8] 阴旭光. 制造业绿色供应链构建与评价研究 [D]. 西安：西安建筑科技大学, 2012.

[9] 张东英. G 公司绿色供应链风险管理研究 [D]. 哈尔滨：哈尔滨理工大学, 2019.

[10] 张天悦. 环境规制的绿色创新激励研究 [D]. 北京：中国社会科学院研究生院, 2014.

[11] 郑浩然. 绿色供应链绩效评价指标体系研究 [D]. 湘潭：湖南科技大学, 2016.

[12] 国务院. 国务院关于印发《中国制造2025》的通知 [A/OL]. 中国政府网, 2015-05-19.

[13] 工业和信息化部节能与综合利用司. 全面推行绿色制造, 促进工业高质量发展 [EB/OL]. 中国膜工业协会, 2019-12-26.

［14］前瞻产业研究院．预见2021：《2021年中国废弃电器电子产品回收处理行业全景图谱》（附产业链现状，竞争格局、发展趋势等）［EB/OL］．中国互联网络信息中心网站，2021-04-23.

［15］商务部流通业发展司．格力绿色：以增值服务置换废弃电器电子产品［EB/OL］．中华人民共和国商务部，2018-03-08.

［16］商务部，环境保护部，工业和信息化部．商务部　环境保护部　工业信息化部关于印发《企业绿色采购指南（试行）》的通知［EB/OL］．中华人民共和国生态环境部，2014-12-08.

［17］工业和信息化部办公厅．关于开展绿色制造体系建设的通知［A/OL］．中华人民共和国工业和信息化部，2016-09-20.

二、英文文献

（一）英文著作

［1］BOULDING K E. Economics as a Science［M］. London：McGraw-Hill，1970.

［2］CLARK C. The Conditions of Economic Progress［M］. London：Macmillan，1940.

［3］MEADOWS D H，MEADOWS D L，RANDERS J，et al. The Limits To Growth［M］. New York：Signet，1972.

［4］MELNGK S A，SMITH R T. Green Manufacturing［M］. Dearborn，USA：Society of Manufacturing Engineers，1996.

［5］CARSON R. Silent Spring［M］. London：Hamish Hamilton，1962.

（二）英文期刊

［1］AHI P，SEARCY C. A comparative literature analysis of definitions for green and sustainable supply chain management［J］. Journal of Cleaner Production，2013（1）.

［2］BLÄTTEL-MINK B. Innovation Towards Sustainable Economy——the Integration of Economy and Ecology in Companies［J］. Sustainable Development，1998（2）.

［3］CHENG Z H，LI L S，LIU J. The emissions reduction effect and technical progress effect of environmental regulation policy tools [J]. Journal of Cleaner Production, 2017 (15).

[4] COPELAND B R, TAYLOR M S. North-South Trade and the Environment [J]. Quarterly Journal od Economics, 1994 (3).

[5] BI G B, SONG W, Zhou P, et al. Does environmental regulation affect energy efficiency in China's thermal power generation? Empirical evidence from a slacks-based DEA model [J]. Energy Policy, 2014.

[6] HAMAMOTO M. Environmental regulation and the productivity of Japanese manufacturing industries [J]. Resource and Energy Economics, 2006 (4).

[7] PORTER M E, LINDE C V D. Toward a new conception of the environment - competitiveness relationship [J]. Journal of Economic Perspectives, 1995 (4).

[8] PORTER M E, LINDE C V D. Green and competitive: ending the statemate [J]. Harvard Business Review, 1995.

[9] RAMANATHAN R. An Analysis of Energy Consumption and Carbon Dioxide Emissions in Countries of the Middle East and North Africa [J]. Energy, 2005 (15).

[10] REHFELD K M, RENNINGS K, ZIEGLER A. Integrated product policy and environmental product innovations: An empirical analysis [J]. Ecological Economics, 2007 (1).

[11] SIMPSON D, SAMSON D. Environmental strategy and low waste operations: exploring complementarities [J]. Business Strategy and the Environment, 2010 (2).

[12] STERN D I. Between estimates of the emissions-income elasticity [J]. Ecological Economics, 2010 (11).

[13] WANG W Z. Region EKC For Air Pollution: Evidence from China [J]. Environment and Pollution, 2018 (7).

[14] WANG Y C. Functional sensitivity of testing the environmental Kuznets curve hypothesis [J]. Resource and Energy Economics, 2013 (4).

[15] WANG Y, SHEN N. Environmental regulation and environmental productivity: the case of China [J]. Renewable and Sustainable Energy Reviews, 2016.

[16] WANG Z H, ZHANG B, ZENG H L. The effect of environmental regulation on external trade: empirical evidences from Chinese economy [J]. Journal of Cleaner Production, 2016.